困った上司・やっかいな同僚

職場のストレスに負けない人の考え方

エイミー・ギャロ
Amy Gallo

加藤智子 訳
Tomoko Kato

Getting Along
How to Work with Anyone
(Even Difficult People)

二見書房

目次

はじめに
――みんな仲よくできたらいいのに

仕事を始めてまもないころ、私は、ひどく付きあいにくいという評判の上司のもとで働くことになりました。ここでは、彼女の名前をエリスとしましょう。何人もの人に、「エリスはいっしょに仕事をするのが難しい人だよ」と忠告されました。私はその言葉を信じつつも、きっとなんとかなると思っていました。誰とでも仲よくできる自信があったからです。自分は誰に対しても腹を立てたりはしないし、誰の中にでもいいところを見つけることができる人間だ、と信じていました。

ところが、働きはじめて2か月も経たないうちに、私は仕事を辞めたいと思うようになっていたのです。

エリスは、思っていた以上に「やっかいな」人でした。彼女は毎日残業し、週末も仕事をしていました。部下に対しても自分と同じような働き方をしろと命じるわけではないにせよ、前日の夕方6時に指示した仕事について、翌日の朝8時半に、終わっているかどうか確認のメールをしてくることはざらでした。エリスが私に期待する1日の仕事量は、とても現実的なものとはいえませんでした。私は彼女からなにか新しい業務を頼まれるたびに、「その仕事を引き受けると、先週『緊急の最優先案件』として指示された仕事ができなくなります」と説明しなくてはなりませんでした。そんなとき、彼女の答えはいつもこうでしるのだろうと思いました。

なによりつらかったのは、エリスが同僚たちの悪口を言い、彼らの仕事ぶりや会社への忠誠心を疑う傾向があったことです。彼女はしょっちゅう誰かの予定表を眺めては、「この人、この日は会議がなかったはずなのに、仕事がまったく進んでいないじゃない」と文句を言うのでした。当然、私の陰口も言っていた。「そもそも、なんでそんなに時間がかかるの？」

もう限界かもしれない、と自分で悟ったのは、彼女のもとで仕事をするようになって3か月後の、日曜日の夜のことです。私は、週末があっというまに終わってしまったことを嘆《なげ》いていました。その週末はずっと意図的に仕事のことを考えないようにして、メールのチェックもしなかったのに、少しも休んだ気がしなかったのです。頭の中は、上司のエリスのことでいっぱいでした。犬の散歩をしていても、娘を連れていった誕生日パーティでも、彼女のことが頭から離れませんでした。月曜日にどんなことが起きるのか心配するあまり、夜中に目を覚ますほどでした。

上司との関係が私の精神にじわじわと入りこみ、ゆっくりと時間をかけて、最も大切な人たちとの関係よりも重要なものに――あるいは少なくとも、彼らとの時間を奪うものに――なっていたのです。

もちろん、特に家庭と仕事の境目があいまいになりつつある現代では、勤務時間外に仕事について考えるのはめずらしいことではありません。自分の下した決断（あるいは下さなかった決断）や、新着メールであふれかえる受信箱、そして自分の仕事に本当に意味があるのかという疑念など、心配ごとは尽きないものです。しかし、私にとって常に最大の悩みの種となってきたのは、同僚とのやりとり、特に、なぜか神経を逆撫《さかな》でしてくる人たちとの関係でした。

そう感じているのは、私だけではありません。圧倒的多数の人が、職場の同僚にやっかいな人がいる、と答えています。ある調査では、「過去5年間に、周囲に害を与える人と仕事をしたことがある」と答えた人の割合は94パーセント、その結果として「チームの雰囲気が損《そこ》なわれた」と答えた人の割合は87パーセントにのぼります。また、2000人のアメリカ人就業者を対象とした調査では、回答者の3分の1が「迷惑な同僚や傲慢な同僚が原因で」仕事を辞めたことがあると答えました。さらにこの調査では、多くの回答者が、職場でのストレスの原因として最も大きいのは、人間関係だと答えています。

❖すべては人間関係

「仕事においてなにが人を幸せにするのか」という話になると、多くの専門家たちは、仕事の意義や達成感、社会に影響を与えることができているかどうか、といった点に注目します。しかし私にとって重要なのは、常に人間関係でした。同僚との絆《きずな》や、リーダーへの尊敬、部下との信頼関係、お互いに尊重しあえるクライアントとの関係などです。私にとって、よい一日を過ごせるかどうかの決め手になるのは、誰と、どのようなやりとりをしたか、であることがほとんどでした。

人間関係を専門とする心理療法科のエステル・ペレルは、人生には「愛情」と「仕事」という2つの柱があるとしています。そしてそれぞれに対して、私たちは帰属意識や意義、充実感を求めます。この2つの領域における人間関係は、それだけ重要なものなのです。また、職場は、私たちが一日の大半を過ごす場所です。つまり、私たちにとって最も濃密で、複雑な人間関係が展開される場所でもあるのです。

もちろん、いっしょに働く人たち全員と仲よくできるのであれば、それに越したことはありません。私自身、これまでに何人かの同僚とすばらしい友情を築いてきました。例えば、以前勤めていたコンサルティング会社の同僚とは、クライアントとの会議の前夜にホテルで同室になったおかげで、夜遅くまで語りあい、思いがけない共通点をいくつも見つけ、それがきっかけで生涯の友人になりました。娘が生まれたときにはすぐに彼女に顔を見せにいき、彼女の結婚式では私がスピーチをしました。あるいは『ハーバード・ビジネス・レビュー』誌での仕事で、もともと友人だった同僚が私の上司になったときには、戸惑いつつも力を合わせて状況に対処しました。友情に支障が出ないように、そして彼女が私を贔屓《ひいき》していると周囲に思われないように、2人でルールを設定したのです。そのうちいくつかのルールは、きまじめに守れましたが、中には、いま思えば甘かったと感じるルールもあります。それでも、あのときに彼女と2人で「境界線」について話しあったことは、計りしれないほど大きな意義がありました。彼女と仕事をした7年間、何度かちょっとした問題が持ち上がり、それをいっしょに乗りこえる必要はありましたが、全体としては、ほとんどよいことばかりでした。これは、大人になってからはなかなか起きないことですが、私と彼女の関係性は、ともに過ごした時間のぶんだけ強くなったのです。そのうえ私たちは、「仕事」という共通の関心ごとを、新たな友情の柱とすることができました。

このような関係性は、仕事をより面白く、魅力的で、楽しいものにしてくれます。さらに私は、職場での友情が自分の仕事の質の向上にもつながったと感じています。これを裏づける研究は、枚挙にいとまがありません。シャスタ・ネルソンは著書『The Business of Friendship（友情のビジネス）』で、次のように述べています。「仕事への意欲、定着、安全性、生産性の予測因子として最大の要素の一つが、いっしょに働く相手が好きかどうか、という点であり、これはあらゆる研究において一致している。（中略）職場に友人がいないほうが、パフォーマンスが向上してもっと幸福になれる、という結論を出している研究は、ただの一つも存在しない」

しかし、同僚と常に親友になれるわけではないし、そうなることが望ましいとも限りません。エリスの部下になったとき、私は心から、誰かほかの尊敬できる人、私を導いてくれる人のもとで仕事がしたいと願っていました。彼女と友だちになりたいと思っていたわけではないにせよ、携帯電話の画面に上司の名前が表示されるたびにヒヤヒヤする思いも味わいたくはありませんでした。

しかし残念ながら、それが現実でした。彼女と仕事をするようになって数か月が経つころには、新しい週が始まるたびに同じストーリーを何度も繰り返し見ているような気分になりました。私は、「エリスにどんな扱いをされてもあまり真に受けずにいよう」とか、「彼女のとげとげしい態度が少しでもやわらぐように、やさしい心で接しよう」と何度も決意しました。調子のいい週には、その通りに振る舞えることもありました。それでも、例えば私が仕事で手抜きをしているかのようにエリスに言われると、その瞬間に私の前向きな決心は吹きとんでしまうのでした。次第に私は、仕事を引き受けてもあえて締め切りまでに終わらせなかったり、同僚に彼女の愚痴を言ったりと、受動攻撃《パッシブ・アグレッシブ》（訳注：怒りを直接的に表現せず、わざと相手を困らせるような行動をして攻撃すること）をするようになっていきました。

私たちは往々にして、エリスのようなやっかいな人を「やり過ごそう」としてしまいます。それが初めて就《つ》く仕事であれ、10番目の仕事であれ、同じことです。同僚を選ぶことはできないからといって、理想的ではない関係性や、さらには有害な関係性までも、我慢するしかないと考えてしまうのです。ただ、そうしたネガティブな関係性にとらわれていると、自分らしくない行動をしてしまいがちです。大げさに不満そうな態度をとってみたり、取り返しのつかないような辛辣《しんらつ》な発言をしたりしてしまうこともあるでしょう。自分の価値観に反するような行動をしたり、意図的に仕事の質を下げたり、わざと状況を悪化させたりといった反応をして、あとで後悔することにもなってしまいます。結果として、あなた自身がストレスを抱えることからは逃れられません。

近年普及しているリモートワークも、このような交流の難しさに拍車をかけることがあります。画面を通してしか会わないことで、人びとは同僚とのあいだに、かつてない距離を感じています。文字だけのコミュニケーションで誤解が生まれることもあるでしょうし、ちょっとした意見の相違が大げさに騒ぎ立てられることもあるでしょう。相手が目の前にいれば決して言わないような反論の言葉を、その場の勢いで送信してしまう、といったことも簡単に起きます。そして、いったん悪化した状況を修復することも、以前より確実に難しくなっているのです。もはや、廊下で出会っておしゃべりをしたり、コーヒーマシーンのそばで笑い話をしたりして、事態をなごませることはできません。オンラインの会議では、ほとんどの人が音声をミュートにしたり、ときにはカメラもオフにしたりするため、会話はまるでなにかの取引のような、無味乾燥なものになってしまいます。

❖直感を信じてもいいの？

私たちはふだん、新しい仕事に就いたり、以前より難しい職務に就いたりすると、まずは仕事の要領を摑《つか》むために、時間をとろうとします。特に、まだ身についていないスキルを必要とする仕事である場合、最初からすべてを理解できるとは考えません。

ところが、やっかいな人たちとうまくやっていこうとするとき、私たちはなぜか、その前提を当てはめようとしません。どうすればいいか直感的にわかっているはずだ、と自分に期待するのです。これまでもずっと、いろいろな人たちと関わってきたわけだし、中には、やっかいな相手も（神経を逆撫でしてくる親戚や、友だちのふりをしながらおとしいれようとしてくる高校時代のクラスメイトなど）たくさんいたのだから、と。少なくとも私に関していえば、これまで誰からも「攻撃的な知ったかぶりタイプには、こういうふうに反論しなさい」とか、「悲観的な人には、こういうふうに対処するといいよ」などと、あらためて教えてもらったことはありません。職場に君臨する社内政治家の扱い方に関する授業をとったこともなければ、無能な上司のもとで働くはめになったときにどうすればいいかを先輩から教わったこともありません。

しかし実際は、私がエリスの部下になったときのエピソードからもわかるように、このような難問に建設的に対処するうえで、直感が役立つとは限りません。私も、今になって振り返ると、あのときいかに自分の心が邪魔をしていたかがわかります。自分は有能で人に好かれる人間だ、というアイデンティティが脅かされた反応として、私の脳は、「自分は無実の被害者であり、エリスは徹底的に理不尽な人間だ」というストーリーを作りあげたのです。そして、そのあと発生した彼女とのすべてのやりとりを、このストーリーを裏づける証拠として見るようになったわけです。

このような私の反応は、めずらしいものでも、完全に自発的な反応でもなかったことが、研究によって明らかになっています。コンフリクト、つまり意見の食い違いなどによる人と人との衝突によって、さまざまな生理的、感情的な反応が引き起こされ、それが、冷静で明晰な視点を維持することを難しくするのです。現在の不愉快な上司とのやりとりが、かつてあなたの生活をみじめなものにした元上司や、批判ばかりしてくる親、あるいは誰かの気を引くために競いあった子ども時代を思いださせることがあるかもしれません。その結果、私たちは脅威を感じます。これは研究でわかっていることですが、私たちの前頭前野の認知能力は、ちょっとしたストレスが加わるだけで、急速に、かつ劇的に低下します。その結果、私たちの考えや注意力、行動、感情、意思決定をつかさどる高次の思考へのアクセスが低下するのです。簡単にいえば、物事を的確に考えられなくなり、良識ある決断能力を失ってしまうわけです。このような状態では、生産的な行動は望むべくもありません。

その結果、建設的な手段を講じるかわりに、私たちは「自分の考え」にとらわれてしまいます。そして、いつも心配ごとを抱え、悩みの原因となっている人物を避けようとし、さらには仕事からも遠ざかってしまうのです。そして、創造性は低下し、決断のスピードや質も下がります。そのうえ、ミスをおかしやすい状態になり、ときには致命的な間違いもおかしかねません。4500人の医師、看護師、そのほか病院関係者を対象とした調査では、71パーセントの人が「罵倒、見下した態度、侮辱などの否定的な行動は医療ミスにつながる」と考え、27パーセントが「そのような行動が患者の死亡につながる」とみなしていることがわかっています。

同僚と良好な関係が築けないせいで苦しむのは、私たちだけではありません。組織もまた、悪影響を受けます。職場の人間関係におけるトラブルに対処するために費やされる時間やお金、そして無駄なエネルギーや業務効率への影響について考えるだけでも、圧倒されてしまいます。業界や業種、地域を超えた、何千もの部署を対象とした研究では、最も成果が低い部署と最も成果が高い部署のパフォーマンスの差のうち、70パーセントが部署内の人間関係の質と相関していることがわかりました。私も、この研究結果を裏づけるような実際の例を見てきましたし、おそらく読者の皆さんもそうでしょう。

◈「私の同僚がどんなふうか、話してもきっと信じてもらえないでしょうね」

何年か前、私は職場の人間関係をテーマにした本を書きました。それ以来、職場での衝突や、難しい局面でのコミュニケーションの方法などに関するオンラインでの集まりや学会、対面ワークショップなどで、何千人もの人たちを前に話す機会がありました。そのうちに、どのイベントでも同じようなことが起きることに気づきました。公開の質疑応答の場だけでなく、例えば、エレベーターのそばや、パソコンの端にあるチャット画面で、私に助けを求めてくる人たちがいるのです。彼らはたいがい、恐るおそる、こんなふうに切り出してくるのです。

「私の同僚の一人なんですが……」

「実は上司と揉めていて……」

「私の部下がなにをしたか、話してもきっと信じてもらえないと思いますが……」

こうした会話の中で、私はいくつか信じがたいような話を聞きました。自分の嫌いな言葉を誰かが口にするたびに金切り声をあげる創業者。休暇中に同僚のデスクを占拠した男性。オンライン会議の招待からうっかり外されたことを根に持って、3か月間その同僚と口をきかなかった女性。朝9時前に部下に50通の（既読通知機能付きの）メールを送り、9時15分に電話をかけてきて、なぜまだ返信しないメールがあるのかと問いつめるマネージャー。部下にハネムーン中も勤務することを求めたり、重要な展示会と重ならないように結婚式の日程を変更するよう命じたりする経営者。

中には、聞き覚えのある例もあるかもしれません。残念ながら、どのような職場にも、軽率で、あいまいで、理不尽で、ときにはただ単純に悪意に満ちた行動をとる人はいて、しかもその多くは周囲に認められ、権力の座を獲得しているのが現実なのです。

それでもなお、イベントのあとで私に声をかけてくれる人たちの多くは、機能不全におちいった人間関係を好転させようと善意で努力を続け、そして繰り返し失敗します。親切な態度で接しようとして拒絶されたり、上の役職の人たちに助けを求めて逆効果になったり、はっきりと境界線を設定したつもりが、あっさりと破られたりするのです。

なぜ、こんなことになるのでしょうか。

私は、やっかいな同僚と実際に接した経験を通して、そして対立に関する幅広い研究をする中で、ある考えをいだくようになりました。それは、私が前著で紹介した原則を含め、衝突をうまく乗りこえるためのアドバイスのほとんどは、いくつかの間違った前提に基づいている、というものです。例えば、「どのような種類の問題行動であっても、1つの戦略で対処できる」という前提や、「人種やジェンダー、そのほかの違いがあるのにもかかわらず、困難な人間関係を誰もが同じように体験し、認識している」「読者は、人間関係の改善に関する一般化された理論を、それぞれの状況にうまく当てはめることができる」といった考えです。そこでアドバイスとして提示される解決策は、整然としていて、十把《じゅっぱ》ひとからげで、単純すぎることがほとんどですが、現実の世界というものは、もっと雑多で、複雑なものなのです。

だからこそ私は、本書を書こうと考えました。職場での不健全な人間関係がはらむ複雑さや、それが生み出す不快感をきちんと踏まえたうえで、十把ひとからげではない、実用的で、エビデンスに基づいたアプローチを提供するためです。

追いつめられ、どうすればいいかわからなくなったあげくに、よくあるアドバイスを試してみた結果、やはりうまくいかなかった……という人たちの力になることが、私の願いです。

❖難しい人間関係に対する新たなアプローチ

私がプライベートや仕事で出会った（そして言うまでもなく、人間関係の対立に関するほとんどの書籍の）最も根本的な誤りは、やっかいな人をすべてひとまとめにして「いやなやつ」という大きなカテゴリーに分類し、一枚岩としてとらえる、というものです。しかし実際には、悪質な行動にも多くの形態があり、やっかいな同僚とうまく協力していくための戦略も、相手がとる行動のタイプによって変わってくる、というのが現実なのです。そのため本書では、付きあいにくい同僚を、8つのよくあるタイプに分類し（詳細は後述します）、それぞれに合った対処法をアドバイスしています。同時に、この分類に当てはまらない人がいることもわかっています。そこで、相手の行動のタイプにかかわらず効果のある9つの原則も、あわせて紹介します。

本書全体を通して、人種、ジェンダー、およびそのほかのアイデンティティに関わる問題にも目を向けるようにしています。このようなアイデンティティに関する先入観が、いかに職場での人間関係に影響し、関係性を複雑なものにしているかという点を、多くの本が見過ごしています。本書では、そのような問題から目をそらすことはしません。職場での体験は人によって異なるものであり、特定のアイデンティティを持つグループが不当な扱いを受けるのは、現実によくあることなのです。そうした差別が存在する分野や、人種やジェンダー等の違いによって効果に差が出るような対策については、きちんとそのことに言及するようにしました。例えば、受動攻撃タイプの同僚を名指しで非難することは、白人の男性にとっては効果的なアプローチだったとしても、ラテン系の女性にとってはそうではないかもしれません。有色人種の女性にとっては、職場での「適切な振る舞い」とみなされる行動の範囲が、それほど広くないからです。

私自身は白人女性という特権的な立場にあり、差別問題の複雑さを理解しようとする際にも、私なりの先入観が入ってしまいます。そのため、なにかしらの間違いがあるかもしれません。それでも、前進したければ、たとえ間違えるリスクをおかしてでも、職場での人間関係について議論する際に、差別の問題を避けて通ってはならないと考えています。

世の中に出回っているアドバイスのもう1つの欠点は、あまりにも概念的で抽象的で漠然としているため、実用性に欠けるということです。この本で私が目指すのは、読んだ人が今すぐに行動できるようにすることです。理論的な概念をどうすれば現実に落としこめるのかを考えるのは、読者の仕事ではなく、著者である私の仕事です。この本では、私自身が実際に仕事の場で目にしてきた効果的な方法と、学術的な研究成果の両方を参考にして、対策を提案しています。神経科学、感情的知性（EQ＝心の知能指数）、交渉術、経営科学など、さまざまな分野の知見やアドバイスを統合し、問題のある人間関係を、生産的かつ配慮ある方法で乗りきっていく手助けをしていきます。

この本全体を通しての私のもう1つの願いは、読者が人間関係におけるレジリエンス（訳注：「回復力」「しなやかさ」を意味する心理学用語。困難や脅威に直面する状況でも、適応して立ち直ることができる力）を身につける一助となることです。つまり、ネガティブなやりとりからすぐに立ち直り、困難な関係を避けられない状況で、少しでもストレスを減らす力を手に入れるのです。

職場での衝突や意見の食い違いは、避けることができません。人間である以上、常について回るものです。それでも、ただ我慢したり、やり過ごしたりするよりも、もっとよい方法があると私は考えています。これから各章で紹介する8つのタイプとそれぞれへの対処法、そして第11章で説明する9つの原則は、どんな人とでもうまくやっていく助けになるように考えられています。そして、最も困難な人間関係をどうやって変えていくかを学ぶ過程で、職場に限らず、あらゆる人間関係の質を高めていくためのスキルと自信を身につけることができるはずです。さらなる利点として、より高い視座から自分自身を見つめ直し、感情的知性を高めることで、よりよいリーダーとしての資質を得ることができるでしょう。こうしたスキルは、職種や業界を問わず、成功のために必要なものです。対立を解決し、誰とでもうまくやれるようになれば、あなたのキャリアの可能性も広がります。

同僚とのネガティブなやりとりからくるストレスが、生産性に影響し、仕事をみじめなものにし、生活のほかの側面にまで侵食してくる可能性があることは、間違いありません。しかし、どうしようもないとあきらめたり、上層部が気づいて手を差し伸べてくれるのをただ待ったりする以外にも、できることはあります。問題のある同僚がなぜそのような行動をとるのかを理解し、中でも最も扱いづらい性質に対処する戦略を学び、最終的には、努力を続けるべきか、歩み去るべきかを決めることができるのです。この本のアドバイスをもとに、職場での衝突に関する諸問題を整理し、貴重な時間と精神的な余力を本当に大切なことのために使えるようにしましょう。

この本で紹介する知見やツール、テクニックは、私が過去14年間にわたって研究者や社会心理学者、経営の専門家、神経科学者などを対象に行ったインタビューに基づいています。また、皆さんと同じような立場に立たされたことがある人たち、職場で困難な人間関係におちいったことがある人たちにも取材をしました。

彼らは、メールやアンケートを通して、つらい体験を私に打ちあけてくれました。本文中では、プライバシーを守るために名前を変えて、彼らの経験談をいくつも紹介しています。こうしたエピソードを通して、人間関係を大きく変化させ、敵を味方に変えることに成功した数々の成功例を知ることができるはずです。ほかにも、心を軽くするための対処法を身につけた人もいれば、自分の心の健康を守るために、職場を去るという難しい決断をした人たちもいます。

❖8つのタイプ

本書は、８つのタイプをもとに構成されています。これらは、やっかいな人の典型的なタイプを表したものです。

①不安を抱えた上司
②悲観主義者
③被害者
④受動攻撃タイプの同僚
⑤知ったかぶり
⑥迫害者（本来は助言者であるべき人たち）
⑦差別的な同僚
⑧社内政治家

おそらく、どのタイプも身近なものだと思いますし、それぞれに当てはまる同僚の顔が、すぐに思い浮かぶのではないでしょうか。しかし同時に、これらのカテゴリーには限界があることも、ここで強調しておきたいと思います。あなたが対処している相手の行動タイプ（例えば受動攻撃性など）を特定することは助けになります。しかし、例えばある同僚を「受動攻撃的な、いやなやつ」などと分類しても、あまり役に立つことはありません。このようなやり方は、ただ単にその相手との関係性を決めつけ、凝り固まったものにしてしまうだけで、事態の改善にはつながらないのです。

相手のタイプを学ぶことは、自分が今いる状況を判断するうえで役に立ちます。しかし本当に重要なのは、みずからその枠を超えて前向きな心構えを築き、相手がやり方を変える可能性や、彼らの行動に対する自分の解釈が間違っていたこと、間違った意味を見出していたことに気づく余地を持つことなのです。

さらに、各タイプに該当する人について、それが精神疾患であるかのように決めつけないことも大切です。やっかいな同僚の話をするときに、例えば「自己愛性パーソナリティ障害」だとか、ときには「サイコパス」といった用語を人びとが多用するのを耳にします。しかし、このような「心理学者ごっこ」をしたくなる誘惑には、耐えなければいけません。職場文化の変革を目指す非営利団体マインド・シェア・パートナーズの創設者でありCEOのケリー・グリーンウッドは、「人がどんな事情を抱えているか、なにがその人の行動を引き起こしているのかは、他人には絶対にわからない。精神疾患のある人は、『やっかいな人』と決めつけられることがあるけれど、それは彼らに対するいわれのない汚名を助長するだけで、事実でないことも多い」と話してくれました。

そして最後に、私が最も強調しておきたいのは次の点です。私はこの本を通して、読者自身にも、8つのタイプという視点から、自分の行動や態度を振り返ってみてほしいのです。どんな人でも、ときには知ったかぶりをしたり、被害者になりきったりしたことがあるはずです。同僚に欠点があったとしても、おそらくは悪人ではないこと、そして自分自身も完璧なわけではないと認めることは、彼らとうまくやっていくうえで不可欠な要素なのです。この本には、こうした自己認識を促し、共感と理解を呼びかけるアドバイスが何度も繰り返し登場します。そして、私自身が「自分こそ、いやなやつだった」と気づいたエピソードも、正直に紹介するつもりです。

❖職場での人間関係を改善するためのロードマップ

この本で説明するのは、人とうまくやるための自分なりのやり方を見つける方法です。これは社会に出

やっかいな同僚なんか無視してしまえばいいとか、彼らのやることを気にしなければそれですむ、と考えたくなる気持ちはわかります。ただ、それでうまくいくことはほとんどありません。まず第1章では、職場での人間関係の重要性に関する研究成果を紹介し、たとえ救いようがないように見える関係でも、改善のために時間と労力を費やす価値がある理由を説明します。

次のステップは、自分の内面に目を向け、問題のある同僚に対する自分の反応について、よりよく理解することです。なぜ、特定の相手との関係が頭を離れないのでしょう。なぜ、その関係を手放すことができないのでしょう。第2章では、人間関係のトラブルにとらわれてしまっているときに、私たちの脳の中でなにが起きているかを解説します。この化学的プロセスを理解することで、脳が本能的に「闘争・逃走反応」におちいったときに、それに気づいて乗りこえ、より明晰な頭で生産的な道を見つけることができるようになります。このプロセスを通して、適切な心構えを学び、自己認識を高め、状況を悪化させてしまうような自分の反応をコントロールしていきます。

そして第3章から10章で、いよいよ8つのタイプについて解説します。悪質な行動の背景にどのような心理や動機が存在するのか、さまざまな研究成果を紹介していきます。やっかいな同僚は、なぜそのような行動をとるのか。そのような行動からなにを得るのか。彼らの振る舞いの根本にある原因を理解することで、あなたの行動計画も立てやすくなります。ここで紹介する戦略は、研究や実験、実践を通して有効性が証明されているものばかりです。また、極度に緊張が高まっているような場面では、なにを言うべきかわからなくなることも多いので、自分にとって有利になるような適切な言葉を見つけられるように、具体的な「使えるフレーズ」も紹介しています。

前述したように、8つのタイプは、職場で出会うかもしれないやっかいな同僚のタイプをすべて網羅することを意図したものではありません。どのタイプにも当てはまらない同僚や、あるいは複数に当てはまる人もいるはずです。その場合は、その人に最も近いタイプを選ぶか、関連する章をいくつか読んでみて、試してみたい対処法を複数、選んでみてください。どのタイプがふさわしいか、よくわからない場合は、付録の表を使って彼らの行動を特定し、どのカテゴリーに当てはまるのかを確認することもできます。

とはいえ、どのタイプにも該当しない同僚もたしかに存在するので、第11章では、どんな同僚との問題にも応用できる、9つの原則を紹介します。これらの原則は、相手が8つのタイプに該当するかどうかにかかわらず、活用できるものです。そして、やっかいな同僚に対して生産的に対処し、適切な境界線を引き、職場でより強力で充実した人間関係を築くための基礎となるはずです。私自身、なにかしらの人間関係の問題に直面するたびに、これらの原則に何度でも立ち戻るようにしています。

それでも、本書で紹介する対策が100パーセント有効であるというつもりはありません。しっかりと熟慮を重ねて自分を振り返り、問題を解決する努力を行ってもうまくいかなかった場合には、緊急事態に備えて身を守るべきです。第12章では、自分のキャリアと評価を守り、正気を失うことなく仕事をしていくための方法を説明します。

続く第13章では、つい試したくなるけれど、めったにうまくいかない、いくつかの間違った戦略に焦点を当てています。

とにかく、やっかいな同僚に対応するのは、体力も気力も奪われ、大きなストレスがかかるものです。ましてや正攻法で対処するとなると、さらに疲弊させられます。そこで、最後の章では、自分自身の幸せを優先する方法をお話しします。

❖同僚の態度が変わる可能性は？

私がこの本で提示するアドバイスは、あなたが「大人」の態度をとる必要があるものがほとんどです。もしあなたが、何年も、あるいは何か月も続く同僚との戦いに「勝ちたい」と思っているなら、この本は助けにならないでしょう。私の提案する方法は、配慮ある、共感に基づくやり方で、問題のある人間関係に対処しようとするものです。その目的は、相手を打ち負かしたり、出し抜いたりすることではありません。あなたが直面している状況に適していて、かつ、あなた自身にとってしっくりくる解決策を見つけるために、さまざまな戦略を試してみることです。新しい方法を取り入れると、たとえ小さなことでも、感情を逆撫でしてくる同僚との関係に変化が生まれたりするものです。それでも、鍵となるのは、あなたの同僚が別の人間に変身することはおそらくない、ということを認めることです。結局のところ、その人が自発的に変わりたいと思うかどうかは、他人にはどうにもできないことなのですから。

もちろん、努力をしても報われないことがあるかもしれません。しかし、そのような場合にも、ただ受け身になって理不尽な扱いを受け入れる必要はありません。この本の第12章と14章で紹介する戦略を使って、自分を守るために積極的に動きましょう。

前述した私とエリスとの関係は、私が望んでいたような充実した関係では決してありませんでした。それでも私は、少なくともすぐに去ることはせず、その仕事を何年間か続けました。エリスに対して思いやりを持とうと努力し、自分にも彼女と似た面があることに気づいたりもしました。いつ、どのように彼女と接するか、明確な境界線を決めて、彼女を敵としてではなく欠点のある人間として見るようにしてからは、仕事を苦痛に感じることはなくなり、エリスについて、ぐるぐると考えつづけることも減りました。

最後まで、エリスが私の望み通りの上司になることはありませんでしたが、私が転職を考える段階になるまでのあいだ、彼女とうまく付きあうことができました。私はこの経験を通して、あることを学びました。それは、自分にコントロールできるのは自分自身の物事に対する態度と、反応の仕方、そしてアプローチだけだ、ということです。

今は、争いの絶えない時代です。社会的なレベルでももちろんそうですし、職場の中でも同じです。人びとは仕事に関係のあることもないことも、自分の意見について感情的になりがちです。また、世代の異なる人たちが机を並べて仕事をしつつ、お互いについて不快な思いこみをいだくことも多々あります。最近では、女性や有色人種など、これまで正当な評価を受けてこなかった人びとに、より平等に活躍の場を提供しようとする取り組みが以前よりも増えていますが、その流れの中で、逆に疎外感や取り残された感覚を味わっている人もいるようです。

それでも私は、同時に、職場での人間関係や感情について、以前よりもオープンに語りあえるようになってきたことを心強く感じています。私たちは、同僚との人間関係は奥が深く、意義のあるものであること、そして、オフィスに足を踏み入れたりパソコンにログインしたりするときも、決して人間的な感情を消し去っているわけではない、ということを、みずから認めはじめています。職場はもはや、ただ出勤・退勤するだけの場ではなく、人とのつながりを見つけ、はぐくむ場所なのです。

人とうまくやっていくのは、簡単なことではありません。しかし今こそ、そのためのスキルに焦点を当てるべきときです。この本を読みはじめたあなたは、すでに大切な最初の一歩を踏み出したことになります。理解と和解にたどり着くことをあきらめず、トライしてみようという意思があるのですから。

望むものが必ず手に入るとお約束することはできません。やっかいな相手と共存したり、別のチームや部署、あるいは別の職場に移ることができるまで、時間を稼いだりする必要もあるかもしれません。それでも、あなたが自分に嘘をついたり、自分の価値観にそむいたりすることなく、仕事に費やす時間をよりよいものにしていくうえで、この本のアドバイスが役に立つことを願っています。強い決意と自己認識、そして共感する力があれば、誰とでも、たとえあなたをいらだたせ、挑発してくるような相手とでも、うまくやれるようになると、私は信じています。

私たちはみんな、職場で、強く健全な人間関係を築いていくことができます。それでは、さっそく始めましょう。

第1部

うまくやるための基礎づくり

第1章

仕事の人間関係は、悩むだけの価値がある

――いい関係もそうでない関係も、大切にしよう

「ただの仕事だから」

私が仕事を始めてから最初の10年間で、いったい何度、この言葉を友人たちに、そして自分自身に向かって投げかけたことか。考えるたびに、身がすくむ思いです。私はいつも、善意から、この言葉を口にしていました。友だちが（あるいは自分が）考えすぎずにすむように、悩みごとから少しでも距離を置くことができるように、あるいは、事態が本当に悪化する前に諍《いさか》いから身を引くことができるように。

しかし、あとになってわかってきたのは、仕事が「ただの仕事」ですむことなどめったにない、ということです。よくも悪くも、私たちは仕事を通してアイデンティティを形成し、自我を満たし（あるいは打ち砕き）、自尊心を身につけ、コミュニティを求め、そしてうまくいけば、そこに意義とやりがいを見出します。そのすべてをともに行う相手が「同僚たち」なのです。

職場の人間関係が良好なら、同僚たちは、元気やサポート、喜び、成長をもたらしてくれる存在になるでしょう。しかしその関係が崩れてしまうと、私たちは苦悩し、フラストレーションを抱え、ときには深い悲しみさえ覚えます。同僚との関係性が不健全だと、信頼感や安心感が損なわれ、仕事も十分にできな

くなってしまいます。さらには、自分の才能や能力に自信が持てなくなり、「自分がおかしいのではないか」とすら考えるようになってしまうのです。

これは私の友人が、今は亡き彼女の父親について話してくれたエピソードです。科学者だった彼は、製薬会社の研究所での仕事をとても気に入っていました。家族思いで内向的な性格で、自分一人の時間も大切にする人でした。仕事が終わったあとや週末には、ガレージの作業場にこもって、古い時計などを相手に、何時間も機械いじりをしていたそうです。そして子どもたちには、「仕事はとても大切だけど、職場で友だちが作りたいわけではないんだ」と話していました。「目立たないようにして、自分のやるべきことに集中しなさい」というのが、彼のアドバイスでした。

しかし、定年退職まであと12年になったある日、その父親の職場に新しい女性上司がやってきました。彼女は信じられないほど受動攻撃的な性格で、彼を追いつめました。この上司との関係が、彼にとって大きなストレス源になっていきました。夜になって帰宅するころには、いつも上司とのやりとりへの不満を抱え、彼女の言動についてぐるぐると考えつづけて、自分がそれにきちんと対処できたのかどうか、いつも思い悩んでいました。友人が言うには、父親は職場での最後の数年を上司についての悩みにとらわれて過ごし、結果的にそのストレスは、彼の寿命を数年縮めただろう、ということでした。

友人の父親が、上司と対立するのではなく、仲よくなれた可能性はあったのでしょうか。おそらく、ないでしょう。前述の通り、彼は内向的な性格で、職場で友だちを作ることには興味がありませんでしたから。しかし、このエピソードからわかることがあります。それは、私たちには「選択の余地はない」ということです。仕事上の人間関係は避けられないものであり、いやおうなく、私たちの幸福や、仕事の成果に影響を与えます。だからこそ、元気をくれて、仕事を楽しくさせてくれるような人間関係だけではなく、イライラさせられる関係、そして、それよりさらに悪い関係にも、目を向けることが大切なのです。

❖仕事上の人間関係は、私たちの人生に大きな影響を与える

皮肉なことに、私自身は、仕事を始めてしばらくのあいだ、「同僚との関係はそれほど大事なものではない」と必死に自分に言い聞かせながら、同時に、仕事以外の場所でも同僚たちと会い、彼らの家でのディナーパーティに行ったり、その後何十年も続くことになる友情をはぐくんだりしていました。

先ほどの、科学者だった友人の父と同じように、私も同僚との関わりを避けることができなかったのです。そして、これを読んでいるあなたも同じはずです。いったい、なぜなのでしょうか。まず一ついえるのは、私たちは仕事に非常に長い時間を費やしている、ということです。被雇用者の大半が、オンラインであれ対面であれ、家族や仕事以外の友人と過ごすよりも長い時間を、職場の同僚と過ごしています。

米国では過去数十年で、週の平均労働時間が延び、年間労働週数も増えています（1980年の平均43週から、2015年には46・8週に増加）。合計では、1年間で1か月分多く労働をしている計算です。

しかも私たちは、働くべきでないときにさえ働いています。2018年の米国時間利用調査のデータによると、フルタイムの仕事を持つ人の30パーセントが、週末や祝日にも働いていると報告しています。また、電子メールのトラフィックを調査する企業によると、休日にも、平日よりはメールの送信が少なくなるものの、依然として多くのメールが送信されているそうです。

テクノロジーの進歩も、こうした状況を悪化させています。いつでもどこでも仕事をすることが可能になっただけでなく、多くの場合、それが当たり前になっているからです。初めてスマートフォンを買ってすぐのころ、私は、犬の散歩中に上司にメールを送りつつ、「マルチタスク天国」に到達したような気分

になっていました。自宅のオフィスにいようが、ドッグパークにいようが、あるいは近所のコーヒーショップにいようが、もはや問題ではありません。どこにいても、仕事ができるのですから。もちろん今となっては（世界的なパンデミックの影響もあり）、この現象がもたらす悪影響について、誰もが知っています。つまり、私たちは常に「オン」の状態でいるようになったのです。

こうして、常に働くことが可能になった結果、私たちは以前よりも長く仕事のことを考え、仕事で関わる人びと（同僚や直属の部下、クライアント、上司、幹部など）のことを考えるようになりました。例えば、組織変更で仕事を失うかもしれない友人や同僚のことを心配したり、悲観主義的な同僚に邪魔されそうな新しいプロジェクトのことを考えて不安になったり、あるいはクライアントが契約書にサインしてくれるかどうか気を揉んだり。こういった問題は重大な心配ごとであり、私たちの心をすり減らします。そして、夕方5時（または6時、7時、あるいはもっと遅く）になってパソコンの電源を落としても、悩みは心の中に居座ったままです。

仕事にまつわるストレスは、過去数十年のあいだに劇的に増加しました。仕事上の人間関係を研究しているマサチューセッツ大学アマースト校のエミリー・ヒーフィー教授は、「経済的不安定が増大している影響で、人びとは仕事に対してより神経質で不安になり、昔と比べて、仕事により多くの意識を向けるようになってきている」と話しています。

やっかいな同僚との関係に苦労していると、つい仕事上の人間関係の重要性を軽視したり、避けることができるはずだと考えたり、ぜひ避けたいと願ったりしてしまうものです。でもそれは、どだい無理な話です。職業上の人間関係は、仕事の成果を大きく左右するものです。そして、ほとんどの職務において、そこで成功できるかどうかは、他人とうまくやれるかどうかにかかっています。これに関しては、はっきりとした研究結果が出ています。それは、あなたが仕事で活躍したいのなら、つまり、最高のパフォーマンスをし、能動的に仕事に関わり、生産的に働き、独創的かつ広い視野で思考したいのであれば、人間関係に注意を払う必要がある、ということなのです。

❖職場で友だちを作るべき?

ここまで読んだ方は、「やっかいな人を、どううまく扱うかがこの本のテーマなはずなのに、職場で友だちを作れというつもりなの⁉」と思われるかもしれません。でも、まずは話を聞いてほしいのです。私はなにも、不安のあまり追いつめられている上司や、受動攻撃タイプの同僚と親友になりなさい、といっているわけではありません。でも、もしあなたが、かつての私のように、職場は友だちを作る場所ではない、と考えているのであれば、いくつかの研究結果について知ることで、そうとも限らないということを理解してほしいのです。

米公衆衛生局のビベック・マーシー長官は著書『Together（ともにあること）』の中で、友情は仕事上の成功と本質的に結びついているとし、「私たちが成功するために必要な心の糧《かて》となり、力の源《みなもと》となるのは、人間関係なのだ」と述べています。

社会的なつながりは、認知機能や忍耐力、積極性を高める要素の一つです。研究により、仲のよいチームは高い業績を出すことや、協力的な同僚がいる人はストレスが少ないこと、同僚との親しい関係が情報やアイディアの共有、自信や豊かな学びにつながること、たとえ単調な仕事でも、社会的なつながりに貢献すれば、刺激的な仕事をしている人と同じように満足や充足感を得やすいことがわかっています。

それでも、オンラインで仕事をしているときなどは、人間関係の重要性をそれほど感じないかもしれません。自宅のキッチンのテーブルでノートパソコンだけを相手にしていると、同僚との絆があるかどうかなど、たいして重要ではない、と感じてしまいがちです。でも研究では、たとえリモートワークであっても、同僚との関係は同じく重要であることがわかっています。

新型コロナウイルスの感染拡大によるロックダウン期間中に、米国、ドイツ、インドの3か国で1万2000人以上を対象に行われた調査によると、パンデミック中に在宅勤務をしていた人の多くが、チームでの共同作業やクライアントとのやりとりなど、人との協働が必要となる作業において、自分の生産性が下がったと回答しました。そして、そのような生産性の低下と、職場での人間関係のあいだには、関連性がありました。在宅勤務中に同僚とのつながりが弱まったと感じている人のうち、80パーセントの人が、生産性が下がったと答えていたのです。職場における友情の利点について、特に私が気に入っている調査結果は次の通りです。

●職場文化の研究で知られるコンサルティング会社のギャラップは、過去何十年にもわたって職場における友情について調査を続けており、「職場に親友がいること」と従業員のエンゲージメント（訳注：会社に対する能動的な思い入れ）との関連性について報告しています。最近のデータによれば、職場に「親友」がいると答えた人の割合は、わずか30パーセントでした。ただしその人たちは、「仕事に対するエンゲージメントが高く、顧客との関わり方が上手で、幸福度も高い」割合が7倍も高く、さらに「仕事中にケガをする確率が低い」ことがわかったのです。対照的に、職場に親友がいないと答えた人たちは、仕事に対するエンゲージメントを持っている確率が12分の1にとどまりました。

●友情は、キャリアにもよい影響があります。ラトガース大学の研究チームは、同僚のことを友人だと感じている人たちは、ほかの人よりも高い業績評価を受けていることを明らかにしています。

●職場に友人を持つことは、燃え尽き症候群の防止や、より高いレジリエンスにもつながります。ある研究では、重いバックパックを背負った学生たちに、目の前の坂の勾配《こうばい》がどれほど急か、予想してもらいました。その結果、友だちといっしょにいた参加者のほうが、1人で参加していた人よりも低い数字を答えることがわかりました。ある研究者は、『バージニア・マガジン（Virginia Magazine）』誌で次のように説明しています。「例えば友情のような、これまで精神的な価値を持つものと考えられてきたものが、実は私たちに、生理的な影響を与えていることがわかってきています。社会的なサポートは私たちの世界のとらえ方を変え、体の機能にも影響を与えるのです」。つまり、職場での良好な人間関係は、ストレスや挫折に対処する助けになるのです。

この、最後に紹介した研究結果は、私にとって深く共感できるものです。新型コロナウイルスによるパンデミック中、同僚のグレッチェンが私にキャンドルを送ってきてくれたことがあります。正直いって、私はそれまで、なぜ人びとがわざわざ香りつきのキャンドルを使うのか、よく理解できませんでした。家の中を松の香りで満たすことに、それほど心がひかれなかったのです。でも、グレッチェンが自分の大好きなキャンドルをわざわざプレゼントしてくれたことに、私は感動しました。そこで、毎朝仕事を始める前に、キャンドルを灯《とも》してみることにしたのです。

私はすぐに理解しました。キャンドルそのものというより、火を灯すという行為を儀式として行うこと、そしてそのたびにグレッチェンが私の味方でいてくれていると思いだすことが大事なのだと。もちろん、ここ数年、集中力をなくしかけたり、生産性が落ちたり、前向きな気持ちを失いかけたりするとき、友だちや家族の存在は大きな慰めになってくれました。でも、困難な一日をなんとか切り抜ける助けになってくれたのは、直面している課題を共有し、同じように理解してくれる、職場の友人たちであることが多かったのです。

もちろん、生産性や創造性の向上や、レジリエンスの増加、ストレスの低減、業績評価の向上など、ここで紹介した利点は、同僚との関係が良好で、有害でない場合に得られるものです。逆に、職場での人間関係がうまくいっていなければ、業績や幸福度に深刻な影響をおよぼす可能性があるわけです。

❖不健全な人間関係による影響

多くの人がすでに経験から知っていることですが、不健全な人間関係は、ときに私たちが思っている以上に大きなダメージを与えるものであり、これは研究でも裏づけられています。

ネガティブな人間関係はパフォーマンスを下げ、創造性を損なう

『Think CIVILITY「礼儀正しさ」こそ最強の生存戦略である』(東洋経済新報社)の著者であるクリスティーン・ポラスは、職場における無礼な振る舞いについて、長年にわたって研究しています。その結果、過去20年間で彼女が調査した被験者のうち98パーセントが、職場で誰かに無礼な態度をとられた経験があり、99パーセントが、そのような行いを職場で目撃したことがあると答えました。

このポラスの研究からは、職場での無礼な行動が、特にパフォーマンスに対して強力かつ広範囲にわたる影響を持つことがわかります。例えば、不当な態度をとられた人について、次のようなデータが出ています。(17の業界を対象とした調査)
●仕事に対する努力を意図的に減らした……48パーセント
●仕事に費やす時間を意図的に減らした……47パーセント

●仕事の質を意図的に下げた……38パーセント
●パフォーマンスが下がった……66パーセント
●組織に対する忠誠心が下がった……78パーセント
●顧客に八つ当たりした……25パーセント
●そうした不当な扱いが原因で仕事を辞めた……12パーセント

失礼な同僚やネガティブな同僚を相手にしていると、仕事をこなし、集中力を維持し、質の高い仕事をすることが、きわめて難しくなります。イスラエルの、新生児集中治療室に勤務する医師と看護師のチームを対象にした研究では、侮辱されることがいかに大きな悪影響を生むかが明らかにされました。この研究では、ある病院を外部の専門家が訪問し、医師と看護師に対して、彼らの仕事の質は評価できるものではない、と伝えました。すると、この批判を受けたチームは、診断の正確性が20パーセント下がり、処置の効果も15パーセント低下したのです。

このような失礼な態度は「認知の混乱」を招くため、創造的に考える力を低下させます。つまり、受動攻撃的な態度をとったり、思いやりのない発言をしたり、人の仕事を自分の手柄にしたりといった、意地悪な振る舞いをする同僚といっしょに仕事をすると、思考力が低下してしまうのです。

健康への被害

ネガティブな人間関係がストレスを生むという事実そのものは、驚くには値しないかもしれません。しかし、それだけではないのです。ストレスは、私たちの健康にも深刻な影響を与えることが多くあります(残念ながら、私を含め多くの人が、この事実を知っても、ストレスを低減するための十分な努力をしていません)。

例えば、職場にやっかいな同僚がいることと心臓病の発病には、直接的な関連性があることがわかっています。スウェーデンの科学者らが3000人の就労者を3年にわたって追跡し、上司の能力について尋ねた調査では、「上司の能力が低い」と答えた被験者ほど、心臓の問題を抱えるリスクが高いことがわかりました。そして、被験者がその会社で長く勤務するほど、深刻な心臓病のリスクも高くなることがわかったのです。

また、別の研究では、傷が治るのにかかる時間に対する、人間関係の影響を調べました。42組の夫婦を対象としたこの調査では、被験者の腕に小さな切開を施し、その傷が治るまでの時間を測定しました。すると、「夫婦関係が険悪だ」と答えた夫婦は、そうでない夫婦と比べて、傷の治癒に2倍の時間がかかることがわかりました。ネガティブなやりとりによって生じたストレスが、体の自己治癒能力をさまたげていることが明らかになったのです。つまり、やっかいな同僚といっしょに仕事をしていると、病気になったり、病気やケガから回復しにくくなったりしてしまうということなのです。

ネガティブな人間関係は、別の同僚や組織にも悪影響を与える

あなたと同僚の仲が悪いと、その影響は波紋のように広がります。あなたの周囲にいる人たちは、あなたの行動や感情、考え方の影響を受けるからです。私はこれを、「感情の散弾銃」と呼んでいます。ここには、険悪なやりとりを直接目撃する同僚だけでなく、同情して話を聞いてくれるがゆえにあなたのストレスを吸収してしまう、友人や家族も含まれます。実際、私の夫が未熟で口うるさい上司のもとで仕事をしていたあいだ、その上司に直接会ったことは一度もなかったにもかかわらず、私の気分や生産性まで落

ちこみました。

このような現象について、ミシガン大学のジェーン・ダットン教授は、著書『Energize Your Workplace（職場に活力を）』の中で次のように述べています。「失礼な振る舞いというものは、1か所にとどまることはまずない。それは、職場の枠内でスパイラル状に広がっていくと同時に、仕事の外の生活にも広がっていく。（中略）職場で失礼な扱いを受けたことのある人、1万2000人以上を対象とした調査では、ほぼすべての人が、その体験をほかの誰かに話していた。このような話が広まると、人びとはそれが普通の振る舞いなのだと考えるようになり、失礼な行動をとる人がさらに増えていくのだ」

当然、これは組織にとっても大きなリスクとなります。たった1人、失礼な人がいるだけで、あるいは、誰かがあからさまに失礼な行動をたった1つとることによって、チーム全体が被害をこうむるのです。そればかりか、彼らの張りつめたやりとりを見たり、聞いたりしただけの人にまで、害がおよびます。そして、従業員たちが注意散漫になり、ストレスを抱え、集中力を欠き、ミスをおかし、心身ともに不健康になると、もちろん仕事の成果にも悪影響が出ます。これは、組織の規模を問わずいえることです。

ハーバード・ビジネス・スクールのノーム・ワッサーマン教授は、著書『起業家はどこで選択を誤るのか：スタートアップが必ず陥る9つのジレンマ』（英治出版）の中で、1万人の創業者を対象に行った研究に触れ、スタートアップ企業のうち、なんと65パーセントが、創業者どうしの衝突が原因で破綻すると報告しています。また、ある企業を対象としたポラスの研究では、同僚のことを付きあいにくいと感じた人は、その後、退職する確率が2倍になることがわかっています。そしてそのリスクは、優秀な人材のあいだで最も高かったのです。

ネガティブな人間関係は、良好な関係よりも影響力が強い

ネガティブな人間関係を改善する努力が重要なのは、それが職場での成果にとりわけ大きな影響を与えるからです。ポラスの研究では、誰かの活力を奪うような不健全な人間関係は、活力を与えてくれる良好な人間関係に比べて、4〜7倍もの影響力を持つことがわかっています。

しかも、悪影響を与える人間関係は、有害なものや、完全にネガティブなものだけではありません。私がこれまでいっしょに仕事をしたことがある、やっかいな人たちのことを思い浮かべてみると、中でもとりわけはっきりと記憶に残っている人たちの多くは、常にやっかいだったというわけではないのです。例えば、私のかつての同僚（ここでは仮にタラとします）とは、友人というほど親しくはなかったものの、会議の前や社内の集まりでときどきおしゃべりする間柄でした。タラと私は子どもの年齢が同じだったので、よくその話をしました。私から見てタラは、面白くて、人当たりがよく、仕事のできる人でした。ただし、ほとんどの日は、です。あるとき、私は思いきって別の同僚に、「タラってときどき、本心が読みにくいことがない？」と聞いてみました。すると彼は、私が感じていたことを実に正確に表現してくれました。「どのタラに遭遇するかによるね。『いいタラ』はすごく感じがよくて、味方になってくれそうに感じられる。でも『悪いタラ』は不機嫌で、自分のキャリアのことだけを考えていて、人を押しのけることもためらわない」

仕事での人間関係のほとんどは、たとえ脳がそう分類したがっているとしても、単純に「よい」関係と「悪い」関係に分けることはできません。特に、基本的には良好に感じたり、ほぼ問題ないように感じるものの、場合によっては首をかしげたくなる、というような両面性のある関係は、常にネガティブなだけの関係と同じくらい、問題であることが多いのです。あるいは、実は、このような関係性のほうが生理的

に有害であるという研究結果さえあります。

もちろん、敵とも友だちともつかない相手がいるのは、単なる敵を持つよりは、ましといえます。それに、こうした両面性のある関係には、よい面もあります。人間関係を改善しようと頑張るきっかけになったり（良好なだけの関係については、あえて考えてみることもなかなかないでしょう）、相手をどうにか理解しようと努める中で、相手の視点から物事を見てみようという努力につながったりすることもあるからです。

＊　＊　＊

人間関係というものは、固定的ではありません。良好な関係はこれからもずっと良好だと思いこみがちですし、ネガティブな関係には永遠に苦しめられると考えてしまいます。でも、そのような考え方をしていると、仕事上の友情を軽視し、少し難しいタイプの友人関係を完全に否定することにつながります。これまでにキャリアを通して出会った人びとのことを思いだしてみてください。時間を経てもずっと同じ関係だったわけではなく、変わりつづけているのではないでしょうか。結局のところ、良好な関係が暗転することもあれば、最初はとても困難だった関係でも、時間と労力を注ぎこむことで本質的に変化することもあるのです。

とはいえ、私たちは自分のエネルギーの使い方について、今よりもっと賢くなれるはずです。私自身、これまで、やっかいな同僚とのやりとりについてぐるぐると考えたり、送信または受信したメールについて考えすぎたり、夜中に目を覚まして、できることならやり直したい会話を練習したりして（こんなふうに言ってやればよかったと、くよくよ考えて）、時間を（数えきれないほど）無駄にしてきました。

次の章では、同僚とのネガティブな力関係にはまってしまっているときに、私たちの脳の中でどんなことが起きているのかを解説します。そして、なぜこうした悩みがこれほどまでに私たちの精神的な余裕を奪うのか、生産的な対応をするために、問題をより深く理解し、自己認識を高めるには、どうすればいいのかをお話ししましょう。

第2章

人間関係のトラブルと脳の反応

――心が私たちに不利にはたらくとき

数か月前のこと、私はメールを介して、あるコンサルタントを紹介されました。名前はブラッドとしましょう。紹介してくれた人は、私が編集者を務める『ハーバード・ビジネス・レビュー』誌の寄稿者としてブラッドが適任だと考えたようでした。このような紹介を受けることはよくあるのですが、このときはちょうど、ほかの依頼が山積みで、そちらの対応に追われていました。そこで、私は電話で話したいというブラッドの申し出を丁重にお断りし、彼の提出した原稿については、別の編集者から連絡がいくことになると伝えました。その数週間後、彼は再度、電話で話したいと言ってきました。私はまたもや、できる限り丁寧な返事を送り、時間の都合がつかないので電話で話すのは難しいと伝えました。これに対するブラッドからの返事は、次のようなものでした。「誰だって忙しいのは同じだけど、人と人とのつながりは、なによりも大事なものだ。原稿は、ほかの雑誌に送る。傲慢な人間に付きあっているヒマはない」

不満を抱えた寄稿志望者を相手にするのは初めてではありませんでしたが、このメールには衝撃を受けました。メールを読み返すたびに心拍数が少しずつ上がっていき、肩や首に力が入るのがわかりました。私の思考は、ものすごい速さでぐるぐると回っていました。「最低の男」「いったい何様のつもり?」「まるで赤ん坊ね」「現実を受け入れなさい、ブラッド」。私は、気のきいた捨てゼリフを心の中で練習しはじめました。「私にメールを送ってくる人たちの中で、自分が一番の重要人物だなんて、どうやったら思えるわけ？」「あなたのヘタクソな原稿がよそで採用されるように、せいぜい頑張りなさい」（実際にはブラッドの原稿を読んですらいませんでしたが、とにかくケチをつけたい気分だったのです）

このように、私の最初の反応は、とにかくすべてブラッドが悪い、というものでした。ところがそれはすぐに、自分を疑う気持ちへと変わっていきました。ブラッドは正しかったのではないかと感じはじめたのです。「私って傲慢なのかな」「価値のある人脈を失ったのかも」「こんなことになる前に、どうしてメールでうまく彼の不満をガス抜きして対処できなかったの？」

私は何度か深呼吸をして、そのとき正しいと思ったことをしました。ブラッドからのメールを、受信箱から削除したのです。

この話はここで終わり、といえたらどんなによかったでしょう。ブラッドの側から見れば、実際にこの件はこれで終わりでした。この出来事のあと、私と彼は一度もメールのやりとりをしていませんし、おそらく今後もないでしょう。でも、私の脳は黙っていませんでした。

「削除」ボタンをクリックしたあとも、ブラッドのメールがずっと頭を離れませんでした。別の寄稿者候補にメールを書いているときも、「人と人とのつながりは、なによりも大事なものだ」という彼の言葉が頭の中で響いていました。その日の夜、夕飯を作っているときは、彼の「傲慢な人間には付きあっていられない」という言葉について何度も考えました。深夜3時には真っ暗な寝室で目を覚まし、もう一度眠りにつくこともできずに、削除したメールを復元して、ブラッドがあんな悪意に満ちたメールを送ったことを後悔し、これから送るすべてのメールについてしっかりと考え直さざるをえないような、長く雄弁な返事を自分が書くところを想像しました。ブラッドが二度といやなやつにならずにすむように、私が救ってあげよう、と思ったのです。

第1章で、私はやっかいな同僚との関係改善のために努力する価値があることをお伝えしました。さっさとその決断を下し、本書でこのあと紹介する戦略を実行できるのなら、そんなに簡単なことはありません。でも現実には、実際に行動に移す前に乗りこえなければならない障壁があります。私たちの脳です。やっかいな相手に接しているとき、脳は私たちを危険から守ろうとします。ところがその過程で、脳は逆に私たちの足を引っぱるのです。私の場合でいえば、ブラッドのメールを受け流すことにして、気にせず前に進もうと決めたにもかかわらず、私の脳は、彼とのやりとりについて考えることにはまってしまっていたのです。

この章では、人との衝突にとらわれているときに、私たちの頭の中でなにが起きているのかを解説します。なぜネガティブな人間関係はこれほどつらいのでしょう。なぜ、そのことが常に頭から離れなくなってしまうのでしょう。その背後にある神経学的なはたらきを理解することで、衝動的ではなく、生産的に対応するために必要な自己認識を育てることができます。それが、まわりの人との人間関係を改善していくことにつながるのです。

❖内なる批評家を鎮める

夜中に目を覚まし、ブラッドのことで頭をいっぱいにしていると、私の「内なる批評家」がこんなふうに語りかけてきました。「午前3時にいったいなにを考えてるわけ？　くだらないメールのこと？　もう削除したじゃない。どうしてさっさと忘れてしまわないの？　なぜすべての人に――会ったこともないコンサルタントにまで――好かれなくちゃ気がすまないの？　ちょっとおかしいんじゃない？」
そんなふうに考えつづけても助けにならないことは明白だったので、私は研究を通して学んだことを、もう一度自分に言い聞かせました。私の脳がやっていることは、人類の進化の結果だ、と。ブラッドのメールのことをいつまでも考えてしまうのは、私に問題があるせいではありません。むしろ、完全に正常なことなのです。やっかいな同僚との関係改善に取りかかる前に、特にその相手が、ブラッドのようにメールを削除するだけで完全に目の前から消えてくれるような存在ではない場合、まずは自分自身の反応について理解する必要があります。なぜ気になるのか、なぜつらいのか、なぜ忘れたいのに忘れられないのか。それを知ることで、ちょっとだけ自分自身にやさしくなれるかもしれません。

ぐるぐる考えてしまうのは、正常だけどつらいこと

やっかいな同僚のことをあまり気にしないでおこうとしても、なかなかうまくはいきません。寝たほうがいいとわかっているのに、いつまでも同僚とのやりとりのことを考えて（そして苦しんで）しまうのは、私だけではないはずです。ジョージタウン大学のクリスティーン・ポラス教授による調査では、失礼な態度をとられた人のうち、80パーセントがその出来事のことを考えて就業時間を無駄にしたそうです。さらには、その相手を避けようとして就業時間を無駄にした人も、63パーセントいたことがわかっています。

このような出来事は、私たちの意識を散漫にします。例えば、イスラエルの大手携帯電話会社のカスタマーサービス担当者を対象にした実験では、顧客に失礼な態度をとられた担当者は、そのことで頭がいっぱいになってしまい、顧客とのやりとりの内容を思いだすのが、より困難になりました。自分の受けたひどい扱いについて考えることに精神的なエネルギーを費やしてしまい、顧客の話をしっかりと聞くことが

できなくなるのです。

私たちはなにも、このような苦痛を自分で選んでいるわけではありません。ポラスは「無礼な扱いを受けると、本人がその出来事について考えたくないときでも、自分に起きたことを意識的に評価しようとするプロセスが、もっと重要なはずのタスクよりも優先されてしまうようです。たとえ本人が望んでいなくても、そのことで頭がいっぱいになってしまうことが多いのです」と説明しています。

つまり、やっかいなやりとりのことを忘れようとどんなに決心しても考えてしまうのは、正常なことなのです。私たちの脳は、進化的に、難しい人間関係に高度に集中するようになっています。ですから、自分の反応の仕方を変えるためには、意識的なアプローチが必要です。では、同僚との衝突が起きているあいだ、私たちの頭の中でなにが起きているのか、詳しく見ていきましょう。

❖人間関係のトラブルと脳の反応

誰かとの関係にヒビが入りそうな予感がするとき、例えば、嫌味なメールを受けとったり、リモート会議の最中に同僚がなんの説明もなくカメラをオフにしたり、上司があなたが言ったことに対してうんざりした様子を見せたり、といったときに、私たちの脳は、実際に危険に直面したかのように反応します。脅威に対応できるように体の準備を整えつつ、同時に、なにが起きているのかを理解しようとするのです。「上司はなぜ、私に対していらだったんだろう?」「私のどの行動が原因で、同僚は腹を立てたんだろう?」「本当に私が悪いの?」などなど。人間は認知リソース（考えるために必要なリソース）をできるだけ節約するように進化してきたため、私たちの脳は、反応をうまく管理しようとしてショートカット（近道）を使います。そのショートカットが、ときに私たちにトラブルをもたらすのです。

扁桃体ハイジャック

私たちの脳の視神経の裏には、扁桃体《へんとうたい》という器官が位置しています。扁桃体の機能の一つは、恐怖を察知し、それに対して適切な対応ができるように体の準備を整えることです。つまり、道の真ん中に立っているあなたに向かって突っこんでくる車であれ、スタッフ会議であなたの手柄を横取りする、不安を抱えた上司であれ、脅威を感じとると扁桃体が反応しはじめ、コルチゾールやアドレナリンといったストレスホルモンの分泌を促します。

「闘争・逃走反応」という言葉を聞いたことがあると思います。このような本能的な反応は扁桃体からくるものであり、この反応が始まると、私たちの体は扁桃体にハイジャックされたような状態になります。私は、ダニエル・ゴールマンの著書『EQ こころの知能指数』（講談社）を通して「扁桃体ハイジャック」という言葉を知りました。「ハイジャック」と呼ばれるのは、闘争・逃走反応が私たちの実行機能を支配し、もはや自分で自分の行動を決めることができず、体も心も自動操縦になったかのように感じるからです。同僚と意見が対立したときに心拍数が上がり、呼吸が浅くなるのは、必要とあらば逃げ出せるように、脳が準備をしているからです。私も今では、この警告サインに気づけるようになりました。後頭部がゾクゾクし、甲羅の中に避難しようとするカメのように首がすくみ、あごに力が入り、手のひらに汗がにじんでくるのです。もちろん、あまり楽しいものではありません。

でも、これは不具合ではありません。このような精神的なショートカットがあることで、時間とエネルギーを節約でき、実際に危険を回避できることも多々あるのです。例えば、道の真ん中に立っているあなたに向かって、車が本当に突っこんできたときに、状況を吟味すべく脳がじっくりと考えはじめたとしたら、それこそ危険です。このような状況では、本能的に反応し、できるだけ早く道の脇に避けるように体に指示を出す必要があるのです。

この自動的で本能的な反応について、私が一番気に入らないのは、それがあまりにも頻繁に、しかも自分では気づかないうちに起こるという点です。その結果私たちは、扁桃体ハイジャックにおちいっていることすら知らないままに、同僚に向かって反射的に言い返したり、声を荒らげたり、不機嫌に黙りこんだり、あとで取り消したくなるようなメールを送ってしまったり、といった反応をしてしまうことになります。要するに、正気とはいえない状態になってしまうのです。

ネガティィビティ・バイアス

このような闘争・逃走反応は、失礼なメールや、会議中にあなたの話をさえぎってくる知ったかぶりの同僚に対する反応としては、あまりに極端な反応のように思えるかもしれません。でも脳は、たとえささいなことでも、脅威として認識されるのであれば、今起きている出来事に対して高度に焦点を当ててしまいます。この調整は、「ネガティィビティ・バイアス」と呼ばれるものです。

基本的に、私たちはポジティブな情報よりも、ネガティブな出来事に注意を向けがちです。例えばあなたも、一日の大半はうまくいっていたのに、午後の会議で同僚がとったイヤミな行動のせいですべてが台無しになり、パートナーや友人に「ひどい一日だった」と報告したことがあるかもしれません。同僚とのやりとりは、わずかな時間しかとらなかったはずなのに、精神的な余裕という意味では、かなりの部分を持っていってしまうのです。

ネガティィビティ・バイアスは、おそらく誰にとっても身近なものであるはずです。例えば、前回の人事考課について考えてみてください。上司からのコメントのうち、ポジティブなものの詳細をどれほど覚えていますか？　逆に、批判的な評価のほうが、はっきりと覚えているのではないでしょうか。私に関していえば、２００２年（！）の業務評価で、私が「複雑なビジネスモデルへの理解に欠けている」ことを指摘する２つの文章を、今でもはっきりと覚えています。念のためいっておくと、このとき受けた評価は、この２文を除けば輝かしいものだったのです。でも、ポジティブなコメントはただの１つも思いだすことができません。同じように、ブラッドから送られてきた例の陰険なメールはひと言も漏らさず覚えていますが、同じ日にほかの誰からメールを受けとったのか、そのメールになんと書いてあったのかは思いだせません。ネガティブなメッセージだけが、記憶に残っているのです。

ネガティブな出来事に注意が向くというだけではなく、私たちの脳は、そのような情報に、より強く反応します。極端な例では、ネガティブなやりとりは文字通り、痛みを伴うこともあるのです。

知ったかぶりの同僚が放った意地悪なひと言や、偏見に満ちた同僚からの不快なジョークを、平手打ちのように感じたことはないでしょうか。私は、悪意に満ちた言葉を浴びせられて、まるでおなかを殴られたように感じ、息を呑《の》んだことがあります。神経科学の分野では、職場で誰かに軽蔑されたり、無視されたり、恥をかかされたり、怒鳴られたり、拒絶されたり、いじめられたりすると、脳がその影響を身体的苦痛と同じようにとらえる場合があることがわかっています。

例えば、カリフォルニア大学ロサンゼルス校で行われた脳の画像研究によると、人が疎外感を感じたときに活性化する脳の領域は、身体的苦痛を処理する領域と同じでした。私たちは感情的な苦痛について考えるとき、特にそれが、同僚や仕事の場におけるやりとりが原因である場合、「ただの気のせい」だと思いがちです。でも、そうではないのです。どんな形であれ拒絶される体験は、殴られたり指を切ったりしたときと非常に似たやり方で脳に認識されるのです。

❖脳が作りあげるストーリー

1年ほど前のある日の早朝、私は翌週行われるオンラインでのパネルディスカッションに向けて準備するために、ある同僚とリモート会議をしました。その同僚とは基本的には友好的な関係でしたが、ときどき彼のことを偉そうな人だと感じることがありました（第7章で紹介する、知ったかぶりの特徴がいくつも当てはまるタイプの人でした）。彼は、当日どんなことを議論するつもりか話したあと、私の意見を求めました。ところが私が話しはじめたとたん、彼は音声をミュート（消音）にして、よそ見を始めたのです。私は、彼が自宅のオフィスに別のモニターを設置していることを知っていたので、きっとそのモニターでメールを読み、返信しているんだ、と思いました。私は意見を述べながら、頭の中でこんなことを考えていました。「どうせ自分の思い通りにするつもりなら、なぜわざわざ私の意見を尋ねたりするの？　なんて傲慢でいやな男だろう。自分のことしか考えていないんだわ」。私の脳は、今なにが起きているのか理解するために、ミュートにしてよそ見をするという彼の行動にネガティブな意味を持たせるようなストーリーを作りあげたのです。

これは、同僚の「悪い」行動に出くわしたときに、よく起こることです。私たちは、なにが起きているのか、なぜそれが起きているのか、そして次になにが起こるのかを語るストーリーを即座に自分に言い聞かせます。そして、ネガティブな感情や批判を山ほど含むこれらのストーリーは、たとえそれが事実ではなく、どうにかして意味を見出そうとする脳のはたらきによって作られたものだとしても、私たちにとって真実のように感じられます。心理学の分野では、この現象は「未成熟認識（premature cognitive commitment)」と呼ばれます。脳はリソースを節約するために、自分のまわりでなにが起こっているのか、どう反応すべきかを瞬時に判断しようとするのです。

結局、私が同僚の「失礼な」行動について作りあげたストーリーは、間違っていたことがわかりました。私がパネルディスカッションに向けてどう準備するべきかについて、自分の考えを述べ終わると、彼はミュートを外し、質問をしました。その質問から、彼が私の発言をすべて聞いていたことは明らかでした。会議の最後に、彼は注意散漫に見えていたら申し訳ない、と謝り、ティーンエイジャーの息子が（パンデミックの影響で学校の授業もリモートになっていました）パンケーキを焼いて、書斎に持ってきてくれたのだと説明しました。私は最悪の可能性を想定していたことを恥ずかしく思い、私の脳が作りあげた同僚の失礼な行動に対する当初の解釈から、家族の微笑《ほほえ》ましいひと場面へと、大急ぎで頭の中を切り換えなくてはなりませんでした。

このエピソードからわかるように、私たちは、自分自身に言い聞かせるストーリーに気づき、それが脳のショートカットにどう影響を受けているのかを意識する必要があります。そして、なにが起きているのかをちゃんと認識し、勝手な状況判断を控えることができれば、解決に向かうことも可能なのです。

❖扁桃体ハイジャックから脱出する方法：心に空間《スペース》を持つ

オーストリアの精神科医で心理療法士、そしてナチスによるホロコーストの生存者であるビクトール・フランクルの言葉とされる有名な文章があります。「刺激と対応のあいだには空間《スペース》があり、その空間には、自分がどう対応すべきかを選択する力がある。そして対応の中にこそ、成長と自由が潜んでいるのだ」。このフランクルの洞察は、やっかいな同僚との関係性について考えるうえで、非常に重要なものです。対立よりも成長をもたらすような対応を自分で選びとるためには、まずは自分の心の中にスペースを作る必要があるのです。

自分の反応を観察する

脅威を感じたときの自分の直感的な反応を観察できるようになればなるほど、自分の脳があわてて作りあげたストーリーと、実際に起きていることとの見分けがつきやすくなります。そして頭がクリアになれば、どのように対応すべきか、より適切な判断ができるようになります。

私自身についていうと、同僚と不愉快なやりとりをしたときに、自分が示す反応には3通りのパターンがあることに気づきました。1つめは、「全部あいつのせいだ!」と相手を責めるパターン。2つめは、「私がなにか間違ったことをしたんだろうか?」と自分を責めるパターン。3つめが、「こんなことに時間を使う価値はない」と決めつけて、関わらないでおこうとする、というものです。

これらの反応は必ずしも、はっきり分かれているわけではありません。ときには、ブラッドのメールを受けとったあとの15分間がそうだったように、3つすべてのパターンを高速で繰り返すこともあります。でも、午前3時に目を覚まして、ぐるぐると頭の中を回る不安に支配されている自分に気づいたとき、私はこれ以上感情を抑えつづけたり、自分に押しよせてくるストーリーをなんとかして否定したりしようとするよりも、その正体を突き止めることにエネルギーを注ごう、と決心しました。そのために、まずはこう考えてみました。「なぜブラッドの言葉であんなに腹が立ったんだろう? 私の感情は、この状況についてなにを教えてくれるだろう?」

要するに、私は自分のネガティブな思考を、気を散らせるノイズとしてではなく、有用なデータとして見ることにしたわけです。その結果気づいたのは、ブラッドのメールには、私の気持ちを特に逆撫でする要素が2つあったということでした。

まず、ブラッドは一般的な規範を破りました。私は毎週何百というメールを受けとりますが、そのほとんどは好意的か、中立的なものです。ラッキーなことに、同僚や友人、家族、あるいは赤の他人であっても、彼ほど失礼な態度をとる人にはめったに遭遇しません。つまり、人は基本的に敬意を持って相手に接するものだという私の期待を、ブラッドは裏切ったのです。

2つめに、ブラッドが描いてみせた私のイメージは、私が自分に対していだいている自己イメージにそぐわないものでした。もし彼が正しいとすると、私は傲慢であり、しかも、人との付きあいを大切にしない人間だという事実に直面しなければならなくなります。どちらの特徴も、自分には当てはまらないと考えている（あるいは考えたい）資質です。ブラッドのメールによって、私は自分が思っているほど思いやりがあって、思慮深く、謙虚な人には見えていないのだろうかと考えさせられたのです。

やっかいな同僚とのやりとりについて振り返るときに、この2種類の「侵害」のどちらか、または両方が関わっていることが多いはずです。私たちはしばしば、問題のある同僚が、望ましくない行動をとった（共同体感覚の侵害）と考え、あるいは彼らの行動によって自分自身に疑問をいだかされた（自己認識感覚の侵害）と感じます。これが内的葛藤を生み出し、疎外感や拒絶、帰属意識への脅威を感じさせ、闘争・逃走反応を引き起こすのです。

でも、私の場合でいえば、ブラッドに対する自分自身の反応を観察し、なぜそのような反応が生まれたのか振り返ってみることで、自分を落ち着かせることができました。最初の反応に屈することなく、「なるほど、それなら納得だ」と考えられるようになったのです。

状況をとらえ直す

頭を悩ませる体験から少し距離を置いて、心にスペースを作ったら、もう一度、状況をとらえ直してみましょう。心理学では、「再評価」をすること、つまり感情をよりポジティブに（あるいは中立的に）評価し直し、起きたことを脅威ではなく課題としてとらえ直すことで、次にとるべき行動についてより集中して考え、賢明な判断をくだせるようになるといわれています。

オンライン会議中によそ見をしていた同僚について私が作りあげたストーリーは、私の心を閉ざさせました。自分の意見を伝えることがどうでもよくなり、彼と協力して仕事を進めることに抵抗を覚えました。おそらくその気持ちは、同僚にも伝わったはずです。息子がパンケーキを届けてくれたと彼が話してくれなかったら、私は状況を再評価することもできなかったでしょう。そして私の示す反応は、いっしょに準備にあたっていたパネルディスカッションの出来にとどまらず、私たちの関係や仕事での協力態勢にも影響を与えたはずです。

やっかいな同僚とやりとりするときに、自分自身にどんなストーリーを言い聞かせているか、注意してみてください。どんな考えが頭の中を駆けめぐっていますか？　その考えは、あなたの役に立っていますか？　より中立的に、前向きなものになるように、思考を組み立て直してみることはできますか？　例えば、知ったかぶりの同僚の暴言がいかに耐えがたいか、という一点に集中するのではなく、その見下したような口調はともかく、実は彼の発言には役に立ちそうな情報がいくつか混じっている、と自分に言い聞かせてみたらどうでしょうか。もちろん、単にネガティブな状況に目をつむる、ということではなく、別の解釈が可能かどうか、そしてそこから学ぶことがあるか、あらためて考えてみるのです。

また、あなたの人生における仕事以外の要素が、そうしたネガティブな反応に影響を与えている可能性についても、考えてみてもいいかもしれません。

ストレスをモニターする

当然といえば当然のことですが、ストレスが高まると、扁桃体ハイジャックにおちいりやすくなります。仕事で大きな締め切りを控えているときや、睡眠不足のときなどに、同僚のちょっとしたひと言にカッとなってしまったり、頑張って準備をしたプレゼンに対して批判的な意見を受けとって、すっかり意気消沈してしまったりしたことが、きっとあると思います。動揺させるようなきっかけと反応の狭間《はざま》に、先ほど説明したような心のスペースを見つけ出すためには、自分のストレスレベルを総合的に判断することが助けになります。

緊迫した状況を想定して、次のようなシンプルなチェックリストを用意しておくことで、冷静さを失わずに、生産的に前に進む道が見つかるかもしれません。これは、私が扁桃体ハイジャックにおちいりそうだと気づいたときのために用意してあるチェックリストです。

- 水分補給はできているか？
- おなかはすいていないか？
- 昨夜はよく眠れたか？
- ほかに心配ごとはないか？
- 大事なプロジェクトや締め切りなど、気にかかっていることはないか？
- 友人や家族など、大切な人間関係がぎくしゃくしていないか？

●最後に楽しいと思えることをしたのはいつか？

このように、自分の精神的な状態をモニターすることで、見通しを立てることができます。２０２０年を通して、私はパンデミック下での生活によって自分に認知的な負荷がかかり、そのせいでまわりの人の行動を脅威として解釈しやすくなっていること、それは基本的には、すでに脅威を感じている状態にあるからだということを、繰り返し自分に言い聞かせました。人は、サバイバル・モードに入っているときは、さらなるストレスに耐える力がなくなるのです。認知的な負荷が過剰になると、脳はその日を生き抜くことだけに集中するようになり、それ以上のことはできなくなるのです。

リサ・フェルドマン・バレットは、著書『バレット博士の脳科学教室7・1／2章』（紀伊國屋書店）の中で、これを見事に表現しています。

「人間の脳は、慢性的なストレスの源の違いを見分けることができないようです。身体的な病気、金銭的な困難、ホルモンの急増、あるいは単なる睡眠不足や運動不足まで、生活環境によって体の予算がすでに枯渇している状態にあると、私たちの脳はあらゆるストレスに対して脆弱になります。これには、いじめや脅し、自分や大事な人を苦しめることを目的とした言葉によって受ける、身体的な影響も含まれます。体の予算に対して常に負担がかかっていると、ふだんならすぐに立ち直れるような瞬間的なストレスも、だんだんと積み重なっていきます」（加藤訳／以下すべて同）

ですから、同僚との問題以外で、自分がどんな感情をかかえているのかを把握しておきましょう。短い散歩をする、健康的なおやつを食べるなど、ストレスを軽減して同僚との衝突によりよく対処できる心境になるために、やっておいたほうがいいことはないか、考えてみましょう。

時間を置く

「怒ったまま寝てはならぬ」という格言をご存じですか？　実は、私はこの言葉が好きではありません。一晩ぐっすり眠ることこそが、心境を変えるために一番必要な場合もよくあるからです。『The Anxiety Toolkit（不安なあなたのツールキット）』の筆者であるアリス・ボイズは、同僚が会議で自分の発言を（またしても）さえぎったり、終わらせると約束したはずの仕事を終わらせていなかったりしたとき、最初に感じる反応は強烈なものだったとしても、普通そのようなネガティブな感情は長くは続かない、と説明しています。「私たちの感情は、時間が経つと弱まるようにできています。そのようなネガティブな感情は、警告のシグナルなのです」と、ボイズは言います。より多くの情報を得てから状況を再評価すると、多くの場合、最初に感じた感情は消えていくのです。

ブラッドとのエピソードに話を戻しましょう。メールを受けとった翌朝、目を覚ました私は、前日に起きた出来事が少しだけ気にならなくなっていることに気づきました。メールの内容を思いだしても、胸が締めつけられるような感じはなくなり、日中はほとんどそのことを考えずに過ごすことができました。その日の夜も、やはり午前3時に目が覚め、すぐにブラッドのことを考えましたが、しばらくすると別のことに意識が向きました（結局のところ、深夜に目を覚ましたときに不安を感じる原因はほかにもたくさんあるのです）。そして日が経つにつれて、そのことを考える時間は減っていきました。これを書いている今の時点では、ほとんど（あくまで、ほとんどですが）気にならなくなっています。

ですから、同僚との問題について考えることから離れる時間を作るようにしましょう。外に行ったり、好きな音楽を聴いたり、最近行った（あるいは行く予定になっている）旅行について考えたり、なんでもいいので、休憩をとって、同僚のことから少しだけ注意をそらすのです。扁桃体ハイジャックから脱出できたと感じたら、そのあとにもう一度、同僚とのやりとりについて考えてみて、それまでとは別の視点から問題を見ることができるかどうか、試してみてください。

といっても、人間関係の問題を完全に無視したり、問題が存在しないふりをしたりしろといっているわけではありません。ボイズによると、同じことをぐるぐると考えつづけたり完璧さを求めたりはせずに、問題解決に集中することができれば、難しい状況について考えることは、実際に役に立つことが多いそうです。心理学では、このような思考を「問題解決に向けた考えこみ（problem-solving pondering）」と呼びます。ボイズはこれを、「今の状況を考えると、どう行動するのが一番よいか」と考えることだと説明しています。私自身は、「なぜ」という観点で考えるのが有用だと感じています。なぜ、あの人はそんな行動をとったのか？　なぜ、私はああいう反応をしたのか？　なぜ、私たちはこのような状況におちいったのか？　ただし、問いは建設的なものにとどめ（「なぜ、彼は馬鹿なのか？」という問いはダメです）、誤ったストーリーを強化するだけのネガティブな自問自答（「なぜ私は、いつも自分の足を引っぱるのか？」など）におちいらないように気をつけてください。

ここまで、同僚と衝突したときに、私たちの心がいかに私たちに都合悪く働くかについて、いろいろと取りあげてきました。でも私たちは、この脳科学による知見を、自分たちに有利なように利用することもできます。その方法の一つが、「相手もまた、自分と同じような体験をしているのかもしれない」と、繰り返し自分に思いださせることです。彼らもまた、あなたを傷つけようとか、暴言を吐こうとか、あなたの生活をみじめなものにしてやろうとか思っているわけではないかもしれません。ただ扁桃体ハイジャックにおちいり、クリアな頭で考えられないだけかもしれないのです。相手を自分と同じく、ときには欠陥もある脳のはたらきを持つ存在として見ることが、よりよい関係を作るための第一歩になります。

第2部

8つのタイプ

「通りの自分の側を掃除する」

――各タイプの紹介に入る前に

本書をここまで読んだ方は、「この本に書いてあるのは、自分を理解して自己管理するための方法ばかり。いつになったら、私を困らせる、あのサイテー男の扱い方を教えてくれるの?」と思われるかもしれません。あなたのその指摘は間違っていません。実はそれこそが、私の提唱するアプローチの核となる原則の1つなのです。あなたがもし同僚との衝突を解決したいと真剣に思っているなら、まずはその関係性において自分がどんな役割を果たしているのかを知ることが不可欠です。やっかいな同僚を相手にしていると、相手にばかり集中し、相手の問題をあげつらうことに熱中してしまいがちなのです(往々にして、問題のリストは長くなります)。でも、私がこのあと紹介する、「不安を抱えた上司」や「悲観主義者(ペシミスト)」「差別的な同僚」たちとうまくやっていくためのツールを効果的に使うには、1つ、条件があります。同僚との争いは相手によってさまざまですが、それがどんなものであれ、常に共通した要素があることに目を向けるのです。その要素とは、あなた自身です。

何年か前、私の親しい友人が、悩める10代の息子を支えようと奮闘していたことがありました。そのとき息子のセラピストに、彼が自分と向きあうべく頑張っているあいだ、親自身にもすべきことがある、と言われたそうです。友人の夫は、この作業を「通りの自分の側《がわ》を掃除する」と描写しました。つまり、自分が息子の問題にどんな影響を与えているのかに気づき、注意を払う、ということです。私はこの呼び方に、深い共感を覚えました（あとになって、この言い方がアルコール依存症や麻薬依存症の自助グループで使われるものであることを知りました。依存症に向きあおうとする人たちが、自分がそれまでに傷つけてきた人たちとの関係を修復しようとするときに用いられるそうです）。

友人の息子さんのセラピストが言わんとしたことが、私にはわかる気がします。あなたと、対立関係にある相手とが、それぞれ自分の視点と経験に凝り固まったまま、通りを挟んで立っているところを想像してみてください。通りのあなたの側には、ゴミが散らかっています。衝突によって激しくゆさぶられる感情や、前回の言い争いから残ったわだかまり、相手についての根拠のないうわさや、睡眠不足などが、そのゴミです。そんなに散らかっていたら、道を渡ることすら難しいでしょう。もし、そのゴミを引き連れて相手のいる側に渡ろうとしたら、状況は悪化するばかりです。でも、自分自身がどんな役割を果たしているのかに目を向けて、「もしかしたら自分は状況を誤解しているのだろうか」とか、「自分はこの関係になにを求めているのだろう」と考えてみることができれば、ゴミ溜めの中から、関係修復に向けた道が見えてくるはずなのです。

でも、相手にも原因がある（あるいは相手が完全に悪い）のに、なぜあなたがそんな作業をしなくてはならないのでしょうか。それには2つの理由があります。まず、どんなに険悪なやりとりであっても、それが誰のせいかにかかわらず、あなたがコントロールできるのはあなた自身の思考であり、行動であり、反応でしかないからです。2つめに、たとえ相手が完全に間違っていて、あなたにはまったく非がなかったとしても、こうしたトラブルには必ず2人以上の人間が関わっています。もしかすると、あなたの楽観的な姿勢や、リスクを軽視しがちな性格を前にして、悲観主義者の同僚は、そのリスクを指摘したい衝動に駆られたのかもしれません。あるいは、直接的な対立を避けたいというあなたの気持ちが図らずも顔に出てしまったせいで、相手は自分の要求を叶えるために受動攻撃的な戦略に走ったのかもしれません。こうした場面において自分がどんな役割を果たしているのかを明確にすればするほど（たとえその役割が小さなものであっても）、講じるべき解決策も、より明確になるのです。

「通りの自分の側を掃除する」方法については、第11章でもっと詳しくお話しします。今の段階では、同僚との関係は、一方的にあなたにだけふりかかるものではない、ということを覚えておいてください。関係性において、あなたと相手は互いに働きかけあっているのであり、だからこそあなたが影響を与えることもできるのです。先の第2章で、私たちはストレスに対する脳の本能的な反応を制御できないこと、その一方で、状況を再評価して、自分の考え方や対応を変えることはできるということを詳しく説明しました。同じように、同僚の行動は変えられなくても、自分がその行動をどう解釈し、対応するかは変えることができるのです。相手がどういうタイプの同僚であれ、それを知っておくだけでも、職場での人間関係を強く充実したものにしていく助けになるでしょう。

第3章

不安を抱えた上司

「私、ちゃんとやれてる…よね？」

アイコの新しい上司、コーラが入社してきたとき、しばらくのあいだはすべてが順調でした。アイコは新しい上司から学ぶことを楽しみにしていましたし、コーラはアイコが取り組んでいるプロジェクトについて、新しいアイディアやアプローチを導入してサポートすると約束してくれました。ところが、数か月が経つころから、危険信号がちらつきはじめたのです。

アイコは、自分の部署が担当するプロジェクトに関して、問いあわせや会議依頼の窓口役を長いあいだ務めていました。それが、コーラの気に障《さわ》ったようでした。コーラは、「質問があるなら、なぜみんな私に聞きにこないの？」とアイコを問いつめました。同じことが起きるたびに、コーラはアイコに対して腹を立て、まるでアイコが自分の立場を脅かそうとしているかのように振る舞ったのです。アイコは同僚たちに、問いあわせは自分ではなくコーラに送るようにと頼みましたが、この試みは定着せず、コーラの怒りは増すばかりでした。「みんなはただ、慣れている方法で仕事がしたかっただけなんです」とアイコは語りました。「でもコーラは、そのことを深刻に受け止めていました」。コーラは前職で多くの部下を率い、多額の予算を扱っていました。ところが今の仕事では、部下はアイコだけ。「たぶん彼女は、そのことをいつも気に病《や》んでいたんだと思います」とアイコは言います。

コーラの感情的な反応や攻撃的な発言に、アイコは消耗しつつありました。「彼女が私のやることなすことに口を挟んでくるので、私はちょっとしたことも自分で決められない人間なんだと感じるようになりました。コーラが怒って怒鳴り散らすのではないかと、いつもビクビクするようになったんです。仕事に対する自信が、どんどんなくなっていきました」

アイコはそれまで、自分の能力を疑ったことはありませんでした。コーラの自信のなさが、彼女に伝染しはじめていたのです。

上司があなたを信頼してくれなかったり、あなたのアイディアを説明もなくすべて却下したり、うまくいかないことを（コーラがアイコにしたように）あなたのせいにしたりした結果、自分の能力に自信を持てなくなったという経験はありませんか？　同じような体験をしている人は、実はたくさんいます。残念な上司のパターンは数あれど、「不安を抱えた上司」は、特に大混乱を巻き起こすものです。細かい揚げ足とりをして相手を追いつめ、すべてを管理しようとする悪名高きマイクロマネージャー（訳注：「マイクロマネジメント」とは、部下の業務を逐一監視して、すべてをコントロールしようとする行為を指す）や、相手の自信をじわじわと損なう、被害妄想に取り憑《つ》かれた過干渉なタイプがこれに当てはまります。彼らは、相手が自分にとって脅威であると感じた場合には、意図的に相手のキャリアを妨害しにかかることさえあります。

自分の上司が不安を抱えた上司かどうか、どうすればわかるのでしょうか。ここでいくつか、このタイプの人たちに共通する行動の例をあげましょう。

●人にどう思われているかを過度に気にする

●ちょっとしたことであっても決断ができない（あるいは決めたことを維持できない）
●上の立場の人から提案があった場合などに、プロジェクトや会議の方向性をしょっちゅう変える
●特にその必要がないときに、自分の専門知識や資格をひけらかしたがる。より重度な場合、ほかの人をけなすことで、自分をよく見せようとする
●チームやプロジェクトに関する詳細を、時間や場所、方法にいたるまで、すべてコントロールしようとする
●すべての決定事項や詳細について、自分の承認をとることを求める
●情報や仕事の流れをコントロールするために、自分の部下がほかの部署の社員や管理職と話すのを禁止する

アイコの上司であるコーラは、他部署からの問いあわせをすべて自分が仕切ることで、自分の価値を証明しようとしていました。でも彼女は、自分が人からどう見られるかをコントロールしようとするあまりに、新しい視点を取り入れ、アイコを指導するという本来の責任を果たしていませんでした。部署のやり方を刷新するはずが、すべてを細かく管理することに躍起《やっき》になってしまったのです。そして不幸にも、そのターゲットとなってしまったのが、唯一の部下であったアイコでした。

アイコは、追いつめられていました。少しでも自分のためになるように行動しようとするたびに、コーラはさらに被害妄想を増して、コントロールの手を強めようとするようでした。もちろん誰も、こんな上司のもとで働くべきではありません。でも、もしあなたがアイコに共感できる、と感じるのであれば、そして、だからといって仕事を辞めるわけにはいかず、自己不信にさいなまれる上司ともなんとかうまくやっていきたいのであれば、彼らの不安をこれ以上刺激することなく対処できる方法があります。その最初の

ステップは、不安を抱えた上司が、なぜそのような行動をとるのかを理解することです。

❖不安な行動の裏にあるもの

自己不信は、人間にとって普遍的なものです。自分は同僚に頭がいいと思われているだろうかとか、大事なプレゼンを成功させる能力があると思われているだろうかとか、会議でおかしな発言をしたと思われていないだろうかとか、あるいはまったく知らない人から、服装や外見が変だと思われていないだろうかと考えてしまうことは、誰しもあるものです。私自身、自慢できることではありませんが、自分が尊重されていないように感じたり、能力が少しでも疑われているように感じたりすると、つい、自分が名門大学を卒業したことや、『ハーバード・ビジネス・レビュー』誌で働いていることを口にしてしまうことがあります。自分が「人気者」であることを証明したくて、毎日どれだけ忙しいかを説明することさえあります。こうして書きながら、恥ずかしくて身もすくむ思いですが、こうした反応が自己不信感に対する正常な反応であることは、自分でも理解しています。

他者からの承認を求め、ときには賞賛さえ求めるという性質は、人間がかつて、生存のために共同体に依存せざるをえなかったことからきています。そして今でも、成功するためには各自のコミュニティに頼る必要があります。心理学者のヘレン・ヘンドリクセンは、ニュースサイト「Ｖｏｘ」のインタビューで次のように語っています。「多少の自信のなさや自己不信は、自分自身を監視する助けになります。自己不信があるおかげで、内観し、自分を振り返り、成長し、変化していきたいという気持ちになることができるからです」

ちなみに、人口のわずか１パーセントですが、自己不信をいっさい持たない人たちも存在します。サイコパスと呼ばれる人たちです。つまり、自信のなさからの完全な解放は、実は望ましいことではないのです。ときに自信のなさを感じるのは自然なことであり、その不安を隠そうとしたり補おうとしたりすると、人の行動を細かいところまですべて管理したり、部下を理不尽に批判したり、常に安心感を求めたりといった、問題行動が見られるようになるわけです。

リーダーは自己不信におちいりやすい

研究によると、リーダー的な役割を担《にな》うようになると、自信のなさからくる不安が増大することがわかっています。例えば、リーダー育成を専門とする英国のコンサルティング会社が、企業幹部116人を対象に調査を行い、彼らが最も恐れていることについて尋ねました。その結果、最も多かった答えは、「無能だと思われること」でした。また、こうした企業幹部たちは、「達成できないこと」「弱いと思われること」「愚かだと思われること」を恐れているということもわかりました。すべて、リーダーとしての自分の成績がほかの人からどう見えているか、ということに関する、根深い自信のなさの表れです。

なぜ、権力と権威を持つはずのリーダーたちが、より自己不信におちいりやすいのでしょうか。本来なら、権力のない人たちこそ、自分の仕事の出来や、ほかの人の目を気にしてもおかしくないはずです。ナサニエル・ファストとセレナ・チェンによる一連の研究でも、権力を持つ人が自分の能力不足を感じるときほど、他者に対してより攻撃的になり、理由もなく妨害したり、悪意ある扱いをしたりすることがわかっています。ただし、自信のなさ自体が攻撃的な行動につながるわけではありません。同じく自信がなくても、権力のない立場にある人は、同様の問題行動をとることが少なくなります。

この違いの原因となっているのは、昇進に伴って発生する業績に対するプレッシャーかもしれません。

テキサス大学オースティン校のイーサン・バリス教授は、「組織の上層部にいる人たちには、リーダーとしての素養や知識、情報やデータへのアクセスなどの面で、ほかの人より優れているはず、つまり、ほかの人より有能なはずだという期待が寄せられます」と説明しています。リーダー的な地位にある人たちが自分に感じる自信や能力と、役職に伴う大きな期待とのあいだに不一致があると、防衛機制と呼ばれるはたらきにより、自尊心を守り、自分の行動を正当化するための行動をとるようになるのです。

IT企業で営業担当副社長として働くラルフの例を見てみましょう。ラルフは営業部長として大成功を収め、見事に昇進を果たしました。しかし、せっかくこれまで頑張って勝ちとってきた顧客との関係を失いたくなかったラルフは、営業部長としての仕事と昇進後の新たな役職を兼任できないか、会社にかけあいました。会社の上層部からの通達は、兼任はせず、営業部での業務については直属の部下を雇うように、というものでした。その直属の部下に選ばれたのが、気の毒なロベルトです。全体像を知らないままチームの一員となったロベルトに対し、ラルフは、自分の顧客を完全に受け渡そうとはしませんでした。ロベルトと顧客とのやりとりにしょっちゅう口を出し、自分がかつて担当していた顧客に関する意思決定は、すべて自分を通すように命じたのです。ロベルトの運命は、最初から決まっていたようなものでした。ラルフは以前の役職で自分を成功に導いてくれたものを、全力で守ろうとしていたからです。

典型的なリーダーのイメージに当てはまらない人たちの場合、問題はさらに複雑です。例えば、女性や有色人種は、自己不信を感じることが多くあります。これは、実際に欠点があるとか、リーダーとしての能力に欠けているからというわけではなく、「お前には役職に見あう能力がないし、自分は偽物《にせもの》だと自覚すべきだ」というあからさまな、あるいは遠回しなメッセージを周囲から受けとることが多いためです。あるいは、「自己主張はしっかりとすべきだが、挑戦的な態度はよくない」とか、「自分らしくあるべきだが、否定的な感情は見せないほうがいい」といった、相反する期待を受けとることもあります。大きな反響を呼んだ『ハーバード・ビジネス・レビュー』誌の記事、「女性の自己不信はインポスター症候群（訳注：結果を出しているにもかかわらず自信を持つことができず、自分を過小評価してしまう心理状態のこと）のせいではない」の中で、コンサルタントのルチカ・トゥルシャンとジョディ＝アン・ビュリーは、この現象について書いており、多くの組織で女性たち、特に有色人種の女性たちが自分は力不足だと感じてしまう本当の原因は、「ここはお前の居場所ではない」、あるいは「その地位に値するような実力はない」というシグナルが、職場全体を通して彼女たちに送られるからだと説明しています。

無能力であることが露呈する心配に加えて、不安を抱えた上司の中には、仕事そのものを失うことを恐れている人がいるかもしれません。失業を経験したことがある人なら、それがどれほど大きな恥の感情を生むものか、わかることでしょう。これは、多くの人にとって、なんとしてでも避けたい感情です。このように、クビになったらどうしようという恐れと、無能だと思われることへの恐れが重なると、強烈な不安が呼び起こされてしまいます。

数か月前、私はあるバイオテクノロジー企業の中間管理職にある男性と、停滞している組織改革の取り組みについて話していました。

男性によれば、停滞の原因に関する会社上層部の見解は次のようなものでした。中間管理層が上層部に遠慮して反対意見を述べず、現状をくつがえすような新しいアイディアを提案したがらないからだ、というのです。なぜ上層部に遠慮してしまうのかとその男性に尋ねると、彼はこう言いました。「クビになりたくはありませんからね。この仕事が必要なんです」。でも、さらに深掘りして聞いていくと、彼は「自分の知る限り、この会社では声をあげたことが原因で職を失った人はこれまでいなかった」と認めたうえに、上司に反対意見を述べたことで逆に昇進につながった例さえ知っている、と話してくれたのです。でも、そこまで明らかになっていても、彼の心配は消えませんでした。「自分が最初の犠牲者にはなりたくありませんから」と、彼は言いました。

このように「不安を抱えた上司」タイプの中間管理層やリーダーは、自分には役職に見あう実力がないばかりか、明日にでも仕事を失うかもしれない、という恐怖にさいなまれている可能性があります。そして、こうした恐怖心や羞恥心は、第2章でも説明した通り、私たちの心をかき乱し、まわりの人を不当に扱うように仕向けることがあるのです。

❖「不安を抱えた上司」を持つことによる弊害

この章の冒頭で紹介した、アイコの例に戻りましょう。上司コーラとのぎくしゃくした関係が原因で、アイコの自尊心は低下しました。影響は、それだけではありません。波及効果もありました。例えば、どちらが窓口になるべきかについて大きな混乱が生じたため、チームのプロジェクトを前に進めること自体が困難になりました。さらに他部署の人たちは、アイコとコーラ両方の能力に疑問をいだくようになり、会社の戦略に関わる重要な会議に2人を呼ぶのをためらうようになったのです。

コーラのような上司を持つことによる弊害は、ほかにもたくさんあります。まず心理的な影響があります。仕事に対するストレスが強まり、将来への不安が増えるだけでなく、アイコが体験したように、自己不信が忍び寄ってくることになります。

さらに、今後のキャリアにも悪影響が出る可能性があります。上司があなたの手柄を横取りしたり、自分の評判を上げるためにあなたをけなしたりする場合は、なおさらです。極端なケースでは、上司が自分をよく見せるために、意図的にあなたの仕事の評価を下げることさえあるのです。ハーバード・ビジネス・スクールのテレサ・アマビール教授の研究によれば、自己不信の強い上司は、部下に対して、より厳しい業績評価を下す傾向があることがわかっています。「自分の知性に不安のある人は、ほかの人を厳しく批判します。おそらくは、自分が賢いことを証明するための戦略なのでしょう」と、アマビールは説明しています。

不安を抱えた上司は、経営にも悪影響をおよぼします。彼らはあまりにプライドが傷つきやすいため、ほかの人の考えを聞こうとせず、反対意見を拒《こば》む傾向があるからです。ナサニエル・ファストらによる研究では、中東の多国籍石油・ガス会社の管理職に、自分の役割についてどれくらい自信があるか、1〜7の段階で答えてもらいました。すると、自分の能力に自信がない人ほど、部下からの意見を求めることが少ないこと、そしてその結果として、部下からのアイディアも出にくくなることがわかりました。この研究からわかるように、不安を抱えた上司は、部下からの提案が自分の能力の低さをさらけ出すのではないかと心配することがあるのです。部下が変化を求めるのは、上司の自分がちゃんと仕事をしていないからだと思われるかもしれない、というわけです。そのため彼らは、君たちの意見を聞く気はない、というシグナルを出します。そして、意見を無視され、拒絶された部下は、仕事への満足度が下がり、問題に対する斬新な解決策を提案しなくなり、ひいては退職する可能性が高くなるのです。

では、自信のない上司が、あなたや組織に害をおよぼすのを防ぐためには、どうすればよいのでしょうか。まず、自分にいくつかの問いを投げかけてみることから始めましょう。

❖自分への問いかけ

あなたの上司または同僚が、この本に登場する8つのタイプのどれかに当てはまるのであれば、行動を起こす前に、現状を振り返ってみることが役に立ちます。まずは、次の問いについて考えてみてください。

あなたの上司が「不安を抱えた上司」であると考える根拠はなんですか？　その評価が間違っている可能性はありますか？

「不安を抱えた上司」というレッテルを上司に貼る前に、客観的な視点を持つように心がけましょう。自分の望み通りのリーダーでないからといって、その人が自分に自信がないとは限りません。上司の行動にためらいが見えるのは、リスクを回避すべき妥当な理由があるからかもしれません。あるいは、用心深さが美徳とされる文化で育ったという可能性もあります。多くの人、特に女性は、自分の成功や長所をひけらかさないように心がけている場合があります。あなたの上司も、虚勢を張ることを避け、人に道を譲るように教育されてきたのかもしれません。

上司の不安によって、なにか具体的な問題が起きていますか？　もしそうなら、どのようなネガティブな影響が出ていますか？

上司が常に安心感を求めてくるのは迷惑なことかもしれませんが、その行動自体が問題なのでしょうか。中には、いったん自尊心を満足させることができれば、ほかにはそれほどの被害はないという場合もあります。上司の不安があなた自身やチームに実際に被害をもたらしているのか、それはどんな被害なのか、具体的に考えてみてください。どのような点で、周囲に悪影響をおよぼしているのでしょうか。問題を明確に理解することで、対処法も見えてきます。

あなたが不安を煽っている可能性は？

上司や同僚とのあいだに生まれる（あるいは続いている）ネガティブな関係において、自分がどんな役割を果たしているのかを考えてみるのは、常に有益なことです。あなたのせいで上司が自信を失っている、という意味ではなく、あなたが、なんらかの形で相手の不安を引き起こしている、という可能性はありませんか？

自分の仕事が賞賛されたときに、上司にもスポットライトが当たるように気を配っていますか？　上司の仕事ぶりに感謝し、それを表現できていますか？　あなた自身も自信のなさを感じていて、その結果、スキルや専門知識を必要以上にひけらかしてしまい、それが上司の欠点を浮き彫りにしている、という可能性もあります。あるいは、ほかの人の見ている前で上司の考えに強く反対したことはありませんか？　彼らを信頼していないことをほのめかしていませんか？　気づかないうちに上司の不安を煽《あお》り、状況を悪化させている可能性はないか、慎重に考えてみてください。

上司が求めているものとは？

自己不信のもとになっているものがなんであれ、不安を抱えた上司が求めているのは、恐怖を感じるような体験を減らし、自信を感じられる体験を増やすことです。そして、それは誰もが共感できることではないでしょうか。誰でも、「自分は十分うまくやれている」と感じたいものです。あなたの上司がそれ以外に求めるものがあるとすれば、それはなんでしょうか。彼らの目標や願望は、どんなものでしょうか。

どんな場合であれ、上司とうまくやっていくためには、彼らの目標を理解する必要があります。ただ、その答えを探そうとするとき、ついネガティブな解釈に偏《かたよ》りがちになるかもしれません。「私のキャリアを潰すことが目的に違いない」とか、「自分以外のすべての人を悪者に仕立てる気なんだ」といった具合です。でも、ここでもう一歩踏みこんで考えてみましょう。もし、上司が本当にあなたのキャリアを潰したいと思っているとしても（可能性は低いですが）、そのような衝動の裏にある動機はなんでしょうか。例えば、次のリストラがあったときにクビになることを恐れているのかもしれません。あるいは、批判的なコメント（実際には、単なる叱責のように聞こえるかもしれませんが）をすることで、あなたの成績が上がると信じているのかもしれません。このようにして、彼らの行動の裏にある動機がなんなのかを考え、納得できるような理由を探してみてください。

次に、これらの問いへの答えを念頭に置いて、自信のなさにさいなまれる上司との問題をどう改善していけるのか、手順を考えていきましょう。

❖試してみたい対策

誰しも、上司の不安をどうやってなだめようとか、報告書の書体をどうするかといった細かいことに口を出すのをやめさせるにはどうしたらいいだろう、と毎日ぼんやり考えこみ（さらには眠れぬ夜を過ごしたくはありません。不安を抱えた上司とのあいだに健全で良好な関係を築くことができれば、あなたの仕事はずっと楽になります。そしてそのために、有効性が実証されている方法がいくつかあるのです。

ここで紹介する対策を読んでみて、あなたの置かれた状況に最も適したものを見つけ、試してみてください。いくつかを実際に試しつつ、さらに調整していってもいいでしょう。

上司が直面しているプレッシャーについて考えてみる

管理職に就く人たちの中には、過労に耐え、無理をしながら、十分な資格やトレーニングもないまま働いている人が大勢います。まずは一歩引いて、全体像を見てみてください。迫り来る年度末の目標や、常に変わりつづける業務マニュアルなど、避けがたいプレッシャーが彼らの不安レベルを高め、それを部下にぶつけてしまっている可能性は十分にあります。

あるいは、あなたには見えない、または完全には理解できないストレス要因を抱えているかもしれません。共感する力を働かせてみましょう。たとえ彼らの不安が実際にトラブルを引き起こしていて、対処する必要があるとしても、あなたの上司もまた人間であることを忘れないでください。

例えば、スヴェータの例を見てみましょう。スヴェータの上司は、彼女の仕事のあらゆる内容をコントロールしようとしてくるうえに、彼女に休暇をとらせたくないあまりに、重要なプロジェクトが控えていると嘘までつくありさまでした。スヴェータにとっては大学院を卒業して最初に就いた仕事だったため、最初は上司のやり方に反発するのをためらっていましたが、徐々に「なにか言わなければ」という気持ちがつのってきました。でも、上司に反論しても、また嘘をつかれるだけです。そこでスヴェータは、自分の考え方を変えることにしたのです。「上司のことを、自分の行動がどんな害をもたらすか理解していない子どもだと思うことにしたんです。そう思うと、子どもに対してするのと同じように、冷静でいられました」と、彼女は私に話してくれました。上司に対してイライラしながらも、忍耐強くありつづけるには、強い自制心が必要でした。でもスヴェータは、上司と言いあいになりそうになると席を外すなどして、怒りに我を忘れることがないように細心の注意を払いました。結果的には、その上司のもとで働くのを好きになることはありませんでしたが、少なくとも一時的には、この関係を受け入れることができるようになったのです。彼女は怒りをコントロールすることで、上司とのあいだの緊張関係をやわらげ、自分の仕事をこなして、きちんと休暇をとることにも成功しました。

上司の目標達成をサポートする

不安を抱えた上司にけなされたり、手柄を横取りされたりすると、あなた自身の闘争心に火がつくかもしれません。でも、復讐は最も避けるべき行動の一つです。自己不信を抱えた上司が、あなたを信用できないと感じたり、自分を軽蔑しているのではないかと感じたりすると、彼らの自己防衛反応はますます強まります。それよりも、彼らの気持ちをなだめるにはなにが必要なのか、自分にそれを実行する気があるのかどうかを考えましょう。

例えばサンジェイは、上司のビニートとの関係からこのことを学びました。サンジェイは、ビニートが自分を信頼しようとしないことにひどくいらだっていました。ビニートは、クライアントの前で、サンジェイのデータ分析の結果に疑問を呈することさえあったのです。なぜそんなことをするのか問いただすと、ビニートの答えは、「クライアントに正確な数字を提供することがなによりも大事だから」というものでした。そこでサンジェイは、一歩下がって、ビニートの不安を解消するにはどうすればいいかを考えてみることにしました。そして、新たなデータ分析方法を試したあと、クライアントとの次の会議の1～2日前に、ビニートに会議の目標を尋ねてみたのです。「ビニートがクライアントとの会議でなにを達成したいのかを知っておこうと思ったんです」と、サンジェイは話してくれました。ビニートが教えてくれた目標を念頭に置いて、サンジェイはその目標を達成するために2人で実行できる対策をいくつか考え、「私たち2人なら大丈夫」とか、「いっしょに乗りきりましょう」などの言葉を使いながらビニートに提案を続けました。サンジェイはそのような言い方に気恥ずかしさを感じたものの、ビニートが前よりも自分を信頼するようになってきたことに気づいたそうです。時間と労力のかかる方法ではありましたが、最終的に、ビニートがクライアントの前でサンジェイを批判することはなくなりました。

サンジェイがやったように、自分たちの仕事を共同作業としてとらえることで、不安を抱えた上司との緊張関係をやわらげることができます。会話の中で、できるだけ「私たち」という主語を使うようにしましょう。そして、仕事がうまくいったときには、必ずその栄光を分かちあいましょう。

ただし同時に、自分の能力について過度に謙遜することのないように気をつけてください。羨望の的となった従業員の多くが、できるだけ自分の能力を隠し、手柄を避けようとすることが研究によってわかっています。しかし、この行動は逆効果につながる可能性があります。不安を抱えた上司は、部下の仕事が一定の水準に達していないと感じたり、部下の業績の低さが自分の印象を悪くするかもしれないと感じると、さらに不安を強めることがあるからです。そのうえ、事実を知らない同僚たちからは、本当に仕事ができない人のように思われてしまうかもしれません。目標はあくまで、上司の信頼を得て、自分のキャリアと評判を守ることだと忘れないでください。

自分が脅威ではないことをほのめかす

あなたはライバルではなく味方だということを、上司に理解してもらうことが重要です。もちろん、最初からそう思ってもらえるのが一番ですが、関係を調整するのは途中からでも決して遅くありません。例えば会議で、「あなたの仕事ぶりを尊敬しています。これからも、たくさん学ばせていただきたいと思っています」と伝えることもできるでしょう。ただ同時に、彼らにいいように使われることがないように注意する必要があります。

重要なのは、彼らに今以上の脅威を感じさせるような発言をしないように気をつけることです。例えば、「なにをおっしゃりたいのかわかりません」という言い方は、たとえなんの他意もなく相手の言いたいことを確認しようとしているだけであっても、相手の知性に疑問を呈しているように受けとられることがあります。

人間関係の問題を研究しているミシガン大学のリンドレッド・グリアは、自分を脅威とみなす上司に接するときのコツとして、温かい雰囲気を漂わせるために、自分がかわいいリスになったつもりになって話をするのだと教えてくれました。そうすることで柔らかさが生まれ、相手に脅威ではないという印象を与えることができるそうです。リスのふりをするなんて、ばかばかしく感じるかもしれません。でもリンドレッド自身は、このやり方を楽しめるようになったそうです。笑顔になることができ、やっかいな上司や同僚に対するイライラから注意をそらすことができるから、とのことでした。

ほめ言葉や、感謝、ねぎらいの言葉を口にする

上司の自尊心を落ち着かせるために、ほめ言葉を贈ることもできます。自分が無能だと感じている管理職たちを対象とした調査では、「本心からの」お世辞が効果的であることがわかっています。この、「本心からの」という点に注意してください。だいたいの人は、中身のないほめ言葉を見破ります。例えば、上司が細かいことまで口を出してくるのをやめさせたいのであれば、細部にまで目を配る姿勢に感心してみ

せるのは得策ではありません。

　一方で、おべっか使いだと思われたくない、と感じるのも当然のことです。その場合、ほめ言葉のかわりに、相手がしてくれたことに感謝の意を表すのもいいでしょう。ナサニエル・ファストは、「リーダー職にある人たちがどれほど自分の仕事の出来を気にしているか、部下たちは理解していないことが非常に多いのです。上司の自尊心を満たすのが部下の仕事だ、という考え方は、一般的に好まれません。でも上司の仕事ぶりを言葉にして認めることは、自分の発言には影響力があるということを感じる機会にもなるのです」と説明しています。ファストのある研究では、不安を抱えた上司に対して部下が「ありがとうございます。感謝します」という言葉を口にしていると、部下への業績評価がよくなることがわかっています。ですから、注目度の高いプロジェクトに参加する機会を与えてくれたり、他部署の同僚に紹介してくれたりした上司に、感謝の意を伝えてみてはいかがでしょうか。2人だけのときに直接伝えるのもいいですが、上司にとって意見が気になる人たちの前で感謝すると、より効果的かもしれません。単に安心させることができるだけでなく、長所にスポットライトを当てることで、上司の自信にもつながります。

　とはいえ、自分を苦しめる上司の機嫌をとることは、あなたにとって最もやりたくないことかもしれません。でも、日々のストレスが軽減され、キャリアの展望が開かれるのであれば、それは小さな代償といえるのではないでしょうか。

　例えばニアは、上司であるタマラとの関係を改善するためなら、そのような労力を払っても構わないと考えていました。上司のタマラは、話をした相手に影響を受けて考えがコロコロ変わるタイプの人で、ニアをはじめとするチームのメンバーたちは、タマラが決定事項を何度も軌道修正することに頭を悩ませていました。ニアが考えついた解決策は、タマラの信頼できる相談相手となり、彼女が方向性に迷ったときに頼れる存在になることでした。「誰がタマラに入れ知恵しているのか目を光らせて、彼女が不安のあまりおかしな方向に行きそうになったら、すぐにその不安を解消してあげたのです」とニアは言います。「私が動じずに接して、彼女が求める自信を与えてあげることができれば、タマラは自分で道を見つけることができるんです。彼女が必要としていたのは、いつでも頼れる揺るぎない部下だったのではないかと感じました」。タマラのニーズを満たすために、ニアは難しい芸当をこなす必要がありましたが、それでもその甲斐はあったと感じたそうです。ニアは重要なプロジェクトを任されるようになり、部署をより円滑に運営するサポートができるようになりました。

ニアの努力は、実際に上司との力関係に変化をもたらしました。このような戦略は、虐待的な上司による不当な扱いを軽減させる効果があることも、さまざまな研究により明らかになっています。上司が頼りにするようなスキルを身につけたり、信頼されるアドバイザーになるなどして、上司に対して影響力を持てるようになれば、彼らの問題行動を減らせるだけでなく、あなたへの評価を改善しようという気にさせることもできるかもしれません。

事態をコントロールできているという感覚を取り戻させる

他人を信用できない「不安を抱えた上司」たちは、前述のマイクロマネジメントに走ることがあります。そのような場合、相手に「決定権を持っているのは自分だ」という感覚を取り戻させてあげることで、過干渉をやわらげることができます。上司に「私たちがなにをすべきか、決めるのは○○さんです」とか、「○○さんが正しい決断をすると信じています」と伝えたうえで、今後の進め方について提案をしてみましょう。

情報共有も、彼らがコントロールの感覚を取り戻すのに役立ちます。不安を抱えた上司の多くは、自分が蚊帳《かや》の外に置かれることを恐れます。できる限り最新の情報を提供し、自分が取り組んでいる作業について話したり、最近は誰と話をしているかを（特に他部署の人の場合）共有して、透明性を保ったりするようにしましょう。定期的な打ちあわせを設定して、上司が気にかけているプロジェクトについて、彼らが自分もプロセスに参加していると感じられるように、進捗状況を共有しましょう。そのときは余計な手間が増えたように思えるかもしれませんが、過剰なほど情報共有をすることで、あとから自己弁護をしなければならなくなるような事態を避けられるかもしれません。

ある研究によると、会話の中で、答えを提供するかわりに質問を投げかけると、相手の「事態を把握し、コントロールできている」という感覚が強められることがわかっています。あなたも、「仮に～したらどうなるでしょうか」とか「～という可能性はあるでしょうか」といった質問をして、できるだけ上司の考えを引きだしてみましょう。

使えるフレーズ

「不安を抱えた上司」への対策を試すときのために、いくつか使えるフレーズを用意しておきましょう。次にあげる例を参考にしてみてください。これらをもとに、自分にとってしっくりくる言い方になるように、アレンジしてみましょう。

上司の成功をサポートする意欲があることを伝える

「関わっている全員が、きちんと努力を認められるべきですよね」

「チーム全体が、いい評価を受けられるようにしたいですね」

「チームのみんなが、○○さんを応援しています」

「この仕事を成功させるために、みんな頑張っていますから」

相手の自信を高める

「先週、プロジェクトについてお話しできてよかったです。おかげで、考えがまとまりました」

「さっきの会議での発言、すばらしかったです。みんな、○○さんの意見を頼りにしています」

「○○さんはこの件について豊富な経験をお持ちなので、ぜひ意見をお聞きしたいです」

コントロールの感覚を取り戻させる

「○○さんが判断を下す助けになるかもしれないので、私の考えを述べてみます」

「私たちがなにをするかは、○○さんが決めることですから」

「○○さんのアイディアをさらに発展させて……」「○○さんが今おっしゃったように……」など、自分の考えを述べる前に、上司の意見に触れましょう。

「情報は十分伝わっていますか？　○○さんには現在の状況を知っておいていただきたいので」

自分へのほめ言葉フォルダを用意する

不安を抱えた上司を相手にしているときは、冒頭のアイコのように自信喪失の罠にはまってしまうのを防ぐために、自分の自信をしっかりと守る方法を見つける必要があります。例えば、自分の長所リストを作っておいて、上司とのあいだで特にストレスの強いやりとりがあったあとに見直すようにするとか、自分のいいところを思いださせてくれるような、社内（あるいは社外）の人と会う時間を作る、などです。

私がこれまで仕事に関してもらった一番いいアドバイスの一つは、メールの受信箱に「ほめ言葉フォルダ」を作ることです。私はこのフォルダに、うまくいった仕事への賞賛や、私の記事への賛辞、私の努力が同僚やクライアント、読者に与えた影響などが書かれたメールを集めています。作った当初に考えていたほど頻繁にこのフォルダを開くことはありませんが、その存在を意識するだけで、自信を取り戻すことができるのです。

あなたも今すぐ受信箱にフォルダを作り、誰かからほめ言葉を贈られたら、たとえそれがちょっとしたことであっても、そこに入れておきましょう。不安を抱えた上司とのやりとりのあとなど、元気を注入したいときは、クリック一つでほめ言葉を眺めることができます。

＊　＊　＊

残念ながら、どんなに戦略的に行動しても、上司の不安を完全に解消することはできません。そもそもそれは、あなたがやるべき仕事ですらないのです。この章で紹介した対策は、上司とのやりとりを円滑にする助けにはなりますが、やりすぎは禁物です。上司をなんとかしようという試みに没頭しすぎると、本来やるべき仕事の質が下がったり、まわりの人に「なぜあんな上司をかばおうと躍起になるんだろう」と思われて、組織の中で疎外されてしまう可能性があります。ですから、なかなか進展しないように感じたら、第12章を参照し、完全にあきらめる前に、最後の手段を試してみてください。

章の冒頭で紹介したアイコは、ときに自己不信におちいりながらも、上司との関係を変えるべく力を注ぐことができました。2人のあいだに共通の課題があることを強調したのです。そして、会議には必ずコーラも招待するように気を配り、常に情報を共有するよう腐心しました。週の終わりには必ずコーラにメールを送り、プロジェクトの進捗状況や、その週に行われた大事な議論について伝えました。このメールには、2つの効果がありました。コーラの不安が減っただけではなく、アイコの優れた仕事内容を記録することにもなったのです。アイコは常に心のどこかで、コーラが不安のあまり、みんなの前で自分を糾弾するようなことがあるかもしれない、と思っていました。そうなったときのために、自分の仕事の進展を記録しておくことが役に立つと考えたのです。幸い、それは現実にはなりませんでした。最終的に、アイコは会社を辞めましたが、コーラのもとで働いた期間は5年におよびました。

振り返ってみると、コーラの行動を個人攻撃として受けとりさえしなければ、もっとうまく対処できたのかもしれない、とアイコは感じています。もちろん、これは簡単なことではありません。常にあなたを監視し、仕事の出来を疑い、他人を犠牲にして自尊心を埋めようとする上司を持つと、個人攻撃のように感じてしまうものです。それでも、状況に対して感情的な距離を置くように、できるだけ心がけてみてください。自分がフワフワのかわいいリスだと想像してみるのも、一案かもしれませんよ。

覚えておくべき対策　不安を抱えた上司

やるべきこと

- 上司も人間であることを忘れずに。相手を悪者にしても、誰のためにもならない。
- 自分が、ライバルではなく、味方であることを知らせる。
- 本心からのほめ言葉や、感謝の意、ねぎらいの言葉を贈る。2人だけのとき、あるいは上司にとって意見が気になる人の前で行う。
- できるだけ「私たち」という主語を使って話す。
- 自分の仕事内容や、最近誰と話しているか（特に他部署の人の場合）について、常に最新情報を共有して、透明性を保つ。
- 定期的な打ちあわせを設定して、上司が気にかけているプロジェクトについて進捗状況を共有する。そうすることで、彼らが自分もプロセスに参加していると感じられる。

注意すべきこと

- 上司が持つプレッシャーや不安のもとを、自分が理解できていると思いこまないようにする。
- 復讐は厳禁。あなたのことを信頼できないと感じたり、自分が軽蔑されていると感じると、上司の不安は悪化する。
- 仕事がうまくいったとき、手柄を独りじめしないようにする。

第4章

悲観主義者

――「こんなの絶対うまくいかないよ」

テレサは、オフィスで2席離れたシムランの席に、一日に何度か立ち寄ることを習慣にしていました。テレサが愚痴ばかり言いさえしなければ、ちょくちょく声をかけられても、それほど苦になることはなかったでしょう、とシムランは言います。「毎朝、テレサに調子はどうかと尋ねると、自分の生活のネガティブな話ばかりをつらつらと話しだすんです。家のこと、通勤のこと、同僚のこと。とにかく、なんでもです！」彼女は最初のうち、話を聞いて質問してあげることで、テレサの気晴らしになるかもしれないと考えていました。でも実際には、事態は悪化するばかりでした。「私は、彼女の愚痴の聞き役として、すっかり定着してしまったようでした」

ある日、CEOが全社会議を招集し、年度の業績が好調だったことを受けて、社員全員にボーナスを支給すると発表しました。その直後、テレサはシムランの席にやってきて、ボーナスはともかく、会社の福利厚生は十分とはいえない、と文句を並べ立てました。シムランは、ボーナスがもらえたことに加え、会社の業績がうまくいっているという知らせにウキウキしていたのですが、これを聞いて、すっかり気分がしぼんでしまいました。

シムランはテレサといっしょに仕事をすることが多かったため、できれば彼女とうまくやっていきたいと考えていました。でもシムランの苦痛は消えず、ついにはテレサが近づいて来るのを見るだけで、反対方向に向かって逃げ出したい衝動に駆られるほどでした。

悲観主義者、皮肉屋、懐疑論者、愚痴ばかり言う人、否定的な人、敗北主義者……。

ポジティブなことをいっさい言わないばかりか、プロジェクトや取り組みが失敗に終わるであろう可能性をすべてあげつらい、しかもそれを楽しんでいるような人たちと働いた経験が、おそらく誰しもあるはずです。米国の長寿バラエティ番組「サタデー・ナイト・ライブ」で、レイチェル・ドラッチが見事に演じた「デビー・ダウナー」というキャラクターが出てくるコントをご存じでしょうか。デビーは、ネコエイズ感染率などの話題をちょくちょく持ち出しては、どんな集まりでも、もれなく雰囲気を悪くする、というキャラです。おかげで、デビーと話した人は誰でもイライラすることになります。誇張された風刺的なキャラクターとはいえ、デビーのような人と付きあっていかなければならないつらさには、誰もが共感するのではないでしょうか。悲観主義者は、決していっしょにいて楽しい相手ではないからです。

悲観主義者に見られる典型的な行動は、次のようなものです。

- 会議や上層部、同僚など、ありとあらゆることに関して文句を言う
- 新しい取り組みやプロジェクトが、必ず失敗に終わると断言する
- 革新的なやり方や新しい手法に話がおよぶと、「それは前にも試して、うまくいかなかった」という立場をとる
- 提案された対策や戦略について、すぐにリスクを指摘する
- よい知らせや、うまくいった会議についても、なにかしらネガティブな点を見つけ出す

テレサが外出していたり、休暇中だったりするとき、あるいは忙しくておしゃべりする時間がないようなとき、シムランは集中して仕事をこなすことができました。そのうちに、テレサが自分のデスクに近づいて来る音が聞こえるだけで、ネガティブな言葉の嵐に備えて体に力が入るばかりか、テレサに声をかけられないように、作業に没頭しているようなふりさえしている自分に気づきました。当然、そんなやり方をずっと続けるのは難しく、シムランはテレサが態度を変えてくれないだろうかとか、せめてネガティブな感情をぶつける相手をほかに見つけてくれないだろうかと願うようになっていました。

もしあなたが、否定的な同僚がかもしだす暗い空気から逃れたいと感じているのなら、まずは、彼らの行動の裏にあるものを理解することが助けになるでしょう。

❖悲観的な行動の裏にあるもの

悲観主義者が悲観的な見方をするのには、さまざまな理由があります。彼らの行動の裏にあるものについて理解を深めることで、とるべき対策が見えてくるだけでなく、より共感を持って接することができるようになるでしょう。さらに、彼らの視点から学べる点も見えてくるかもしれません。

テレサのような人は、なぜまわりの人の気分を重くするような行動をとってしまうのでしょうか。考えられる答えは、多岐にわたります。でも、悲観主義者について考えるときに、次の3つの点を常に考慮に入れるべきであることはたしかです。

将来の展望

悲観主義者は、「ネガティブな出来事や結果は避けることができない」と信じています。寓話「チキン・

リトル」（国によっては、「ヘニー・ペニー」とも呼ばれています）の主人公は古典的な悲観主義者で、農場の動物たちに「空が落ちてくる！」と触れ回ります。チキン・リトルは、大災害が迫っていると本気で信じているのです。

主体性

2つめの要素は、自分が結果に対して影響力を持っていると感じているかどうか、です。幸福と成功の研究を専門分野とし、（当然その結果として）悲観論についても広く研究しているミシェル・ギランは、悲観主義者を「よいことは決して起きず、かつ自分にはその結果を変える力がないと信じている人」と定義しています。ギランは、ネガティブ思考はそれ自体が悪いわけではなく、状況によっては妥当な場合もある、としています。とはいえ「大惨事を回避するために頑張っても、どうせなにも変わらない」と感じている人は、おそらく、その対策のために動くこともないでしょう。

行動

悲観主義者の考え方は、行動に表れます。「負けは決まっている」と決めつけている敗北主義者は、シムランの同僚のテレサのようにただ愚痴を言いつづけたり、ほかの人のアイディアを却下しつづけたり、自分がどれだけ不幸かという話ばかりしたがります。こうした行動は、彼らの宿命論的な未来への展望と、主体性のなさの表れなのです。

この3つの要素は、どれも重要で、しっかりと考えてみるべきものです。あなたの同僚は、未来に暗い展望をいだきながらも、なかなか行動しない、という傾向が見られますか? 彼らは、状況を変えたり、プロジェクトの結果を変えたりする力が自分にあると感じていますか? ちなみに、将来にネガティブな展望を持ち、かつ主体性を持つタイプの人は、「防御的な悲観主義者」と呼ばれるカテゴリーに分類されます。このような傾向は、ときにメリットをもたらすこともあります。

例えばある研究では、慢性疾患のある防御的な悲観主義者は、痛みの積極的なケアなど、自分の健康状態を改善するための行動をとる傾向が強いことがわかっています。またこのタイプの人は、感染症の流行拡大が起きたとき、心配のあまり頻繁に手を洗ったり病院に行ったりといった予防策をとるため、うまく感染の流行を乗りこえられるとも考えられています。なにを見ても暗い運命が待ち受けていると感じるうえに、それに対してなにもできることはない、と考える人たちと比べれば、この防御的な悲観主義者は、比較的いっしょに働きやすい相手といえるかもしれません。

悲観主義者にはもう一つ、「被害者タイプ」というカテゴリーがあります。将来を悲観し、主体性はほとんどなく、自分が軽蔑の対象に成り果て、運に見放された存在であるかのように行動する傾向がある人たちです。このタイプの悲観主義者については、第5章で説明します。

予防フォーカス型と獲得フォーカス型

こうした悲観的な同僚をよりよく理解するためのもう一つの方法が、彼らの傾向を「動機のフォーカス(motivational focus)」モデルに照らしあわせてみることです。

このモデルによると、「予防フォーカス(prevention-focused)」型の人たちは安全を求めることが多く、目の前のタスクを、乗りこえるべき障害としてとらえます。一方で「獲得フォーカス(promotion-focused)」

型は、未来を前向きに考え、ほかの人には困難な課題に見えるような事態を、チャンスとしてとらえる傾向があります。社会心理学者のハイディ・グラントとE・トーリー・ヒギンズは、2つのタイプの違いを別掲の図表4-1のようにまとめています。

この2つのタイプについて重要なのは、どちらのほうがよいということではなく、チームや組織での働き方が違う、という点です。グラントとヒギンズは、次のように説明しています。「(予防フォーカス型の人たちは) リスクを避ける傾向があるが、そのぶん仕事は徹底していて、正確で、慎重である。彼らは成功するために、時間をかけて細心の注意を払う。必ずしもクリエイティブな思考をするわけではないが、分析や問題解決のスキルは非常に高い。獲得フォーカス型の人たちは、よいものも悪いものも含めてたくさんのアイディアを出すが、そのよしあしを判断できるのは予防フォーカス型の人たちであることが多い」。あなたの悲観的な同僚が、この予防フォーカス型に当てはまる可能性がないか、もう一度、考えてみてください。

もしあなたが獲得フォーカス型寄りのタイプなら (どちらの特徴も当てはまる場合があります)、予防フォーカス型の同僚に対して特にイライラしがちかもしれません。でも、彼らの行動には利点もあること、その悲観論は単に「空が落ちてくる!」という類《たぐい》の病的な主張ではないことを理解すれば、彼らの慎重さにいらだつことも減りますし、よい方向に結びつけるにはどうすればいいか、思いつくこともできるかもしれません。

あなたの同僚が周囲に対して執拗に文句を言いつづける動機は、ほかにもありえます。不安、権力欲、そして恨みです。

図表4-1 「動機のフォーカス」の違い

[予防フォーカス型]

- ●ゆっくり、慎重に仕事をする
- ●仕事が正確であることが多い
- ●最悪の事態に備えている
- ●納期が短いとストレスを感じる
- ●確立された方法を重んじる
- ●賞賛の言葉や楽観主義が苦手
- ●物事がうまくいかないと心配になり、不安が増す

[獲得フォーカス型]

- ●仕事が速い
- ●たくさんの案を思いつき、ブレインストーミングが得意
- ●新たなチャンスを喜んで受け入れる
- ●考え方が楽観的
- ●最もうまくいくパターンだけを想定して計画する
- ●ポジティブな意見を求め、それがないと元気がなくなる

●物事がうまくいかないと、がっかりして落ちこむ

（出典　Heidi Grant and E. Tory Higgins, "Do You Play to Win—or to Not Lose?," *Harvard Business Review*, March 2013, https://hbr.org/2013/03/do-you-play-to-win-or-to-not-lose.）

不安

悲観主義者の多くは、不安に対する条件反射的な反応として、起こりうる最悪のパターンを想像します。うまくいかない可能性をすべて考えておくことで、その可能性が現実のものになった場合に備えることができるような気がするからです。このような思考は役に立つ場合もありますが、それは最悪の事態を防ぐために行動を起こすことができる場合に限られます。

例えば、あなたが心からやりたいと思った仕事に応募したときのことを思いだしてみてください。その過程で一度は（あるいは何度も）、「絶対に受からないだろう」と考えたのではないでしょうか。このように自分自身に批判的な思考は、間違いなく悲観的です。でも、そのような悲観論に突き動かされた結果、面接に向けてしっかりと準備をし、企業についてリサーチをしたのであれば、その考えはそれなりに役に立ったということになります。

あなたの悲観的な同僚は、自分が常にネガティブな方向にものを考えていることに気づいていないのかもしれませんし、あるいはそれが有益だと思っているのかもしれません。例えば、アイディアを前もってすべて却下することで、チームのみんながかっかりするのを防いでいるつもりかもしれません。そのような不安からくる行動は、周囲の人、特に楽観的なタイプの人を不快にさせることがあります。でも、彼ら

は心配だからそうしているのであって、なにもあなたの楽しみを奪いたいわけではないことを知っておくと、少し対処しやすくなるかもしれません。

権力

物事に否定的な同僚は、権力欲に駆られている可能性もあります。私は、会議で誰かがアイディアを片っ端から却下していく場面に出くわすと、その人はなんらかの責任を回避したいのだろうと解釈することがあります。「そんなのうまくいくわけがない！」と主張しておけば、プロジェクトがうまくいかなかったとしても責任を負わされることはありませんから。あるいは、怠慢の表れと感じることもあります。「やっても無駄だ」と言ってしまえば、その人はプロジェクトの成功のために努力したり、意義のある貢献をしようとする義務から逃れられるからです。

一方で、バージニア大学のアイリーン・チョウは、それとは別の動機があることを明らかにしました。研究により、悲観主義者はネガティブな考え方をすることで、「事態を支配しているのは自分だ」という感覚を得ていることがわかったのです。彼らは集団の中で反対意見を述べることで、責任を回避するというより、むしろ自分の力を誇示している可能性があるのです。実際に、悲観的な人はほかの人より権力があるような印象を周囲に与えます。「多くの人は、否定的な人に対してうんざりして敬遠したり、のけ者にしたりするだろうと考えがちですが、実際はその逆です。高い地位にある人ほど、ネガティブな意見を口にしたり、反対意見を述べたりすることが多いのです」とチョウは説明してくれました。このようなパターンは、行動を強化する効果を生み出します。つまり、悲観主義者はネガティブな発言をすることで自分に権力があるように感じ、否定的な発言を聞いた周囲の人も、その人に力があるように感じ、結果的にその人をリーダーとして選ぶようにさえなり、印象が現実になっていく、というわけです。

恨み

「コップは半分カラだ」と言いたがるタイプのあなたの同僚（訳注：半分水が入ったコップを見て、「コップには半分、水が入っている」と言うのは楽観主義者、「コップは半分カラだ」と言うのは悲観主義者という意味の言いまわし）は、不満を表明しているのかもしれません。フィリップの例を見てみましょう。

製薬会社の営業部で働くフィリップと彼の同僚のオードリーは、昇進のチャンスを目前にしていました。フィリップは7年間同じ部署で働いていて、しばらく前から、そろそろ自分が部長になってもいいころだと感じていました。一方でオードリーはまだ勤務歴が浅く、8か月前に入社したばかりでした。ところが、営業部担当の上級副社長は、オードリーのほうが高いポテンシャルを持っていると考え、彼女を部長に昇進させました。それから半年ものあいだ、フィリップはオードリーの出すアイディアにことごとく反発したばかりか、彼女の提案する方法は彼女の入社前に「すでに試した」ものばかりで、どれもこれも「完全な失敗」に終わったと主張したのです。

フィリップの場合、彼の行動は、不安の表れや、「動機のフォーカス」の問題ではありませんでした。彼は恨みの感情から、オードリーを妨害し、チームの前進をさまたげていたのです。フィリップのように、昇進で誰かに追い抜かれたり、組織や上司から自分の価値を認められていないと感じていたり、自分が本来受けとるべき尊敬を受けていないと感じたりしている人は、冷笑的で偏った態度をとることがよくあります。無意識的にかもしれませんが、そうやって周囲の人をおとしめようとするのです。

ただし、悲観主義者が嗅《か》ぎつけた不公平さが、現実のものである可能性もあります。特に、女性や有色人種のように不公平な扱いを受けがちな人たちは、不当に昇進の機会を奪われることが多いのは間違いありません。

動機がなんであれ、悲観主義者たちの悲観的な行動は、あなたや組織に有害な影響をもたらします。

❖悲観主義者を同僚に持つことによる弊害

ネガティブな考え方をすることによって、悲観主義者たち自身も大きな弊害を受けていることが研究によってわかっています。楽観的な人と比較して、不安やうつにおちいることが多いのです。また、ストレスを感じることが多く、病気や挫折から立ち直るのにも長い時間がかかります。さらに、将来に対してネガティブな展望を持っている人のほうが、創造性に劣る、という研究結果もあります。そのうえ、悲観主義者は金銭的な困難にも見舞われやすいことがわかっています。大きな買いもののために資金を貯めておいたり、自分を楽しませるための貯金をすることが、楽観的な人より少ないからです。また、楽観的な人と比べて、お金について、より心配する傾向があります。

感情というものは、それがポジティブであれネガティブであれ、伝染します。そのため、悲観的な同僚が未来に対していだく展望に引きずられて、まわりの人も同じような悪影響を受けることになりがちです。やる気をなくしたり、いつも以上に悪い結果を心配したり、自分の行動は職場でなんの影響力もないのではないかと感じたりするかもしれません。あるいは、悲観主義者を避けようとするあまり、いらだちやストレスを溜めこんでしまうかもしれません。ネガティブな同僚と時間を過ごせば過ごすほど、彼らのレンズを通して世界を見るようになってしまうからです。

例えばジャマールは、大学卒業後に就職した会社で上司からそのような影響を受けてしまっていました。

ジャマールの上司であるコートニーが、会社の幹部たちについて常に批判を口にしていたためでした。これが初めての仕事だったジャマールには、コートニーの意見に疑問を持つことなど思いつきもせず、かわりに彼女の言葉通りに幹部たちのことを見るようになってしまったのです。「常にネガティブな見方にさらされていたおかげで、やる気やワクワク感、未来に対する楽観的な気分をすっかりなくしてしまいました」とジャマールは言います。「コートニーの批判的な言葉を、まるで自分の意見でもあるかのように思ってしまい、彼女があげつらう幹部や自社製品の弱点を現実のものと信じこんでいました」。次第にジャマールは、チームのメンバーにも懐疑的な目を向けるようになりました。彼らが会社を休むと、コートニーは必ず仮病だと決めつけたからです。チームは常に業績目標をクリアしていたばかりか、ときには超過達成さえしていたにもかかわらず、「コートニーはいつも、僕たちの努力が足りないかのような言い方をしていました。それが、チームのメンバーたちのあいだに溝を作ってしまっていました。このような亀裂があると、チームは決してうまくいきません」

チームに1人でも悲観主義者がいると、特にそれがコートニーのように権限を持つメンバーだった場合、全員の関係が変わってきてしまいます。常に文句を聞かされているせいで、チーム内に分断が生まれ、仕事に対する満足感が下がって、メンバーどうしの信頼感も弱まります。そして、徐々に強まっていくネガティブな雰囲気が、チーム全体、ときには組織全体の空気を汚染していくのです。

このような犠牲は、誰だって避けたいはずです。では、後ろ向きな同僚とうまくやっていくにはどうすればよいのでしょうか。まずは、次の問いについて考えてみてください。

❖自分への問いかけ

次にあげた問いに答えて、悲観的な同僚との関係改善に向けて計画を立てはじめましょう。

同僚は、なぜ悲観的なものの見方をするのでしょうか?

悲観的な同僚が、アイディアをことごとく却下したり、新たなアプローチを試すことをいやがる、といった行動をとる理由がわかれば、これまで思いつかなかったような解決法が見つかるかもしれません。彼らが愚痴を言う根本的な理由はなんなのでしょうか。予防フォーカスや権力欲、不安など、これまで紹介した動機の中に、当てはまりそうなものはありますか? あるいは、彼らがなにかに恨みをいだいている、という可能性はありますか?

同僚が、新規のプロジェクトが失敗に終わることを心配しているのであれば、「新しい方法を試してみたからといって、罰せられることはない」と伝えて、安心させてあげてもいいかもしれません。または、時間を無駄にすることを懸念しているのなら、たとえうまくいかなくても、実験してみることには価値があると思いださせてあげてください。あるいは、燃え尽き症候群ぎみであったり、忙しすぎてこれ以上仕事を増やしたくない、と感じているようであれば、仕事量を調整できるように問題解決を手伝ってあげる(相手があなたの部下なら、仕事量を減らしてあげる)という方法もあります。

彼らの態度の裏にある根本的な理由を、積極的に探ってみてください。例えばルーカスは、同僚のジョーに対してこれを実行しました。ジョーは、自社の新製品である医療機器について、コンサルティング・チームが市場規模を測定するやり方が気に入らないと、しきりに文句を言っていました。彼らとはこれまでに何度もミーティングを重ね、仕事の分担も目標設定も、明確に合意できていたにもかかわらず、です。その会議中、ジョーは一度も進捗に貢献しませんでした。腕組みをして、「これがクライアントの役に立つとは思えない」などと言うだけです。ルーカスはジョーを呼び止めて、どうしたのかと尋ねました。そして、少し時間をかけて話をした結果、ジョーが自分に期待されている役割をよく理解できていないということがわかりました。彼の悲観的な態度は、自己防衛だったのです。ルーカスは半日かけて、ジョーの今回の仕事内容についていっしょに確認し、業務の進め方を立案しました。そして、30ある仕事の項目のうち5つについて分析を終わらせ、残りはジョーが自信を持って1人で取り組めるようにしました。この作戦は成功でした。ルーカスによれば、ジョーの懐疑的な態度はあとかたもなく消え、会議中にいちゃもんをつけることもなくなったそうです。

彼らの懸念に、妥当な根拠はありますか？

多少の悲観論は健全なものであり、ときには必要ですらあります。悲観主義者は、社会や職場で、バランスを保つうえで重要な役割を果たしています。多くの人、特に楽観的な人たちが見逃しがちなリスクを指摘してくれるからです。ほかの人がせっかちに仕事を前に進めようとするときも、彼らは注意を促します。思いこみに気づき、アイディアを発展させ、手痛い失敗を防ぐためには、反対意見も必要なのです。また、ネガティブな考え方が妥当である場合もあります。経済格差の拡大や、人種差別、ポピュリズムとナショナリズムの台頭など、世界で実際に起きていることを見わたせば、未来に希望が持てないと考える人がいるのもうなずけます。それに、未来について心配すべき理由が山ほどあるときに、無理してポジティブでいようとすると、頭の中が混乱してしまいます。

自分のチームや組織が、賛成意見と楽観論だけが歓迎される、いわゆる「ポジティブ・カルト」になってしまっていないか、振り返ってみてください。あなたは、人びとが率直に反対意見を述べ、疑問をいだく余地を残していますか？　ほかの人が遠慮して意見を言わないときでも進んで反対意見を言う人に対して、「悲観主義者」という間違ったレッテルを貼っていませんか？

彼らの行動のうち、実際に問題があるのはどの部分ですか？

同僚のことを、ただなんとなく暗い人だと思ってしまうのではなく、彼らの行動のうち実際に問題になるのがどの部分なのか、特定するようにしましょう。チームのみんなを黙らせてしまうようなネガティブな発言ですか？　あるいは、絶対に成功するとわかっている仕事しか引き受けない、という消極的な態度ですか？

よく、悲観主義者のことを、「まわりの雰囲気を悪くする」と表現する人がいます。もちろん私も、そのような同僚といっしょに仕事をしたことがあります。でも、ここで忘れてはならないのは、彼らの行動のうち実際に問題となっているのはどの部分なのかを、明確にして考えることです。ハイディ・グラントは、インタビューで「まず確認すべきなのは、実際に問題があるのかどうかという点です。たとえ彼らの態度が気に入らなくても、気にせず、『やれやれ……』と思ってやり過ごし、次に進めばよい場合もあるのです」と話してくれました。

彼らの行動のうち、どこが自分やほかの人にとって問題なのかをはっきりと理解することで、対策も見えてくるのです。

くまのプーさんが、あの底抜けの楽観主義をもってしてもイーヨーの悲観的な世界観を変えることはできなかったように、あなたの同僚を常に明るいほうを見る人間に変えることはできません。でも、悲観主義者といっしょに働く時間をより楽しく、生産的にするためにできることはあります。

❖試してみたい対策

悲観的な見方を、才能としてとらえ直す

同僚に悪意があるわけではないという前提で、彼らには特別な才能が備わっているのだと考えてみましょう。あなたのやろうとしていることはどう転んでも失敗する、と彼らが指摘してきたとき、「彼らは独自の才能を使って、私がリスクに気づく手助けをしてくれているんだ」と自分に言い聞かせてください。潜在的な問題を指摘する能力は、過小評価されがちなものです。エンロン、ウェルズ・ファーゴ、BP社のメキシコ湾原油流出事故、ボーイング737マックスの悲劇など、過去数十年間で企業が起こした大惨事について考えてみてください。専門家がこれらの出来事の原因について研究したところ、共通していたのは、多くの従業員がミスに（あるいは犯罪が行われていることに）気づいていながら、声をあげていなかった、という事実でした。多くの場合、懸念を口にすることをタブー視するような組織文化があり、従業員は報復を恐れるあまり、問題を指摘することなく黙っていたのです。

悲観主義者をありのままに受け入れることで、否定的な同僚とのあいだに友好的なつながりを築ける可能性もあります。共通の話題を見つけ、彼らの暗い態度の背後にもロジックがあり、価値さえあるかもしれないと気づくことができると、共感が芽生え、最終的には仲よくなれる可能性さえあります。ただし多

くの場合、あなたが新たな視点から物事を見てみるのは、事態を変えていくためのきっかけに過ぎません。思いやりだけでは、ネガティブな態度が周囲を汚染していくのを止めることは難しいでしょう。

役割を与える

あなたの同僚がリスクを指摘するのが得意なら、それを正式な役割にしてしまう、という手もあります。やっかいな質問を投げかけたり、グループの考えに挑戦したりする役割を担う「悪魔の代弁者」を任命する、というやり方を聞いたことがありませんか？　研究によれば、そうやって前進をはばむ役目を1人のメンバーに与えることで、チーム全体として、よりよい意思決定につながることがわかっています。これぞまさに、悲観主義者が得意とする役目です。「悪魔の代弁者」ではあまりに聞こえが悪いので、私は「反論担当者」と呼ぶことにしています。

この作戦の強みの一つは、悲観主義者の評判が悪くなるのを防ぎ、チームの生産的な一員という役割を割り当てることができる点です。テクノロジー企業の元幹部でイノベーションの専門家であるニロファー・マーチャントは、個人にとっても企業にとっても、多様な意見こそが成長の鍵になる、という考えを強く支持しており、次のように書いています。「リーダーの中には、(異論を唱える人を)悪者扱いする人もいる。彼らが指摘する問題を解決しようとするかわりに、彼ら自身を問題とみなして非難するのだ。その理由は簡単だ。自分の弱点と向きあうのは、誰にとっても楽しいものではない。リーダーたちは、そのような不快感を避けるために、偏った考えに固執し、自分を防御するのだ。そしてもちろん、リーダーたちのこのような行動は、組織の成長をさまたげることになる」

同僚の思いこみに疑問を呈してみる

悲観主義者「こんなの、絶対に失敗するに決まってるよ」
あなた「いや、意外とうまくいくと思うけど」
悲観主義者「考えが甘いな」

悲観主義者に自分の見方を押しつけようとすると、彼らの考えをさらに強固なものにしてしまいがちです。そのかわりに、彼らの根本的な考えや思いこみにアプローチしてみましょう。言いたいことを明確にしてもらったり、より詳しい情報を求めたりするのです。例えば同僚が、「このプロジェクトには、絶対に財務部の承認がおりない」と言った場合に、その理由を説明してもらうのです。代替案を聞くことができれば、さらによいでしょう。「承認してもらうには、どうすればいいと思う?」という具合です（否定的だったり、上から目線に聞こえないように、言い方には注意しましょう）。さらに、逆説の「でも」を使って次のような文章にすることもできます。「たしかに、今回は財務部の承認がおりないかもしれないね。でも、来年はこうしたプロジェクトを多めに承認する計画みたいだから、今のうちに根回ししておく価値はあると思うよ」などです。

ハイディ・グラントは、悲観主義者と話すときのための魔法の組みあわせがある、としています。「あなた自身も、事態は簡単ではないと思っているということを明確にしたうえで、かつ成功すると思う、と伝えるのです」と、グラントは書いています。もしあなたが、簡単にうまくいくと考えている様子を見せれば、悲観主義者はあなたを否定しようとするでしょう。でも、彼らがなぜ悲観的になるのか、理由は理解していると示すことで、相手を今とは違う方向に向かせられる可能性が高まるのです。

あるいは、彼らの不満を認めつつ、別の視点で見るように促すこともできます。例えば同僚が「ほかのメンバーが怠《なま》けて仕事をしていない」と不平を言ったら、「みんな忙しい時期だからね。たぶん見えないところで頑張っているはずだよ」などと言ってみるとよいでしょう。上から目線で説教したり、意地悪になったりする必要はありませんが、別の見方を提示するのは助けになります。あるいは、後ろ向きな同僚に、建設的な意見を求めてみることもできます。例えば、「イライラする気持ちはわかる。では今、私たちにできることはなんだろう?」とか、「次になにをすればいいと思う?」などです。なにも、「じゃあ、あなたがなんとかすれば?」などと言う必要はないのです。今できることにフォーカスして彼らの主体性を引きだしたり、あなた自身が似たような状況に遭遇して生産的に対応した過去のエピソードを話すこともできるでしょう。

悲観的な見方が役に立つ場合と、そうでない場合を見きわめる手助けをする

ある程度の悲観論は集団にとって有益であることも事実なので、敗北主義的に見えるあなたの同僚は、もしかすると、自分の言葉や行動がほかの人に悪影響を与えていることに気づいていないのかもしれません。その気づきを得るための手助けを、あなたがしてあげることができます。例えば、「あなたがネガティブな発言をすると、チーム全体が行き詰まってしまう」と伝える、などです。

例えばバイロンは、ある共同プロジェクトでいっしょになった他部署の同僚モーガンに対して、この作戦を実行しました。チームに課された仕事は、会社の商品在庫を整理し、売上向上につながるような業務改善点を見つけることでしたが、モーガンはこのプロジェクトに関して最初から懐疑的で、「絶対にうまくいきっこない」と言いつづけていました。バイロンは、モーガンの態度がチームの雰囲気を悪くしていることを察知し、進捗に悪影響が出るのではないかと心配していました。そこで、モーガンと一対一のミー

ティングを設定し、モーガンが否定的な発言をするたびにチームが萎縮し、会話が途絶えてしまうことを、できるだけ友好的な態度で伝えました。しかしそれを聞いたモーガンは、意地になって、「複数の部署が関わるプロジェクトを成功させるのは難しい」という主張を繰り返すばかりでした。そこでバイロンは、懸念を示すだけでなく、代替案を出すように求めたのです。「彼に言ったんです。あなたのやっていることは、私たちが進もうとしている道に障害物を持ちこみつづけて、かつ迂回路の標識は出そうとしないようなものだと」。モーガンは、バイロンの助言の通り代替案を出し、チームのメンバーがそれに安心した様子で前向きな反応を示したことで、さらに提案を行うようになっていきました。バイロンによれば、チームの提言は、モーガンの案をいくつも取り入れた形で実行されたそうです。最終的に、モーガンの貢献のおかげで仕事をきっちりと進めることができた、とバイロンは語ってくれました。

ポジティブな方向へ導く

ポジティブな同調圧力も、助けになるかもしれません。誰か1人だけを特別視することは逆効果につながりかねませんが、かわりにチーム全体が守るべき規範を示すことで、後ろ向きな同僚を正しい方向へ導くことができます。例えば、チーム全員で、なにか発言する前には必ず「自分のこの発言は役に立つだろうか」と自問自答するように合意をとってもよいでしょう。あるいは、先ほどの例でバイロンが同僚のモーガンにアドバイスしたように、批判をするときは必ず代替案を提示するというルールを作ってもいいかもしれません。

特に、ネガティブな同僚の悲観的なものの見方がチーム全体に浸透してしまっているようなときは、対策を講じることが重要です。アイリーン・チョウの研究によると、チームに1人でも悲観主義者がいると、全体の意思決定に影響がおよぶ可能性があるそうです。集団には調和を保とうとする性質があるため、「全体から大きく外れた人が1人でもいると、その人をなだめようとして集団全体がそちらの方向に動く」とチョウは説明しています。チョウによれば、このような傾向に対抗するには、「1人だけの視点で意思決定をしてはいけない」という合意をとることが有効なようです。

同調圧力の力を利用して悲観主義者に前向きになってもらうもう一つの方法が、ポジティブな雰囲気をチームの中に作っていくことです。例えばミシェル・ギランは、会議の最初にポジティブな問いかけをする、という方法を提案しています。「最近、同僚の誰かのおかげで改善できたこと、楽になったことはありますか?」という具合です。ここで重要なのは、質問の回答そのものというより、チームがポジティブな方向に目を向けられるようにすることです。

押しつけによる分断に注意

このような対策を試してみるときには、悲観的な同僚をかえって煽ってしまわないように気をつけてください。グラントは、次のように言っています。「悲観主義者の多くは楽観的な人のことを馬鹿だと思っていて、あなたのことを世間知らずの能なしだとみなしたがるでしょう。それに対して多くの人は、消火用ホースで水をかけるように、悲観主義者に楽観主義を浴びせかけて溺れさせることができる、と考えてしまいがちなのです」

ポジティブさを押しつけようとしすぎると、彼らの悲観的なものの見方はかえって悪化してしまうかもしれません。それよりも、悲観的な見方の向こうにある動機を尊重し、その視点の正しさを認めてあげましょう。ネガティブな気分や考えを持つことは自分にもあると認めたうえで、彼らの考え方（あるいは少なくとも、同意できる部分）を肯定してあげるのです。このときも、「あなたの言う通り、このプロジェクトは絶対に成功しないでしょう」などと言う必要はなく、「あなたの懸念はわかりますし、共感できる部分もあります。なぜそのような結論にいたったかを理解したいので、詳しく説明してくれますか？」と伝えればよいでしょう。

使えるフレーズ

悲観的な同僚を怒らせたり孤立させたりしないように、適切な言葉を選ぶのは、難しいものです。ここでは、試してみたいフレーズをいくつかご紹介します。

ポジティブな行動に集中させる

「あなたが思うような結果にならないようにするために、どんなことができると思いますか？」

「これを成功させるためには、まずなにが大事だと思う？」

「〇〇（経営陣やリーダー、プロジェクトなど）に対して不満があるなら、状況を変えるためになにができるか話しあいましょう。私にいくつかアイディアがあるのですが、その前にぜひ、あなたの考えを聞かせてください」

ネガティブな見方に固執させない

「私もあなたの言う通り、うまくいかないという気がすることもあります。でも、大丈夫だろうと思えるときもあるんです。この両方の視点から考えてみませんか」

「あなたの懸念はわかりますし、私も同じ考えの部分もあります。なので、なぜその結論にいたったか、もう少し詳しく聞かせてもらえませんか」

「不満はわかるよ。それを解決するために、今なにかできることはあると思う？　あるいは、次回からはもっとこうしたほうがいい、というアイディアはある？」

別のとらえ方を提示する

「別の見方はあるかい？」

「〇〇さんは、問題を見きわめるのが上手ですよね。ここで見落としているものは、なんだと思いますか？」

楽観的な同僚と時間を過ごす

あなた自身がネガティブさの嵐に飲みこまれないようにするためには、ポジティブな考え方の同僚と過ごすようにするのも有益です。元気を奪う人ではなく、与えてくれる人を見つけ、よい関係を築くようにしましょう。

先ほど紹介した、上司コートニーの影響で会社の幹部やチームメイトとの関係がうまくいかなくなっていたジャマールは、この作戦を実行しました。コートニーが自分におよぼしているネガティブな影響に気づいたジャマールは、彼女と関わる時間を最小限にとどめることにしました。そのかわりに、自分や会社の将来に前向きな情熱を持っている同僚と過ごすことにしたのです。ジャマールいわく、「仕事や会社に前向きな思いを持っている同僚と時間を過ごしたことが、かなり助けになりました。彼らは、外に出ていってビルの屋上から自社製品を大声で自慢したい、というくらい情熱にあふれていたんです！」。コートニーがネガティブな姿勢を変えることはありませんでしたが、ジャマールは同じ志を持つ仲間に支えられて、成長していくことができました。

＊　＊　＊

ここで、冒頭に紹介したシムランと、口をひらけば愚痴ばかりだった同僚のテレサの例に戻りましょう。シムランはテレサと話をするときに、ほんの少しやり方を変えて、物事のよいほうを強調するようにしたそうです。彼女はそれまで3か月間にわたって、毎朝テレサに「調子はどう？」と尋ねては、「決まってネガティブなことばかり」聞かされていましたが、ある日それをやめて、「今朝はどんないいことがあった？」と聞くようにしたそうです。最初の数回は、テレサは驚いて、返事をしませんでした。でもすぐに、質問に答えるようになったのです。それ以来一度も、彼女はテレサに「調子はどう？」とは聞かず、かわりに「クライアントとのミーティングで、どこがうまくいった？」とか、「このあいだのあなたのプレゼンで、一番うまくできたところはどこだった？」と尋ねるようにしたそうです。

さらにシムランは、テレサの愚痴が始まったらその場を去ることも覚えたと言います。「できるだけ早く、失礼のないように、会話から抜け出すようにした」というシムランは、そんなちょっとした行動に効果があったことに驚いたそうです。テレサが太陽のように明るい女性になることはありませんでしたが、シムランが彼女との会話を恐れることはなくなりました。そして、同僚に限らず生活のあらゆる局面で、ネガティブな人にどう対応すべきかについて多くを学んだといいます。「ネガティブさに引きずりこまれて苦しくならないように、対処できるようになった気がします」と、シムランは話してくれました。

覚えておくべき対策　悲観主義者

やるべきこと

- 正式な役割として、「反論担当者」の役目を果たすように促す。
- 意見を明確にし、詳しい情報を提供するように相手に求めて、背後にある基本的な考えや思いこみにアプローチする。
- 相手がなぜそう思うのか、理由を理解していることを伝え、違う視点を持てるように働きかける。
- 悲観論が役に立つときと害になるときの違いを理解できるように、手助けする。
- チーム全体で、建設的な規範を作る。例えば、発言する前に、全員が「自分のこの意見は役に立つだろうか」と自問自答する、など。
- 自分にもネガティブな感情や考えはあることに気づき、相手の視点や同意できる点を認める。
- ポジティブな同僚と過ごすことで、ネガティブの嵐から身を守る。

注意すべきこと

- 相手にポジティブさを押しつけない。それは逆に、相手の悲観論を、さらに強固なものにさせてしまう場合がある。

- 相手の考えを、役に立たないもの、あるいは非論理的なものとして否定しない。
- 彼らの不平や懸念を無視しない。否定的な意見であっても、妥当な理由があるかもしれない。

第5章

被害者

「どうして私には悪いことばかり起きるの？」

「被害者」タイプは前章の悲観主義者の一種ですが、このタイプの人は非常に多く、やっかいでもあるため、1つの独立したタイプとして扱います。被害者は、「誰もが自分をおとしいれようとしている」と考えるタイプの同僚です。彼らは自分の行動の責任をとらず、なにかうまくいかないことがあると、すぐに人を非難します。そして、まわりの人が彼らに対して建設的な意見を述べようとすると、それを拒否して「なんて不幸な私！」という態度をとり、言いわけをいくつも並べます。

悲観主義者と同じように、被害者もまた「悪いことが起きるに違いない」と確信していて、それを変えるために自分にできることはないと感じています。ただし、悲観主義者と違うのは、悪い出来事は自分にばかり起きると考えており、それについてしきりに嘆く、という点です。悲観主義者は「空が落ちてくる！」と言うのに対し、被害者は「空が私の上に落ちてくる！」と騒ぐのです。

ジェラルドの例を見てみましょう。ジェラルドは、ある小売店のマネージャーとして雇われました。その店は、同じ地域のほかの店舗に比べて業績が停滞していました。地域マネージャーのカルロッタは、履歴書や推薦状から、ジェラルドに店舗再建の実績があることを知り、喜んで採用したのでした。彼女は、低迷する店とスタッフにジェラルドが「新鮮な風を吹きこんでくれる」ことを期待していましたが、現実はその逆でした。「新鮮な風というより、湿った毛布という感じでした」と、カルロッタは言います。

ジェラルドは就任当初から、カルロッタが設定した目標について（同様の条件を持つほかの店舗の実績に基づく数値だったにもかかわらず）、「現実的ではない」と反発していました。カルロッタが店舗に様子を見にいくと、ジェラルドの存在がスタッフの雰囲気を暗くしていることは明らかでした。「彼が部屋に入ってくると、いっしょに灰色の雲がついてくるようでした」とカルロッタは言います。ジェラルドの気分を上げて、店を立て直すというチャレンジを楽しむように仕向けようとしても、「私には無理です」と言うばかり。「いつまでたっても人ごとのようで、仕事に責任を持とうとしませんでした。スタッフや店舗のロケーション、天気など、いつも誰かのせい、なにかのせいにするんです」

ジェラルドは、自分は状況の犠牲者であり、自分には運命を変える力はないと考えているようでした。おそらくあなたも、このようなメンタリティを持つ人と仕事をしたことがあるのではないでしょうか。このタイプに共通する行動は、次のようなものです。

- 自分を哀れみ、ほかの人にも哀れんでもらおうとする（みんなで哀れみあうのが好き）
- うまくいかないことがあると責任を逃れ、他人や外的要因のせいにしようとする
- 批判的なアドバイスを受けとると、自分には非がないかのような言いわけをして逃げようとする
- 愚痴をこぼし、「なんて不幸な私！」という態度をとって、周囲の人の気分を重くする
- ネガティブな感情にひたる
- 失敗（特に自分の）を予測する

ジェラルドのような同僚の考え方を変えることは、可能なのでしょうか。彼らのような人が、もっと責

任感を持てるように仕向けることはできるのでしょうか。自分が常に誰かの攻撃のターゲットであるかのように感じている人といっしょに仕事をすると、大きな感情的なストレスを感じます。このストレスは、どのように処理すればいいのでしょうか。

この章では、悲観主義者の一種である「被害者」タイプに関して、なにが彼らをそうさせているのか、どのように対処すべきかについてお話しします。被害者タイプへの対処法の多くは悲観主義者への対処法と類似しているため、この章は、ほかの章と比べて短くなっています。よりよい結果を出すために、前章と合わせて読まれることをおすすめします。

まずは、被害者的なメンタリティを持つ人の特徴的な行動について、見ていきましょう。

❖被害者的な行動の裏にあるもの

被害者タイプには、悲観主義者と共通する重要な特徴があります。彼らは悲観主義者と同じく、悲観的な「展望」を持っており（「悪いことが起きるに違いない」）、「自主性」に欠けます（「それを変えるために私にできることはない」）。ただし悲観主義者とは違い、失望や悪い結果は、ほかの人たちや状況のせいだと信じています。このため、先ほどの典型的な行動のリストで見たように、被害者タイプの態度や信念は、悲観主義者とは異なっています。悲観主義者が常にリスクを指摘するのに対し、被害者は自分以外に責めるべき相手を見つけることにこだわるのです。

イスラエルの研究チームは、この特性に「対人被害傾向（tendency for interpersonal victimhood, TIV）」という名前をつけました。彼らはこの傾向を、「自分は被害者であるという、継続した感情」と定義し、特定の状況や関係性だけでなく、さまざまな種類の人間関係において見られるとしました。多くの人は、スーパーのレジで列に横入りされたり、会議中に発言をさえぎられたりといった不快な瞬間に直面したとき、気にせずにすぐに忘れるか、あるいは正面から立ち向かおうとします。一方で、対人被害傾向がある人たちは、このような出来事を、自分が被害者である証拠としてとらえます。つまり、自分はほかの人と比べて特別に、そして不当に運が悪く、つらい経験をしやすいと考えるのです。

ほかにも、「被害者症候群（victim syndrome）」という用語を使う専門家もいます。精神分析医であり、世界トップクラスの欧州経営大学院（INSEAD）でリーダーシップ開発および組織変革の教授を務めるマンフレッド・F・R・ケッツ・ド・ブリースは、相手が被害者症候群かどうかを見きわめるためのチェックリストを作成しました（図表5－1参照）。

このリストを使って、同僚の行動のうちどこが特に問題なのか、確認することができます。解決すべき問題がわかれば、より自分に合った対策を考えていくことができるでしょう。

忘れてはならないのは、多くの場合、被害者の行動は実際の痛みに根ざしているということです。トラウマや、人からの命令、裏切り、ネグレクトなどに対する反応として、被害者意識を持つようになる人もいます。そしてそれは、うつ、孤立といった、深刻な結果につながりかねません。

このタイプに当てはまる人の多くが、それでも同じような行動をとりつづけるのは、そこから得るものがあるからです。苦しんでいることを周囲に見せるのは、同情を集める有効な方法なのです。また、復讐を正当化する根拠にもなります。ブリースは、次のように指摘しています。「注目されたり認められたりするのは、嬉しいものです。ほかの人が自分に注意を払ってくれると気分がいいし、依存欲求が満たされると快感を感じるのです」

でも実際には、被害者意識を持つ本人にとっても、そのような同僚といっしょに働く人にとっても、その弊害はメリットよりも大きくなります。

図表5-1　被害者症候群チェックリスト

あなたの相手が被害者症候群に当てはまるかどうか、チェックしましょう。

- どんな会話でも、最後には彼らの抱える問題が話題の中心になる
- 「かわいそうな私」という切り札を頻繁に出す
- 自分のことを否定的に話す
- 常に最悪のパターンを想定している
- なにかの目的のために犠牲にされた存在のように振る舞う
- 世界中の人に狙われているかのように感じている
- 自分だけが苦労していると信じている
- 悪いことや失望したことにばかり目を向ける
- 自分のネガティブな行動に責任を感じていない
- ほかの人に責任を押しつける傾向がある
- 不幸や混乱、悲劇的な出来事の中毒になっているように見える
- 自分の精神状態をよくするために、ほかの人を責めることがある

●みじめな気分が伝染し、ほかの人の気分にも影響を与えている

（出典　Manfred F.R. Kats de Vries "Are you a Victim of the Victim Syndrome?" *Organizational Dyanmics* 43, no.2, July 2012, https://www.researchgate.net/publication/256028208_Are_You_a_Victim_of_the_Victim_Syndrome）

❖「被害者」を同僚に持つことによる弊害

悲観主義者と被害者の違いの1つは、悲観主義者の考え方にはメリットがある一方で、被害者の考え方には利点があまりないという点です。悲観主義者は未来を悲観的に考えがちですが、これは潜在的なリスクを見つけたり、見落としていた落とし穴に気づいたりするうえで有益なことがあります。一方で被害者意識は、単にまわりの人をイライラさせたり、同僚を遠ざけたりするだけであることがほとんどです。

被害者意識の強い同僚を持つことによる最大の弊害は、感情の伝染です。前述のカルロッタは、ジェラルドの存在を「灰色の雲」のように感じたと話していましたが、多くの人が似たような体験をしたことがあるのではないでしょうか。「状況は悪く、それを変える手立てはない」という被害者の主張は、まわりの人に伝染します。話を聞いているあなた自身も、自分をおとしめようとする人や状況に囲まれているような気がしてきてしまうことがあるのです。カルロッタも、ジェラルドの疑念に耳を傾けるうちに、店を立て直す作戦を練るよりも、失敗しそうな理由にばかり注目するようになったといいます。

また、責任逃ればかりする人といっしょに働くのも、いらだたしいものです。常にネガティブさにさらされていることで極度の疲労を感じたり、被害者タイプの同僚がまわりの人の考え方におよぼす悪影響を

阻止しようと頑張りすぎて、燃え尽きてしまったりするかもしれません。さらに、彼らの仕事をかわりに引き受けたり、「大丈夫だから」と彼らを安心させつづけるという精神的負担を負ったりすることになり、怒りを溜めこんでしまうことにもなりかねません。

被害者意識の強い同僚との関係改善に向けて、まずは次の問いについて考えてみてください。

❖自分への問いかけ

同僚の自己憐憫的な行動に対して賢明な対応をするために、次の問いについて考えてみましょう。

彼らが本当に被害を受けている、という可能性はありますか？　ほかの同僚や上司、クライアントなどから攻撃されていませんか？

同僚がこぼす不満について、もう一度考えてみてください。「不当な扱いを受けている」という彼らの主張が、正しい可能性はないでしょうか。職場で仲間はずれやいじめにあって正当な怒りをいだくことと、まるで世界中の人を敵にまわしているかのように理不尽な被害者意識を持つことのあいだには、大きな違いがあります。職場において、性別や人種、年齢、その他の不適切な理由から差別を受ける人は大勢いますし、そのような不当な扱いに不満を持つのは当然のことです。「彼女はいつも被害者ぶる」といった言い方は、その人に対する悪質な行いを軽視したり、不当な扱いを訴えている人のほうが頭がおかしいと思わせるために使われることがあります。だからこそ私たちは、苦情がある場合には、それを慎重に検討し、マイクロアグレッション（訳注：自覚のない差別＝あからさまな差別ではないが、差別や偏見などに基づいて相手を傷つけるような言動を指す）やセクシャル・ハラスメント、その他すべての差別や不公正を阻止し是正するために、できる限りのことをしなくてはなりません（マイクロアグレッション＝自覚のない差別への効果的な対応については、第9章で詳しく説明します）。

「不当な扱いを受けている」という同僚の主張を頭ごなしに否定せず、実際になにが起きているのかを注意深く見るようにしてください。そのためには、会議中の動きに注意を払い、彼らのことをよく知っている信頼できる同僚（長年いっしょに仕事をしている人など）や、友人に話を聞いてみたりするとよいでしょう。彼らの主張が妥当なものだとわかった場合や、その可能性がある場合には、彼らをサポートするためにできることはないか考えてみましょう。例えば、行動を起こせる立場にいる社内の誰かを、紹介してあげることができるかもしれません。

被害者モードにおちいるきっかけ

ジェラルドのように「自分は被害者だ」と常に感じている人もいれば、特定の状況下でだけ、そのような気分にはまってしまう人もいます。あなたの同僚が被害者意識におちいるのは、厳しい反対意見を受けたときですか？　あるいは、なにか重大な責任を負わされたとき（おそらくはそのプレッシャーに負けて）ですか？　彼らの最悪の部分を引きだしてしまうような、特定の人物はいますか？

そうした彼らの行動を観察することで、試してみるべき対策が見えてきます。

❖試してみたい対策

悲観主義者に効果のある対策（悲観論に対抗するためにチームの雰囲気をポジティブに保つ、彼らの不満とは別のストーリーを提示する、など）の多くは、被害者タイプにも有効です。一方で、被害者タイプに対して、特に有効な対策もあります。異なる視点を提示することや、自分には結果に影響を与える力があると、彼らに思いださせることなどです。それでは、詳しく見てみましょう。

承認を与える

被害者に当てはまる人の多くは、人から無視されたくないと感じており、不満を言うことが、そのための唯一の手段になっています。彼らにポジティブな承認を与え、チームへの貢献に対して、素直に感謝の意を示しましょう。もちろん、不満を言うときだけほめてもらえる、とは思ってほしくないので、彼らが愚痴を言っていないときを選んで、ポジティブな声かけをするようにしてください。

私の娘は、友だちとの関係からこのやり方を学びました。その友だちは、いつも被害者のように振る舞い、あるとき「誰も私のことなんか好きじゃないんだ」と娘にこぼしたそうです。娘は友だちの気分をよくしようと、クラスメイトが彼女に感謝している点をいくつもあげました。ユーモアのセンスや、教師に不当な扱いを受けたときに反論する勇気などです。この会話によって、彼女は元気を取り戻したようでした。でも、その友だちは、そのあと何度も娘のところにやってきて、「自分は誰にも好かれていない」と、繰り返し愚痴を言うようになったのです。娘はそのたびに彼女のいいところを並べ立て、毎回新しい長所を付け加えていきましたが、次第にこのやりとりに疲れ果ててしまい、その友だちのことを嫌うようになってしまいました。そこで娘は作戦を変え、彼女が自分のところに愚痴を言いにくる前に、ほめ言葉を贈ることで、サイクルを変えることにしたのです。その結果、彼女は以前ほど承認を求めなくなり、娘が際限なくお世辞を言わされることもなくなりました。

同僚に対して、たとえ小さなことでも彼らの功績を認め、その人について感謝していることを伝えてみてください。ルールは1つ、正直であることです。ここでも、偽物のほめ言葉は通用しません。

同僚の自主性を高める

「それは僕にはどうにもできないことだ」という同僚に対して、あなたが「そんなことない！」と返しているのであれば、その会話には、おそらくなんの成果もないでしょう。かわりに、「気持ちはわかるよ。私も無力感を感じているときは、うまく対応できないからね」などと言ってみましょう。それから、仮に行動を起こすための権限や力があったらなにをするか、尋ねてみてください。そして、その考えをより実現可能なものにするために、サポートしてあげましょう。例えば、「このプロジェクトを成功させるために君が必要としている予算を、上層部がちゃんと提供してくれない、と感じているのはわかるよ。悔しいよね。もし仮に、君が意思決定をする立場だったら、この件をどんなふうに処理する？」と聞いてみるのです。実現可能なステップのリストを作る手伝いをしてもいいかもしれません。同僚が自分で道を切り開けそうにないときは、「強引に自分の望みを叶えるタイプの人だったら、こんなときどうするだろうね」と聞くなどして、別の角度から切りこんでみてください。別の人の視点になってみることで、彼らもより効果的に発想ができるはずです。

例えばアナットの同僚、シーラは、共通の上司であるノニが主催する重要な会議に自分が呼ばれなかったことについて文句を言っていました。最初のうちアナットはシーラに、「案内が送られてこなかったのはただの見落としだろうから、気にしないほうがいいよ」と言っていました。彼女を安心させようとしてのことでしたが、結果的にこれは逆効果となり、シーラは自分が意図的にのけ者にされたのだという主張を、かたくなに繰り返すばかりでした。そこでアナットはやり方を変えて、シーラに対して、彼女がその会議に出るべきだったと思う理由をすべてあげてみてと頼みました。すらすらと理由を答えたシーラに、アナットはこう返しました。「どれも理にかなった理由だね。それをノニに伝えた?」。シーラが伝えたと答えると、アナットはさらに言いました。「もう一度、伝えてみたら?」。驚いたことに、シーラはこの助言を受け入れ、ノニとの一対一のミーティングの際に、自分が会議に出るべき理由を訴えたそうです。ノニは、シーラが会議に出たがっていたことにも気づいていませんでしたが、これを聞いて、喜んで彼女を会議に参加させるようになりました。

責任を持つように促す

被害者タイプは、責任を逃れようとします。なにが起きても「自分のせいではない」とか、「自分の力でどうにかなることではなかった」という態度をとります。彼らがほかの人を責めはじめたら、はっきりと「私は、これはあなたの責任だと思っています。あなたの見方が違うのなら、それがなぜなのか、話しあいましょう」と伝えてください。問題を明確に整理することで、ほかの人を責めにくくなる場合があるからです。あるいは、より穏便な方法として、「みんなで責任を共有している」という視点を(それが妥当なものである場合に限って)提示してみてください。彼らの自己防衛的な態度を、少しでもやわらげることができるかもしれません。例えば、「このプロジェクトの成功は、あなたや私も含めたチーム全体にかかっています。失敗しても誰かひとりのせい、ということはないけど、前進するためには、私たち全員が責任を持つ必要があるんです」などと伝えます。自分だけが槍玉にあがることはない、と知ることで、責任感を持ちやすくなるかもしれません。

前述のカルロッタは、ジェラルドに対してこの作戦を実行しました。ジェラルドの90日間の試用期間が終わったとき、カルロッタは、彼は店長の役職に不適格かもしれないという懸念を、正直に本人に伝えました。予想通り、ジェラルドはこれを聞いて身構え、かたくなな態度を見せました。そこでカルロッタは、ジェラルドを解雇するかわりに、彼に改善してほしいと思っている点をはっきりと伝えたのです。スタッフがジェラルドから、インスピレーションやモチベーションを得たいと思っていること、そしてジェラルドの不平不満が、周囲に波紋を広げていることも説明しました。さらに、もっと建設的に行動するように彼に求めました。「彼の不満を完全に無視することはしたくありませんでした。というのも、中には妥当な指摘もあったからです。ただし、今後私に不満を言うときには、少なくとも1つは解決案を示してほしいと伝えました」とカルロッタは言います。その後、初めてジェラルドが解決案を提示したとき、カルロッタは思わず笑ってしまったそうです。ジェラルドが自分の案を説明したあと、すぐに「これでうまくいくとは限りませんが」と付け加えたからです。それでも時間が経つにつれ、ジェラルドも、わざわざこうしたネガティブなひと言を付け加えることはなくなっていきました。

ほかの人を助けることに注意を向けさせる

矛盾しているように聞こえるかもしれませんが、被害者タイプの同僚が（というより、これに関しては誰でも）行き詰まってどうにもできないと感じているとき、ほかの人を助けるように仕向けることで、彼らを行き詰まりから解放できる場合があります。時間であれ、お金であれ、サポートであれ、他者になにかを与えることが自分自身の幸福を高める、という研究結果はたくさんあります。被害者意識の強い同僚に、例えばほかの同僚を指導したり、別のチームに専門知識を提供したり、あるいは仕事以外のボランティア活動をしたりといったことを提案して、彼らが悩みを抱えこまずに、自分の主体性を感じられる方向に促してみましょう。

自分の身を守る

世界中が自分をおとしめようとしている、という考え方をする人が1人いるだけで、チーム全体がその世界観に汚染されてしまう恐れがあります。被害者意識の強い人が率いる部署が、「自分たちの仕事を理解し、感謝してくれる人は組織内に1人もいない」といった態度で行動するようになるのを、私自身、何度も目撃しています。これは、なにかを疑ったことによって、みずからそれを現実にしてしまう、というパターンであることがよくあります。というのも、その部署の人が自己防衛的に振る舞えば振る舞うほど周囲から信用されなくなり、他部署の人たちは結果的に彼らの能力を疑ったり、協働することを避けたりしはじめるからです。ここからわかるように、被害者タイプの同僚とのあいだにはしっかりと境界線を引いて、それを守ることが大切です。相手が上司である場合には、特に気をつけましょう。彼らの被害妄想や責任感の欠如が、チーム全体の評判を落とすことになりかねないからです。

こうした感情的な伝染から自分の身を守る方法の一つが、相手が愚痴や不満を口にしはじめたら、あっさり話題を変えることです。もし、相手がこのほのめかしに気づかなかったら、仕事に戻ると言ってその場を立ち去りましょう。（同僚の悪影響から自分の身を守る方法については、第12章で詳しく説明します）

使えるフレーズ

本章で紹介した対策を実行するときに、次のようなフレーズを使ってみてください。

承認を与える

「必要なものが手に入らないように感じるのって、すごくいやなものだよね」

「状況がなかなか改善しないようですね。大変ですね」

問題を解決する方向に促す

「上司には話してみた?」

「それは残念だったね。やり直せるなら、あのときどうしていればよかったと思う? この経験から、なにを学んだ?」

「あなたにとって、望ましくない状況のようですね。今後どのようにしたらいいか、いっしょに話しあってみませんか?」

「これからどうなってほしい?」

「自分でできることって案外あるよ。状況を変えるために一歩踏み出せるとしたら、なにをする?」

相手の発言を違う視点から言い換える

「望んだ通りにいかないこともたくさんあったようだね。逆に、うまくいっているのはどんな部分?」

「誰かを非難していると、自分が被害者のような気分になってしまうし、それはあなたにとってよくありません。別の見方で、この状況を見てみませんか？」

話題を変える

「すみません、関係ない話ですが、〇〇（テレビ番組や映画）はもう見ましたか？」

「締め切りがあるから、仕事に戻らないと。うまくいくように祈ってるよ」

＊　＊　＊

前述のカルロッタは、ジェラルドの性格を変えることはできない、という事実を受け入れました。「ジェラルドがハッピーな人だとは思いません」と彼女は言います。「でも、責任を共有しましょうという申し出を続けるうちに、彼が被害者のように振る舞うことは減っていきました」。カルロッタは、もし店舗の目標が達成されなかったとしてもジェラルドだけが責められるわけではない、ということを強調しました。これを聞いたジェラルドは、ほかの人を非難するのをやめ、不満をあまり言わなくなり、問題を積極的に解決しようとしはじめたのです。

このような変化は、全員にとってよいものでした。ジェラルドは店舗に残り、チームをサポートして、不振が続いていた店舗の業績を好転させるのに貢献したのです。自分を被害者として見がちな人を変えるのは、難しいことです。でも、カルロッタとジェラルドのエピソードは、時間とエネルギー、戦略的なアプローチをもってすれば、苦しんでばかりの同僚を、より生産的なチームの一員に変身させることも可能であるということを示しています。

覚えておくべき対策　被害者

やるべきこと

●ポジティブな承認を与え、相手がチームにもたらした功績について、素直に感謝の言葉を贈る。
●もし行動する権限があったらどうするか、質問する。そして、彼らのアイディアを実現可能なものに落としこむために、手助けする。
●同僚が目標を達成するためのステップを洗い出し、リストにするのを手伝う。
●はっきりと「私は、これはあなたの責任だと思っています。あなたの見方が違うのなら、それがなぜなのか、話しあいましょう」と伝える。
●ほかの同僚を指導したり、別のチームに専門知識を提供したり、あるいは仕事以外のボランティア活動をしたりといったことを提案して、彼らが自分の主体性を感じられるように促してみる。

注意すべきこと

●ほめ言葉を、相手が不満を並べているときにだけ言うことはやめる（承認が愚痴へのごほうびになってしまうため）。
●相手の愚痴を我慢して聞きつづけない。その場を立ち去ったり、別の話題に変えてもよい。

第6章

受動攻撃タイプの同僚

──「あっそ。どうでもいいよ」

マリークのチームに新しく配属になったスーザンは、まさに悪夢のような同僚でした。マリークは、スーザンがいずれ担当することになる報告書について、作成方法を教えてあげるように上司から頼まれました。ところが、マリークが隣に座って手順を見せようとすると、スーザンは「前の仕事で似たような報告書を作っていたから、やり方は知っている」と言いたげな様子を見せたのです。「その報告書は、うちの会社特有のものだったので、彼女が作成の仕方を知っているはずがないんです。でも僕がそう指摘すると、スーザンは『そんなに感情的にならないで』と言うばかりでした」とマリークは言います。「なにかがおかしいと、あのとき思ったんです」

数週間後マリークは、上司から「なぜスーザンの報告書のトレーニングが終わっていないのか」と尋ねられました。言いわけをしているように思われたくなかったので、彼はスーザンのところに行って、報告書の書き方をもう一度最初から教えると申し出ました。するとスーザンは、「全部うまくいっているから大丈夫」と答え、逆にマリークに「なにをそんなに怒ってるの?」と聞き返したのです。そこで、トレーニングをちゃんとやっていないと上司から思われているようだ、と伝えると、スーザンは「まったく心当たりがないわ」と答えました。

マリークはどうしたらいいかわからず、単刀直入にこう尋ねました。「大丈夫？　僕になにか言いたいことがある？」スーザンはにっこり笑って、こう答えました。「もちろん大丈夫よ。なにも問題ないわ！」

スーザンは、「受動攻撃《パッシブ・アグレッシブ》タイプの同僚」（訳注：受動攻撃的な行動とは、怒りや不満を直接的に表現せず、相手を困らせるような行動を通して攻撃する態度を指す）に当てはまる人でした。受動攻撃タイプの人は、表面上は相手の要望やニーズに応えるように見せながら、実際には受け身的なやり方を通して抵抗します。例えば、担当した仕事を一応終わらせはするものの、遅すぎて役に立たなかったり、わざと決められた目標に沿わない形で仕事を進めたりするのです。

マリークからこの話を聞いたとき、私は子どものころに使っていたある作戦を思いだしました。母に皿洗いを頼まれたときに、「やりたくない」と言うかわりに（実際にはそんな選択肢はなかったわけですが）、二度と頼まれることがないように、できるだけ雑に皿洗いをしていたのです。

職場での受動攻撃的な振る舞いは、さまざまな形をとります。あなたの同僚は、次のような典型的な行動をしていませんか？

●守ることに同意したはずの期限を、わざと無視する
●送ると約束したメールを送らない
●相手に対して失礼な態度をとっておきながら（会議で無視する、話に割って入る、など）、相手に問いただされると「気のせいだよ」あるいは「なんのことか、さっぱりわからないな」などと言って、なにも問題がないかのように振る舞う
●怒りや不機嫌さを表すような態度をとりながら、なにも問題はないと言い張る

●相手の対応に満足していないことをほのめかしつつ、はっきりと言葉にしたり、直接意見を言ったりすることを拒否する

●ほめているふりをしながら相手を侮辱する。例えば、「あなたは怠けてばかりで、ちっとも仕事をしていない」と言いたいときに、「○○さんて、すごくのんびりしてるね」と言ったりする

●意見が対立すると、相手の言葉をねじ曲げて、間違っているのは相手であるように見せかける

スーザンは「なにも問題ない」と言い張りましたが、マリークはどうもおかしいと感じていました。彼女はいまだに報告書の書き方を習得しておらず、結局マリークがかわりにやるはめになっていたのも、不満が溜まる原因の一つでした。このままでは、上司から人に仕事を任せられない人間だと思われたり、もっと悪くすれば、スーザンが職場になじむのを妨害しようとしていると思われかねません。マリークは途方に暮れてしまいました。いったい、どうすればいいのでしょうか。

最初のステップは、なぜ人は受動攻撃行動に出るのかを理解することからです。

❖受動攻撃の裏にあるもの

「受動攻撃性（passive-aggressive）」という言葉は、1940年代に米軍で、上官の命令に従わない兵士を指して使われはじめました。その後いったん、「受動攻撃性パーソナリティ障害」という正式な診断名となりましたが、1990年代に入ると、米国精神医学会の「精神疾患の診断・統計マニュアル」（DSM）から除外されました。関連する行動は、ナルシシズムなど、ほかの精神疾患の症状としてとらえられることがありますが、現在は、独立した疾患としては考えられていません。

職場での問題について複数の論文を書いているバージニア大学のガブリエル・アダムズ教授は、この受

動攻撃性について、「本心を見せず、間接的な方法で自分の思考や感情を表現する」態度と定義しています。相手に直接「ノー」と言いたくないときや、本心を隠したいとき、自分の優位になるようにこっそりと状況を操作したいときなどに、人はそのような作戦を用います。

例として、先日私が夫に送ったメールを見てみましょう。「いいんじゃない？　あなたがそうしたいのなら」

その日私は、夫に、職場からまっすぐ帰ってきて、犬の散歩をし、夕飯の支度を手伝い、子どもの宿題を見てあげてほしいと思っていました。ところが夫は、帰宅前に用事をいくつか済ませたい、と言ってきたのです。彼が実際に私を手伝うかどうかは、重要ではありませんでした。夫はいずれ帰ってくるし、私が本当に彼の手伝いを必要としていたかというと、それほどではありませんでした。それまでに何百回と、1人でこなしてきたようなことだったからです。

ではなぜ、私はそんなメールを送ったのでしょうか。それは、なんとかして彼に罪悪感をいだかせ、私の思い通りに彼を動かそうという必死の試みだったのです。これぞまさに、受動攻撃的な行動でした。

ほとんどの場合、人は「受動攻撃をしよう」と意識的に選択するわけではありません。それは、失敗や拒絶への恐れや、対立を避けたいという欲求、あるいは権力を得たいという欲求からくる反応であることが多いのです。

失敗や拒絶への恐れ

受動攻撃タイプの同僚は、ことを荒だてたり本心を言ったりするのが怖いというよりも、自分がやるべきことをわかってないのではないかと思われたり、相手から拒絶されることを恐れている可能性があります。例えばマリークの同僚、スーザンは、明らかに、（知っているはずがないのに）報告書の書き方を知っているかのように見せかけるのに躍起になっていました。

受動攻撃タイプの人は、自分は頼まれたことができないかもしれない、と認めるよりも、問題を相手に押しつけることを選びます。このような態度をとられると、人は混乱し、マリークがそうだったように、相手がわざと自分をおとしめようとしたり、ごまかそうとしているのではないかと感じます。でも実際には、彼らは自分自身がダメなやつだと思われないように、自分を守ろうとしていることが多いのです。コロンビア大学のE・トーリー・ヒギンズ教授は、『ニューヨーク・タイムズ』紙のインタビューで次のように述べています。「受動攻撃的だと思われている人の中には、間違いをおかさないように、きわめて慎重に行動している人もいます。その戦略で、ずっとうまくやってきたわけです」。ヒギンズ教授いわく、事態が難しくなるのは、「もともと慎重なタイプの人が、理不尽と感じる要求をされて圧倒され、押しつぶされそうな気持ちになったとき」だとのことです。そのような状況におちいると、彼らは感情を表現せずに溜めこみ、要求をしてきた人を恨むようになるのです。

私自身、自分が人からの頼みごとに振り回されているように感じるときに、そのような反応をしている自分に気づくことがあります。余裕がなくて要求に応えられないように感じると、そんな頼みごとをしてくるほうが悪いのだ、という気持ちになるのです。

特定のタイプのリーダー、特に厳格な基準を持つタイプの人たちは、まわりの人の受動攻撃行動を引き起こしがちであることが、研究により明らかになっています。私が担当しているコーチングのクライアントの一人は、ワンマンな上司のもとで働いていました。その上司は、部下全員に対して自分と同じ態度で仕事にのぞむことを求め、どんな間違いも許しませんでした。その結果、私のクライアントと彼の同僚たちは、プロジェクトが思うように進行しなくなると、とたんに言いわけをしたり、ほかの人のせいにするようになったといいます。クライアントは次第に、同僚に皮肉を言うことで自分の不満を表現するようになりました。そうするうちに、本当はただ責任を一人で背負いこみたくなかっただけなのに、まわりから、受動攻撃をする人だとみなされるようになってしまいました。

対立を避ける

「受動攻撃タイプの同僚」のカテゴリーに当てはまる人は、概して対立を避けたがります。そのため自分の思考や感情をストレートに表現せずに、まわりくどい方法で自分の考えや反対意見を伝えようとするのです。もしかしたら、過去に職場でいやな体験をして、率直に反対意見を言うのは危険だと思いこんでいるのかもしれません。

組織の文化も、要因の一つになりえます。はっきりと反対意見を表明することがよしとされない職場は多いため、そこで生き残るための手段として、受動攻撃的な態度をとるようになる人もいるのです。研究によると、チームの目標があいまいだったり、管理職が個人の業績評価に使う指標を明確にしていなかったりすると、部下は不利な事態を自分で解決しようとしたり、将来への不安に押しつぶされそうになったりして、受動攻撃に走ることがわかっています。

同様に、リストラや合併、組織再編など、組織に大きな動きがあり、関わる人たちが不安を感じると、受動攻撃行動につながることがあります。特に、昇進や昇給を見送られたり、当然自分がやるべきだと思っていた重要な仕事を任されなかったりといった経験を通して、自分は会社から疎外されているのではないかと感じている場合、この傾向は顕著になります。雇い主とのあいだに存在すると思っていた暗黙の共通

図表６－１　受動攻撃の一般的な根本原因

恐れ	欲求
失敗への恐れ	完璧でありたいという欲求
拒絶への恐れ	人から好かれることへの欲求
対立への恐れ	調和への欲求
無力さや影響力の欠如への恐れ	コントロールすることへの欲求

理解が破られると、人は当然のことながら不満を覚えます。そして、なぜ怒っているのかをはっきりと伝えるかわりに、受動攻撃的な方法で復讐しようとすることになるのです。

私にも経験があります。私の昇進を拒んでいるように見えた上司に腹を立てて、「私用がある」と言って、しょっちゅう早退するようになったのです。そのうちに、上司は早退が増えたことについて私を問いただし、私は不満を感じていることを認めました。すると彼は、私の昇進の話は時間がかかっているものの、ちゃんと進んでいると教えてくれました。「大丈夫だから、あせらないで」という上司の声が、今でも耳に残っています。

無力感の表現

それまで弱い立場に追いやられてきた人たちが、影響力を行使する方法として受動攻撃的な戦略をとることもあります。これは、より直接的なアプローチをとった場合に、キャリアや評判に傷がつきかねないためです。例えば多くの文化圏において、女性は自分の思っていることを正直に口にしないように社会化されています。そのような環境下で自分の主張を通すには、受動攻撃的に行動するほうが社会的に受け入れられやすいのです。また多くの場合、女性は「有能だけどあまり感じがよくない」と思われるか、「感じはいいけどリーダーには向かない」と思われるか、という状況に直面するため、自分のニーズや欲求を表現するには受動攻撃に訴えるしかないことがあります。はっきりと自己主張をするのは、社会の規範にそぐわないからです。ただしこれは、女性だけが受動攻撃をする、ということではありません。このような戦術をとる人は、性別にかかわらず存在します。ここでお伝えしたいのは、弱い立場に置かれた人が「自分には受動攻撃的な行動に訴える以外、方法がない」と感じる場合がある、ということです。

受動攻撃の一般的な根本原因は、図表6－1のリストにまとめてあります。

❖「受動攻撃タイプの同僚」を持つことによる弊害

行動の裏にある理由がなんであれ、受動攻撃的な人を同僚に持つのは、決して楽なものではありません。「攻撃されている感じがするのは、私の気のせい？　私、頭がおかしくなってる？」としょっちゅう自問自答するはめになるからです。同僚のことを信用していいのかどうかわからないまま、その人とのやりとりについて心配したり、ぐるぐると考えつづけたりすることは、あなたのやる気を下げ、燃え尽き症候群にすらなってしまう可能性もあります。

研究によると、こうした悪影響はあなた個人だけでなく、組織全体や、組織の業績にもおよぶことがわかっています。チームに1人（あるいは数人）受動攻撃性の強い人がいると、チーム全体の意思決定が遅くなって、コミュニケーション効率が下がり、不健全な状況が増加するのです。

ある調査では、受動攻撃的な体質の組織は、同業他社に比べて利益率が半分程度であることがわかりました。この研究では、そのような体質の組織を次のように描写しています。「受動攻撃型の組織では、人びとは出された指示に口先では賛同するが、実行はせず、従順に見せるのに必要なだけの努力しかしない。これが実際に不都合な結果につながることはそれほどないため、従業員は自分がそうしたいと思えば、なにをしてもいいと感じている。さらに、上からの指示自体が見当違いであることが多いため、彼らは指示に従わなくてもいいはずだと考えるようになる」

このような悪影響があなた自身や組織におよぶのを避け、受動攻撃タイプの同僚との関係を改善するために、なにができるのでしょうか。まずはほかのタイプと同じく、状況を振り返ってみることから始めましょう。

❖自分への問いかけ

受動攻撃タイプの同僚との関係性を振り返るために、次の問いについて考えてみてください。

同僚の行動はあなた個人に向けられたものですか？　あるいは、ほかのなにかによって引き起こされているのでしょうか？

同僚の行動は、実はあなたにはまったく関係のないものかもしれません。図表6－1にまとめた、根本原因のリストを見てみてください。あなたの同僚は、不安を抱えていませんか？　自分が失敗することを恐れていませんか？　自分の評判やキャリアについて心配していませんか？　あるいは、組織の文化が受動攻撃を助長している、ということはありませんか？　もしかすると、彼らが過去に懸念を口にしたり、反論したときに、別の同僚に手ひどく攻撃されたのかもしれません。チーム内の心理的安全性は、どの程度確保されていますか？　誰もが自分の考えていることを気軽に口にできる環境でしょうか？　反論すると罰せられるような雰囲気にはなっていないでしょうか？

同僚は、意図的にあなたを傷つけようとしているのでしょうか?

同僚が本当にあなたを攻撃しているのか、もう一度正直に考えてみてください。ガブリエル・アダムズは、よくある受動攻撃と、「本心をごまかすための意図的な嘘」とは別なものだと指摘しています。人は、なにもないところにも悪意を読みとってしまいがちです。同僚がなにかで悩んでいて、その不安をあなたにぶつけているだけ、という可能性はありませんか?

もちろん、人の目的は必ずしも明確ではありません。同僚が共同プロジェクトの担当業務をこなさなかったり、あなたにイヤミを言ったりするのは、自分の欠点を隠そうとしてのことかもしれないし、あるいは上司のお気に入りのプロジェクトに選ばれたくて、あなたの印象を悪くしようとしているのかもしれません。彼らがなんのために行動しているのか、広い心で理解に努めつつ、同時に、目の前の現実に対して冷静な視点を保つようにしましょう。

同僚との関係を考えるときに、過去の出来事に影響されて、思いこみにとらわれていませんか?

相手が過去に受動攻撃的な行動をとったことがある場合、「確証バイアス」(訳注:こうであるはずだと思う内容について、それを裏づけるような情報だけを重視し、ほかの情報を軽視する心の動きを指す)がはたらき、その人の行動をすべて同じように見てしまうことがあります。同僚に対して偏見を持ち、過去の過ちを繰り返しているという思いこみを持っていないか、もう一度自分を振り返ってみてください。より客観的に状況を見るためには、仲のよい同僚のことを思い浮かべて、「あの人が同じ行動をとったら、私はどう思うだろう?」と考えてみるのが役に立ちます。

同僚が受動攻撃的になるのは、どんなときですか?

中には、特定の条件下で受動攻撃的になる人もいます。例えば、ストレスがかかるときや、特定の同僚といっしょに仕事をするとき、自分の権力や職の安定、自分の価値が脅かされていると感じるときなどです。同僚がどんなときに受動攻撃に走るのか、注意してみてください。特定の会議でしょうか? あるいは特定の人がまわりにいるときでしょうか? メールよりも直接話すときのほうが、問題なくコミュニケーションがとれる(あるいはその逆)、ということはありますか?

このような問いについて考えることで、同僚への理解を深めることができます。そして、最も重要なのは、それによって適切な対策を選ぶことができるようになる、ということです。

❖試してみたい対策

受動攻撃性の強いすべての人に対して効果的な対策というものはありませんが、ここにあげた対策が、彼らと仲よくやっていける可能性を高めてくれるはずです。それぞれの状況に一番ぴったりくると思われるものを選んでください。まずは1つか2つ試してみて、そこから学んだことを振り返り、調整していくとよいでしょう。

「受動攻撃的」というレッテルを貼らない

誰かの行動を指摘し、非難したくなる気持ちはわかります。でも、例えば相手に対して「そんなに受動攻撃的になるなよ」と言ってみても、事態は悪化するだけです。「受動攻撃」という言葉には重みがあり、誰も自分がそうだとは認めたがらないからです。あなたの言葉に対して、「君の言う通りだ、もうやめるよ」

と答える同僚はほとんどいないでしょう。むしろ、もっと怒って身構えるはずです。さらに、相手が自覚していない感情（あるいは自覚したくない感情）を指摘するのは、賢いやり方ではありません。ミシガン大学のリンドレッド・グリアは、他人の感情に名前をつけ、分類する行為は、逆効果になることが多いと指摘しています。グリアによると、「相手が感じている感情を言い当てられる確率はとても低く、間違ったレッテルを貼る結果になることが多い」ため、結局は相手を余計に怒らせるはめになるそうです。同僚に向かって「怒ってるね」とか「いらついてるね」と言うのは、事態の改善にはほとんど役立ちません。では、かわりになにをすればいいのでしょうか。

言い方ではなく、発言の内容に集中する

同僚がなにを言おうとしているのか、理解しようと努めてください。彼らが本当に伝えたがっていることは（皮肉な言葉に包まれていたとしても）、なんなのでしょうか。あなたのプロジェクトの進め方が適切でない、と言いたいのでしょうか。あるいは、チームの目標設定に異論があるのでしょうか。

このとき、世の中には自分の考えや意見をはっきりと口にするのが苦手な人もいる、ということを覚えておきましょう。表現方法に気をとられすぎずに、発言の根っこにある彼らの不安や疑問に目を向けるようにすると、本質的な問題に対処できるようになるでしょう。

こうして、同僚の考えを理解したうえで、率直に会話をしましょう。例えば、「このあいだのミーティングで、的確な指摘をされていましたよね。私の理解では、こういう内容でした」などです。うまくいけば、遠回しだった同僚がもっと率直に不安を打ちあけられるようになるかもしれません（この方法については、のちほどもっと詳しく説明します）。

例えばミーナは、同僚のビクターに対してこの方法を使いました。ビクターは、いっしょに仕事をするたびに、ミーナをおとしめるかのような態度をとっていました。リーダーシップ・トレーナーであるミーナは、ビクターの専門知識を買っていて、いっしょにプレゼンをしてほしいと頼むことがよくあり、ビクターもまんざらではない様子でした。でも実際にプレゼンが始まると、ミーナが話すはずだったアイディアをぺらぺらとしゃべって、手柄を独りじめしようとするのです。ミーナは直接ビクターに問いただしましたが、うまくいきませんでした。ビクターはかたくなに、自分はなにも悪いことはしていないと言い張るばかりだったのです。ビクターの動機を考えるうちに、彼は、ミーナがこの分野の専門家であることが気に入らないのではないかと考えるようになりました。

この直感に基づき、彼女は別の作戦を試すことにしました。プレゼンの準備段階でビクターの専門知識にフォーカスし、「あなたはこの分野での経験が豊富ですよね。その知識をみんなと共有する機会を作りましょう」などと伝えるようにしたのです。これが、功を奏しました。ビクターにもスポットライトが当たるように配慮することで、プレゼンは以前よりもずっとスムーズに進むようになったのです。ミーナは、本心では自分がビクターに謝罪してほしいと思っていることを自覚していましたが、最終的には、ビクターが彼女をおとしめるようなことをするのをやめてくれただけでも十分だ、と感じました。

ミーナのような共感的なアプローチは、単に彼らの望ましくない行いを見過ごすためのものではありません。むしろ、彼らの注意をもっと生産的な方向に向けさせ、あなた自身が必要なものを手に入れるための方法なのです。

会話を始める

もちろん、同僚が本当に求めているものがなんなのか、完全には理解できないかもしれません。手伝いを頼むと喜んで同意してくれるのに、いざ会議となると姿を見せなかったり、メールにも返信がなかったり、ということがあると、なぜすっぽかしたりするのか、その理由を察するのは難しいものです。でも、少し時間をかけてでも、どんな答えがありうるか考えてみてください。これは交渉術の世界で、「相手の興味を突き止める」と呼ばれるプロセスです。相手の関心はどこにあるのでしょうか。なにをなしとげようとしているのでしょうか。

そのあとに、ガブリエル・アダムズがいうところの「仮説検証」を行います。相手を尊重し、決めつけないように注意しながら、なにが起きているのか、直接尋ねるのです。例えば、「メールに返信がないのだけれど、なにかありましたか？　詮索するつもりはないんだけど、どうかしたのかなと思って」などと声をかけることができます。

社会心理学者のハイディ・グラントは、「相手が悩みを打ちあけられるような、安全な環境を作る」ことが有益だといっています。「相手が受動攻撃的な態度をとる必要がなくなるように、率直な会話へと、丁寧に誘導してあげるのです」。グラントは、たとえそれがどんなに耳の痛い意見でも、相手の考えを知りたいと思っていることを明確に伝えるのが重要だと指摘しています。

このように率直な会話をする利点は、相手が自分で自分の行動や感情に気づき、認識できるようになる、という点です。自分がなにを感じているのか、自覚できる（必ずできるとは限りませんが）ことが、受動攻撃的な反応をする癖を抜け出すための第一歩になるのです。

メールやメッセージの餌に釣られないようにする

メールやチャットは、配慮が必要となるような複雑な話をするには概して不向きですが、相手が受動攻撃タイプの同僚の場合はなおさらです。相手が文章で攻撃してきたときには、きちんとした短い文章で返しましょう。例えば同僚が、「もしかして、私が最後に送ったメールを読んでないんですか?」と書いてきたら、手短に「教えてくれてありがとうございます」と返しましょう。あるいは、「前にも話した通り……」といって、あなたも明らかに覚えている会話の内容をわざわざ書いてきた場合、「まとめていただいて、ありがとうございます」と返せばよいのです。同僚に見習ってほしいと思うような、礼儀にかなった率直なコミュニケーションを自分の行動で示しましょう。彼らの餌に食いついてはいけません。どうしても揉めごとになりそうな場合は、電話やビデオ通話、あるいは対面でのミーティングを設定しましょう。そうすることで、相手はもっとストレートに話さざるをえなくなります。

率直にお願いする

もっと直接的なアプローチをとることもできます。先ほども触れた通り、同僚に面と向かって「あなたは受動攻撃的だ」と指摘するのは、おそらく役に立ちませんが、起きていることに目を向けさせることは有益です。この作戦を実行する場合は、必ず事実に基づくようにしてください。確実にわかっていることだけを、感情的にならず、決めつけや誇張抜きに話すのです。例えば、「プロジェクトに参加してくれると言っていたと思うんだけど、これまでに開催した会議は3回とも欠席でしたね。先週送った、今後の段取りに関するメールにも返信をいただいていないようです」といった言い方ができます。それから、相手の行動が自分にどのような影響をおよぼすのかを説明します。「私ひとりではできない仕事だし、○○さんに手伝ってもらおうと思っていたので、がっかりしてストレスを感じています」という具合です。それから、ここが難しいところですが、率直に相手にお願いをします。「まだこのプロジェクトに興味があるなら（ぜひそうであってほしいのですが）、会議に参加してほしいと思っています。できれば、すぐ返事をもらえますか？　もしダメなら、別の方法を考えるので」

受動攻撃的なタイプの人は、おそらく言い逃れをしようとするので（「会議への参加は任意だとばかり思っていました」とか「たしかに興味があるとは言ったけど、約束はしていません」など）、反論が返ってきてもショックを受けないようにしましょう。「会議は必要最低限のメンバーでやりたいと言っていましたよね」などと言って、あなたの言葉をねじ曲げたり、言葉尻をとらえたりするかもしれません。そのような場合には、「私が言いたかったのは……」などの言い方で、身構えることなく冷静に答えましょう。「あいまいに聞こえてしまっていたならごめんなさい」「誤解があったようですね」などと付け加えてもいいでしょう。くれぐれも、誰が正しいとか、間違っているとかいった小ぜりあいにならないように気をつけてください。そして、会話の中でコントロールできるのは自分の発言だけであり、相手が生産的な返事をするかどうかは、あくまで相手次第だということを忘れないでください。それでも、相手の行動を礼儀正しく指摘しつづけることで、相手の受動攻撃的な行動をこちらが認識していることをわからせ、言い逃れを許すつもりはないという姿勢を表明できるのです。

チームにサポートしてもらう

2人きりで話していると、「怒ってるね」「いや、怒ってないよ」という延々と続くやりとりに巻きこまれてしまいがちです。そうならないように、チームのほかの同僚たちの力を借りましょう。誰かとつるんで相手を攻撃する、という意味ではなく、1人で対処しなければいけないような状況を避けるためです。そのために、まずはほかの人たちに、同僚の受動攻撃に気づいているかどうか尋ねましょう。このとき、うわさ話や悪口に聞こえないように、関係を改善したいと思っていることが伝わるような言い方を心がけてください。例えば、「ショーンの発言、君にはどう聞こえたかなと思って。どういうふうに解釈した?」という具合です。

彼らもまた、非生産的な行動が見られることに同意した場合には、次にどうすべきかをいっしょに考えることができます。例えば、チーム全体のコミュニケーションのガイドラインを設定する、という方法があります。「今後の段取りについて決めるときには、ただうなずいたり、沈黙を合意と解釈したりするのではなく、自分の役割をきちんと口に出して確認し、責任を持つようにする」などです。さらに、誰がいつまでになにをするべきかを記録して、それらの手順と期日を明確にしておくと、あとから証拠として回覧することができます。

こうした対策によって、誰かがあとで自分の合意内容を否定したり、役割を果たさなかった場合、チームはその責任を追及することができます。これだけの同調圧力がかかり、責任が明確になっていれば、どんなにふてぶてしい人でも従わざるをえないでしょう。

公立高校の生徒指導室で働くミッチの例を見てみましょう。ミッチは、同僚のアリシアに手を焼いていました。「会議中は計画に同意するのに、それを実行に移さず、妨害するんです」と彼は言います。それを指摘されるとアリシアは「それは私の記憶とは違う」とか、「計画が確定したとは思わなかった」と言って自己弁護しました。ミッチがそのような「誤解」について詳しく話しあおうとすると、決まって適当にあしらわれて終わるのでした。「彼女はいつも、忙しいとか、今は話す時間がない、と言うばかりでした」

2人の共通の上司であるリタに、このような複雑な関係性のためにプロジェクトが終わっていないことを説明すると、リタは「私も、彼女にそういう傾向があることを気づいていた」と答えました。そこでミッチとリタは、アリシアに自分が言ったことを守らせるための計画を考えました。「会議で書記役を務めてくれる人をつのることにしたんです。誰が責任を持って仕事を完遂するか、そのつど決めたことを記録しました」とミッチは話してくれました。そして次の会議で、彼はみずから書記役を買って出たのでした。

この作戦は、うまくいきました。ミッチが、やるべき仕事のリストをメールで配ったあとは、アリシアは言い逃れができなくなりました。会議に出席した人たち全員の目がある以上、自分の発言に責任を持たざるをえなくなったのです。

ミッチは以後も、喜んで書記を務めました。「アリシアに腹を立てたり、彼女がやらなかった仕事を片づけたりするのに使っていた時間に比べれば、そんなのはたいした作業じゃありません。それに、結果的には部署全体の生産性を上げることができたんです。もっと早くにやるべきでしたよ」

健全な規範を作ることは、チームにとっても長期的に見て有益です。ミッチが試したようなチーム全体を巻きこむ方法は、誰かの傍若無人な振る舞いを減らす結果につながることが、さまざまな研究でわかっています。チームとして、不満を率直に伝えあうことに合意し、正直で直接的なコミュニケーションの規範をいっしょに作っていくことは、十分に可能なのです。

使えるフレーズ

次にあげるフレーズ集をヒントに、受動攻撃タイプの同僚と生産的に話をする方法を考えてみましょう。

言い方ではなく、内容に集中する

「あなたが言っているのは、こういうことですか?」

「今おっしゃったことは、〇〇という意味に解釈しました。それで合っていますか?」

「さっき、ため息をついて(首を横に振って)いましたね。今の会議の内容について、なにかご意見があるのですか?」

「(相手の発言を簡単にまとめて)〇〇と言っていたと思ったけど、ひょっとしてそういう意味じゃなかった? 僕がなにか誤解しているかな」

チームの助けを借りる

「レイチェルの発言、君にはどう聞こえたかなと思って。どういうふうに解釈した?」

「次のステップについて、みんなで明確に合意しましょう。誰がなにを受け持つか、口頭でまとめてくれる人はいますか? 私がメモをとって、あとでみんなに回します」

率直に話す

「このあいだのミーティングで、的確な指摘をされていましたね。私の理解では、こういう内容でした」

「メールに返信がないようだけど、なにかありましたか？　詮索するつもりはないんだけど、どうかしたのかなと思って」

受動攻撃的な部下を指導する

「会議中に発言していなかったのが気になったんだけど、この問題について、チームでもう一度話しあうべきだと思うかい？」

「すでに決まった内容について、見直すべきだと考える新しい根拠はあるだろうか？」

部下に問題がある場合には、責任を持って対処しましょう

あなたが率いるチームに、1人または複数の受動攻撃的なメンバーがいるのであれば、できるだけ早く対策を実施してください。彼らの行動は、チーム全体の信頼と心理的安全性を損ないます。あなたには、卑怯な振る舞いは許されないということをリーダーとして明確にする責任があります。最初のステップは、先ほど紹介したようなチームの規範を確立し、チームミーティングや重要なイベント、表彰などを通じて、できるだけその規範を強化することです。これによって、メンバーがお互いに尊重しなければならないことを確認しあい、受動攻撃やその他の有害な行為が功を奏することのないように、チーム全体を成長させていくことができます。

また、部下が反対意見を述べて議論したり、本音を口にすることを許す必要があります。意見が一致したように振る舞っておきながら実はお互いをおとしめようとしていたり、一部の人が陰で反対していたり、といった状況は避けなければなりません。『あなたのチームは、機能してますか？』（翔泳社）の著者、パトリック・レンシオーニは、このような現象を「人工的調和」と呼び、受動攻撃的な行為の温床となるとしています。「チームのメンバーが、重要な話題についてオープンに議論したり、意見をぶつけあったりできない場合、彼らはあからさまでない方法で個人攻撃をするようになる。これは、問題解決のための激しい議論よりも、はるかにやっかいで、有害である」と、レンシオーニは説明しています。「議論は時間とエネルギーの浪費であるという考え方もあるが、実際はその逆だ。こうした状況を避ければ、同じ問題を、解決することなく蒸し返しつづけることになる」

問題に直接対処することのメリットを念頭に置いて、基本的なルールを確立しましょう。例えばチームに対して、「会議の時間を有効に使った意見交換ができていないようだ」と伝えてください。そして、非生産的な行動については、正面から立ち向かうことを恐れてはいけません。例えば、「会議のあと、毎回2～3人のメンバーが私のオフィスに来て議論していくけれど、本来なら会議中に話しあうべきだった内容ばかりです。これはつまり、私たちの協働作業がうまくいっていないという証拠であり、全員の時間を有効に使えていないということです」などの言い方ができます。受動攻撃行動が見られる場合は、その人だけを名指しすることは避けつつ、冷静かつストレートに例をあげることで、率直なコミュニケーションを全員の規範とすることができます。

＊　＊　＊

この章の最初で紹介した、マリークを覚えていますか？　彼の受動攻撃タイプの同僚であるスーザンは、マリークに教えてもらうはずの報告書の書き方を、すでに知っていると言い張っていました。マリークは、スーザンに対していろいろな作戦を試してみましたが、一つもうまくいきませんでした。スーザンは、変わらず嘘をつきつづけたのです。そんな中でマリークは、ほかの同僚に救われた、と言います。「幸運なことに、彼女からそうした扱いを受けていたのは私だけではありませんでした。同じようなことに気づいていた同僚が部署内に2人いて、励ましあうことができたんです」とマリークは言います。彼らとの会話は、非生産的な愚痴の言いあいではなく、マリークがうまくガス抜きをするための機会になってくれました。「職場で毎日腹を立てたままでいるか、彼女の行動を受け流すかは、私の選択だったんです」と彼は話してくれました。

マリークは、自分でコントロールできるもの、つまり、自分自身に集中することにしました。スーザンが「そのやり方はもう知ってるわ」というたびに、マリークはただうなずいて、構わずに説明を続けるようになりました。彼女が不適切な態度をとっているにもかかわらず、なんでもないかのように振る舞うことにストレスは感じたものの、やるべき作業に集中することで、上司から低い評価を受けることもなくなりました。そしてスーザンも、自分の仕事に慣れてくるにしたがって、自己防衛的に振る舞うことも減っていきました。

この章で紹介した対策は、事態を根底から好転させることもあれば、マリークがそうだったように、完全には功を奏さないこともあります。でも大切なのは、同僚の問題行動によって、あなたの1日や1週間、あるいはキャリアが台無しにされることはあってはならない、ということです。一方で、自分の仕事の好きな部分や、いっしょに働いていて楽しい同僚にも、目を向けるようにしましょう。受動攻撃的にあなたを攻撃してくるような同僚がいる場合、そのような楽観的な姿勢が助けになるはずです。

受動攻撃タイプの同僚

覚えておくべき対策

やるべきこと

●相手が伝えようとしている根本的な考えを理解しようと努める。
●たとえそれがどんなに耳の痛い意見でも、相手の考えを知りたいと思っていることを示す。
●感情的にならず、決めつけや誇張を排して、確実にわかっている事実だけに注目する。
●コミュニケーションのとり方について、チームやプロジェクトのメンバー全員でガイドラインを設定する。例えば、「今後の段取りについて話しあうときには、ただうなずいたり、沈黙を合意と解釈したりするのではなく、自分の役割をきちんと口に出して確認し、責任を持つ」など。
●チームとして、不満を率直に伝えあうことに合意し、正直で直接的なコミュニケーションの規範をいっしょに作っていく。

注意すべきこと

●相手の行動を、個人的に受けとらない。自分だけが攻撃されているように感じたとしても、相手はほかの人に対しても同じような振る舞いをしている可能性が高い。
●「受動攻撃的だ」といって相手を責めても、事態を悪化させるだけ。
●相手の感情を推察して決めつけない。間違ったレッテルを貼ると、不信感が強まる。

●受動攻撃的なメールが送られてきても、餌に食いついて怒りにまかせた返信をしたりせず、対面や電話などで話しあうようにする。

第7章

知ったかぶり

——「僕に言わせれば、こういうことなんだよ」

ルシアは、同僚のレイと顔を合わせるのがいやでたまりませんでした。彼が参加する会議は決まって長引いて、1時間の予定のはずが2時間になってしまうからです。レイは、一度話しはじめたら止まらなくなるタイプの人でした。「彼は、自分の話を聞いてもらうのが大好きなんです。誰か耳を傾けてくれる人がいると、いつまでも話しつづけていました」とルシアは言います。

レイのお決まりの独演会が始まると、ルシアと同僚たちは目くばせを交わしました。誰かが話に割って入ろうとすると、レイは声を張りあげてそれをさえぎりました。「チームや会社になにが必要か、一番よくわかっているのはこの私。みんな、私の意見を聞くべきだ」というメッセージが、彼の行動の裏に見え隠れしていました。「レイが頭のいい人であることは間違いないんです。でも彼のやることといえば、自分の知識をみんなに披露するばかり。本来やるべき仕事はほかの人にやらせていました」とルシアは話してくれました。

多くの人が、キャリアのどこかの段階で、レイのような同僚と仕事をした経験があると思います。自分が一番賢いと信じて疑わず、会議を自分の独演会にして、ほかの人の発言をさえぎることになんのためらいも感じない、「知ったかぶり」タイプです。このタイプの人は、明らかに自分が間違っていたり、情報が不足していたり、状況の細かい機微を理解できていなくても、自信満々に、自分の意見が正しいと断言します。

職場によくいる「知ったかぶり」の特徴は、次のようなものです。

●「私のやり方がいやなら出ていけ」と言いたげな態度をとる
●会話を独占し、誰かが割って入ろうとしてもさえぎる
●自分の考えが一番優れている、という態度をとる
●批判や意見を拒絶する、またはちゃんと聞かない
●人を見下した話し方をする
●ほかの人がすでに理解していることを、くどくど説明する
●質問をしたり、人の意見に興味を示したりすることがほとんどない
●チーム全体の成功を自分の手柄にしたり、独占したりする
●会話に強引に割りこんでくる

ルシアはレイの話を聞いていると、とらわれの身になったような気分になり、やがて、会議を抜け出すために嘘をつくようになりました。そんな手を使うのはいやだったけれど、レイの高圧的な態度をどう扱っていいかわからなかったし、毎日のように、彼の延々と続く講釈を聞かされて時間を無駄にするのも避けたかった、とルシアは言います。

ルシアは、こうしたレイの傲慢な態度を面と向かって指摘するべきだったのでしょうか。あるいはもっと間接的な方法で、彼の行動に対処すべきだったのでしょうか。レイのような、自尊心の塊のような人と

いっしょに仕事をしていくには、どうすればいいのでしょうか。

レイのような同僚とよりよい関係を築いていくために、まずは、彼らの特徴を理解するところから始めましょう。

❖知ったかぶりの行動の裏にあるもの

知ったかぶりの同僚について話すときによく聞くのが、「自己中心的」あるいは「ナルシスト」といった言葉です。でも、このようなレッテルには十分に気をつけなくてはなりません。ナルシシズム（自己愛）は精神疾患の一種で、人の注目を集めたがる、自己肯定感が強い、他者に共感ができない、自己顕示欲が強いなどの特徴があります。あなたの同僚にもこのような特徴のどれか（あるいはすべて）が当てはまるかもしれません。でも実は、その人たちが「自己愛性パーソナリティ障害」と診断される可能性は、非常に低いのです。病的なナルシシズムはまれであり、例えば米国では、人口の0・5パーセントしかいません。この本で紹介するほかのタイプと同様に、相手に病名を与えようとすることよりも、傲慢な態度に生産的に対応するためにエネルギーを費やすほうが賢明です。

「知ったかぶり（know-it-all）」という英語のフレーズが使われるようになったのは19世紀末のことですが、傲慢な態度をとる人は、もちろんそのずっと前から存在したことでしょう。このタイプに当てはまる人は、残念ながら職場だけでなく、社会全体でも根強く生き残っています（米国の政治を見れば、一目瞭然ですね）。これは、彼らの行動が功を奏することが多いためです。「自分が常に正しいわけではない」ということを理解している謙虚な人が権力の座につくような社会であれば、おそらく私たちが生活の中で知ったかぶりタイプに出会う確率も、今よりずっと低くなるでしょう。でも現実に私たちの住む社会では、多くの人が自信を持ちたいと切望し、自信を持つ人が賞賛されるのです。

自信過剰バイアス

意思決定に関する研究で一貫してわかっているのは、人は自己評価するとき、自分が実際よりも物事を上手にこなせると考えがちである、ということです。例えば、学生は自分のテスト結果について、実際よりもよくできたと予想しがちです。同様に、ＭＢＡ（経営学修士）課程の学生が、卒業後に自分が獲得できるであろう内定の数や初任給の額について、現実よりも高く見積もることもわかっています。また、無職の人は就職の難易度を低く見積もりがちです。さらに別の研究では、自信過剰は伝染する、ということも明らかになっています。つまり同僚であれ上司であれ、あなたのチームの誰かが自分の能力を過大評価していると、あなた自身も自信過剰になっていく可能性が高まるのです。

私たちがいかに自信過剰におちいりやすいかを示す指標として私が気に入っているのが、運転技術の自己評価です。ある調査では、運転免許を持つ人の74パーセントが、自分の運転技術を平均以上と評価しています。もちろん、その評価の多くが間違っていることは、統計学的にいって明らかです。

自信を持つのは、それが能力に裏打ちされている限りはいいことですが、残念ながら現実はそうとは限りません。

経営心理学の専門家であるトマス・チャロモ＝プリミュジックは、組織における過信の問題に過去10年間にわたって取り組んできました。彼は２０１３年、『ハーバード・ビジネス・レビュー』誌で創刊以来最も人気のあった記事の一つであり、書籍化もされた「なぜ、『あんな男』ばかりがリーダーになるのか：傲慢と過信が評価される組織心理」を発表しました。チャロモ＝プリミュジックはその中で、客観的な測定が難しい能力（リーダーシップなど）については、本人による自己評価に頼ってしまいがちな理由を説明しています。例えばリーダーシップのような能力は、テストを受けて、先入観が排除された点数で測る、ということはできないので、結局は各自の自己申告に頼るしかありません。その結果、私たちは自信と能力を混同してしまい、リーダーに必要な資質は自信なのだと信じてしまいがちです。しかし実際には、ビジネス界やスポーツ界、政界などの優れたリーダーの多くは謙虚な性格であることが、複数の研究で明らかになっているのです。

チャロモ＝プリミュジックの人気記事のタイトルが示す通り、この現象にはジェンダーがからんでいます。男性は、自信（あるいは過信）を示すことが女性よりも多いのです。これには、社会への適合や、どのような行動が報酬に結びつきやすいかが関係しています。例えば女性は、自分の能力や功績を誇示すると、否定的な反応を受ける結果になることがよくあります。チャロモ＝プリミュジックは、これについて次のように書いています。「実際のところ、世界のどこでも、男性は、女性よりも自分のほうがずっと頭がいいと考える傾向がある」。その結果の一つが、知ったかぶりタイプに典型的な行動である「マンスプレイニング（mansplaining）」です。

マンスプレイニングとは

「マンスプレイニング」は最近になって一般的に認識されるようになった現象で、米国の英語辞書『メリアム＝ウェブスター』によると「男性が、不完全な知識しか持っていない事柄に関して、自分は相手よりもその話題について詳しいはずだという誤った前提に基づいて、相手（特に女性）に対して見下した態度で話すこと」を指します。特にこの10年で広く知られるようになった言葉で、2010年には『ニューヨーク・タイムズ』誌の「今年の言葉」の一つに選ばれ、2014年にはオンライン版の『オックスフォード英語辞典』に掲載されました（別掲「マンスプレイニングについて」も参照）。

マンスプレイニングという現象が認知されるようになったきっかけとして知られているのが、作家レベッカ・ソルニットが2008年に発表したエッセイ『説教したがる男たち』（左右社）です。ソルニットは同作で、マンスプレイニングという言葉こそ使っていないものの、こうした男性の行動について描写し、女性をはじめとする不当な扱いを受けがちな人たちの強い共感を呼びました。

その後の研究により、ソルニットが描写したような現象が単なる個人的な体験談では終わらないことがわかってきました。一般的に、男性（特に権力を持つ男性）のほうが、会議中の発言が多いことや、女性よりも男性のほうが多い集団では、女性の発言は男性と比べて約25〜33パーセントも少ないことが調査により明らかになっています。また、男性は人の話に割って入ることが多く、自分が割って入られたときには譲らない傾向が高いこともわかりました。さらに、米国最高裁の口頭弁論記録を15年分調べたところ、男性判事は女性判事の発言に約3倍の頻度で口を挟んでいるという結果が出たのです。

あなたと知ったかぶりタイプの同僚との関係にこうしたジェンダーが関わっているかどうかは別として、彼らの高慢な態度の要因として考えられる要素は、ほかにもいくつかあります。組織的または地域的な文化、権力、不安感などです。

カラいばりの根っこには、なにがある？

多くの企業文化では、あたかもすべての答えを知っているかのように振る舞う人が賞賛されます。あなたの職場でも、自分の考えを述べるときに、確信を持って言いきる人のほうが支持を集める傾向はありませんか？　自信がなさそうな態度は、弱さとみなされるのではないでしょうか？　多くの企業で、意思決定は、協働作業というよりも互いに競いあうスポーツのように扱われています。そのため、すべてを知っているかのように振る舞うことが、生き残りのための巧妙な戦略として機能してしまうのです。

また、国や地域の文化も関係があります。ハーバード・ビジネス・スクールのフランチェスカ・ジーノ教授は、人の話に割って入りがちだという自身の傾向について、出身地の文化が影響していると言います。「イタリア人は表現力が豊かで口が達者なことが多く、誰かが会話に割って入るのは、相手の話に興味がないからではなく、逆に関心がある証拠だと考える傾向がある」というのです。ある文化圏の人がみんな同じように振る舞うと決めつけるのは危険ですが、ジーノの言う通り、イタリアやドイツ、イスラエルなど一部の文化圏では、はっきりした自己主張は意欲の表れととらえられる傾向があることが、研究により明らかになっています。あなたの同僚も、ひょっとするとそのような文化圏の出身なのかもしれません。あるいは、あなた自身が謙虚さと謙遜を重んじる文化圏の出身だから、これ見よがしな態度を特に不快に感じる、という可能性もあります。

ジーノの研究では、人がぶしつけな態度をとる動機はほかにもあることがわかっています。その一つが、権力です。ジーノが共同研究者とともに行ったある実験では、被験者たちに、権限を与えられた体験について書いてもらうことにより、「自分は力を持った存在だ」と感じる状態になるよう仕向けました。その後、あるタスクをこなす際に知識のある助言者からのアドバイスをどのように扱うかを観察したところ、権限を与えられた体験談を書いたグループは、なにもしなかったグループに比べて、自分の考えを助言者の意見よりも優先する傾向が強くなりました。また別の調査では、権力を行使した体験談を書いたグループは、議論を仕切ったり、ほかの人の発言に頻繁に割って入ったりすることもわかりました。

私がこれまでにいっしょに仕事をしてきた「知ったかぶり」タイプの多くは、無意識にせよ意識的にせよ、自分の能力の欠如や不安を覆い隠そうとしていました。特に、組織や職務にまだ慣れていない人（初めてマネージャーになった人など）は、この傾向が顕著です。

あるメーカー企業の部門長をコーチングしたときのことです。ここでは彼の名前をボリスとしましょう。ボリスは無意識のうちに、新しい同僚に対して自分の能力をアピールしようとしていました。ボリスが入社してわずか1～2か月のあいだに、彼ら上層部のあいだでピリピリしたムードが漂いはじめたのを見て、会社の人事部長は、ボリスに私のコーチングを受けさせることにしたのでした。人事部長によれば、ボリスはすぐに「前の会社では……」という言い方をして、自分のほうが優れていると言いたげに見える態度をとるため、周囲から敬遠されつつあるということでした。

私は彼の同僚たちも交えて、ボリスと話をしました。ボリスは、会話が始まって最初の15分間で、例の「前の会社では……」というフレーズを2度も口にしましたが、幸い、私は冷静にその事実を指摘することができました。「お気づきでないようですが、すでに前職について2回も触れられましたね」と。しかしボリスは、私に指摘されるまで、そのことにまったく気づいていませんでした。あとになって彼は、なんとかして自分の価値を証明したかった、と打ちあけてくれました。「今の会社は、私の前職での功績と知識を買って採用してくれたんだと思ったからです」と彼は説明しました。前職の話を持ち出す癖を直すのは簡単ではなく、ボリスがその後も口を滑らせることはたびたびありましたが、同僚たちも、彼が自慢しようとしているわけではないと知って、より寛大な態度で接してくれるようになったそうです。

ボリスのように新しい職や配属先で自信が持てず、自分の価値を証明したいと思うばかりに過去の栄光を誇示しようとするのは（人間であればある程度、仕方がないとはいえ）、戦略としては賢い方法ではありません。そして、知ったかぶりな行動をとってしまう動機がなんであれ、その弊害は明らかなのです。

❖「知ったかぶり」を同僚に持つことによる弊害

正直にいうと、本書で紹介するすべてのタイプの中で、私が最も親近感を感じるのが、この「知ったかぶり」タイプです。それは、私がこれまでこのタイプの人と多く仕事をしてきたからではなく、私自身が、知ったかぶりに典型的な行動をとることが多かったからです。恥ずかしながら、これまでに、実はよく知りもしないことについて自信満々に言いきったり、その場にいる誰よりも自分が一番よくわかっているかのように振る舞ったりしたことが何度もあります。確信があるかのようになにかを言えば、実際にはたいして自信がなかったとしても、人は耳を傾けるものだということを、私は経験から知っているのです。

でも、この方法には弊害もあります。実際に、私が自信満々に話すのを見て同僚が自分の好奇心にフタをして黙ってしまったり、人を見下したような態度をとったせいで友人を萎縮させてしまったりしたことがあります。

さらに悪いことには、知ったかぶりの同僚を持ったせいで、キャリアに悪影響が出る場合もあります。たとえその同僚があなたの理解を助けているつもりだったとしても、あなたは見下され、さげすまれているように感じ、自信を失い、大事な会議や会話で遠慮してしまうようになるかもしれません。特に、ほかの人の見ているところで同僚があなたを見下しているような接し方をすると、まわりの人はあなたの能力を疑い、存在を軽視してもいいのだと思ってしまう可能性もあります。これは、まわりの人からの扱われ方だけでなく、業績評価や昇進、ボーナスなどにも影響を与えかねません。また、あなたのネガティブな気持ちがチーム全体の雰囲気を悪くし、さらに評価を難しくする可能性もあります。

組織全体にも悪影響があります。前出のチャロモ＝プリミュジックはこれについて、「実際は無能なのに自分は有能だと信じている社員がいると、会社にとって不利になる。現実に課題を解決していくために必要な人材が不足してしまうからだ」と説明しています。

ではどうすれば、このような悪影響を回避し、知ったかぶりの同僚との関係からくるイライラを軽減するだけでなく、現実的な被害を少なくできるのでしょうか。

実際に行動を起こす前に、まずは次の問いについて考えてみてください。

❖自分への問いかけ

知ったかぶりの同僚への対策を練る前に、まずは次の質問について考えてみてください。

あなたの同僚は、なにかを証明しようとしていませんか？

もちろん、知ったかぶりタイプの人全員が、なにかを証明しようと躍起になっているというわけではありません。でも、彼らが自己中心的な行動によってなにかの欠乏や恐れをカバーしようとしている可能性は十分にあります。その行動の根っこにあるかもしれない不安について考えてみることで、対策の糸口が摑めるかもしれません。例えば、私がコーチングをしたボリスの話を思いだしてみてください。ボリスは、自分が新しい職場にふさわしいと証明しようとしていました。そのことを理解した人事部長が、彼の現職での仕事ぶりをきちんと言葉にして認めた結果、ボリスは前の会社での功績を大げさに吹聴する必要性から解放されることができました。あなたの同僚も、ボリスのように価値を認めてもらおうとしている可能性はありませんか？

同僚の自信に、根拠はありますか？

あなたの同僚は、たとえ態度には問題があったとしても、実際に自信を持って主張し、訴えるだけの妥当な根拠を持っているのかもしれません。その人の過去の経験や専門知識に、もう一度注目してみてください。彼らの最大のスキルはなんですか？　その自信は、実際の能力レベルに見あったものですか？　彼らが知ったかぶりをしている内容は、現実の知識に基づいていますか？　言い方は不快でも、発言の本質には価値があるかもしれません。

同僚に対して先入観を持っていませんか？

私たちは誰でも、権力の座につくべき人物について、それぞれイメージを持っています。自分のリーダー像に合わない人（例えばアジア人女性や、年が若い人、障害のある人など）が高い地位についていると、彼らの自信が現実に見あったものかどうか、疑いたくなります。例えば、有色人種の女性は自分に能力があることを何度も繰り返し証明する必要に迫られることが、研究によってわかっています。あなたが「知ったかぶり」だと思っている同僚は、社会的に不当な扱いを受けがちなグループに属する人ではありませんか？　その人は、あなたが無意識のうちに否定的な偏見をいだく文化圏や人種に属していませんか？　同僚が「偉そうにしている」ように感じたら、その人が支配的な層に属していたとしても同じように感じるかどうか、想像してみてください。この方法は、「ひっくり返し検証（flip it to test it）」と呼ばれるもので、グローバル企業の人事部幹部であるクリステン・プレスナーが教えてくれました。プレスナーはＴＥＤｘの講演で、自分が女性のリーダーたちに対して偏見を持っていたことを告白しています。

彼女はこの自分の偏見を打ち破るために、特にリーダー的な立場にある女性に対して自分が批判的になっていることに気づいたときは、その人が男性だったら同じように感じるかどうか想像してみるそうです。あなたも、例えば「あの人が白人男性だったら、同じように『知ったかぶりだ』と思うだろうか?」と自問自答してみてください。

同僚の自信が、あなたの弱点を刺激していませんか?

自信たっぷりな人に対して、アレルギー反応を示す人もいます。私も、特に自分の価値観を脅かすような考え方に強い自信を持っている人を前にすると、抵抗を感じてしまいがちです。そうした自分の反応に、目を向けてみてください。例えば、傲慢な父親のもとで育った人は、似たタイプの人から距離を置こうとする傾向があるかもしれません。あるいは、全体の調和を重視し、謙虚さを尊ぶ文化圏で育った人もいるでしょう。または、あなたは自分と相手の経歴を比較して、不安を感じているのかもしれません。自分も彼らのように自信たっぷりに、信念を持てたらいいのにと感じている可能性もあるでしょう。

同僚の行動は、あなたやチームにとって現実的な問題を引き起こしていますか? それとも、ただイライラさせられるだけですか?

あなたをいらだたせるような発言や行動と、実際に仕事を妨害するような行動を、分けて考える必要があります。知ったかぶりの同僚があなたをいらだたせるような発言をしたとしても、そのすべてに対処しなくてはいけないわけではありません。彼らの自信満々の行動をすべて取り締まろうとすると、あなたが疲れ果ててしまいます。彼らの態度は、面と向かって対処する必要があるほど有害なものですか? まわりの人が発言するさまたげになっていますか？　たとえ傲慢な態度でも、無視するのが一番という場合もあります。戦う価値がある戦いと、そうでない戦いとを見分ける必要があるのです。

以上の問いに答えたあとは、実際にどの対策を試してみるか考えてみましょう。

❖試してみたい対策

私がコーチングしたボリスは、ある意味では特殊なケースでした。私という第三者が介入し、傲慢な態度だとまわりに思われていることを指摘できたからです。でも、このような仲介者がいつもいるとは限りません。外部からの助けを得られない場合には、次のようなアプローチを試してみるのがおすすめです。

相手の貢献を前向きに評価してみる

あなたの同僚は、実際に話を盛るのがうまいだけの傲慢な自慢屋に過ぎないのかもしれません。でも、その可能性は低いのではないかと思います。ほとんどの人に長所があり、チームや組織に貢献できる要素をなにかしらは持ちあわせているものです。それを見つけるためには深掘りする必要があるかもしれませんが、知ったかぶりの自信過剰の裏には、おそらくは本物の知識や経験が隠れているはずです。ひょっとすると、前職で売上を20パーセント伸ばした経験があるかもしれません。会社が必要としている予算編成について、秘策があるかもしれません。あるいは、あなたが顧客との契約を締結に持ちこんだり、上層部からのプロジェクトへの賛同を確保するときに役立つような営業力や影響力を持っているかもしれません。もちろん、彼らが自分のスキルや過去の成功を大げさに盛っている可能性はありますが、そこに混ざっているはずの、ひとかけらの真実を見つけるのです。そしてもし、彼らが虚勢を張ることで求めているものが周囲からの承認や受容であるなら、そうした共感や賛意を示すことで、「どうだ、こんなに知識があってすごいだろう！」という彼らの態度を、やわらげることができるかもしれません。

割りこみを先制する

知ったかぶりタイプがよくやる、やっかいな癖の一つが、人の発言に割って入ることです。私が以前、韓国で経営コンサルタントとして働いていたころのことです。高い役職のクライアントの中に、文化的な影響もあって、会議で常に支配的に振る舞うことに慣れきっている男性がいました。2時間の会議中、彼は私の発言に何度も口を挟み、私の話をさえぎって話しはじめました。最初のうち、私はただ戸惑うばかりでした。「この人は私の助言を求めているのではないの？　私はそのために雇われたんじゃないの？」と思ったのです。私はまだ若く、キャリアも浅かったことは事実ですが、相談に乗るのがコンサルタントの仕事です。次第に私は、強いいらだちを感じはじめました。同僚が助け舟を出してくれるのではと期待して会議室を見回しましたが、みんなちょっと肩をすくめてみせる程度でした。彼らにも、どうしたらいいかわからなかったのです。私のイライラはついに限界に達し、立ち上がってそのまま会議室を立ち去りました。ロビーに降りるためにエレベーターに乗ったとたん、涙があふれてきました。ようやくオフィスに戻ることができたのは、ビルの周囲を10周以上ぐるぐると歩いて、落ち着きを取り戻したあとのことでした。もっと冷静でいられたらよかったのにとは思いますが、今振り返っても、あのような反応になってしまったのも仕方のないことだったと思います。

このような状況を避ける方法の一つが、先回りして「人の発言をさえぎらないようにしてください」とお願いすることです。話を始める前に、自分の発言にかかる時間を（おおまかでいいので）伝えておき、「話し終わるまで、コメントや質問は控えてください」と付け加えてみてください。正式なプレゼンテーションではなく対話式のディスカッションの場合は、「途中でさえぎられると集中が途切れてしまうので、質問などがある場合は、区切りのいいところまで話し終わってからにしてもらえると助かります」と言っておきましょう。

このような積極的な方法は、いつも使えるとは限りません。例えば私の韓国のクライアントの場合でいえば、この方法は彼らの文化的には不適切だったことでしょう。でも、ある程度親しい同僚が相手であれば、このアプローチによって、絶えず発言に割りこんでくる相手に抵抗しつづけるという徒労を避けることができるかもしれません。

私のまわりには、いつも私の話をさえぎってくる人が2人います。母と夫です。そのため、私自身もこの作戦はしょっちゅう使っています。ただし同時に、彼らがさえぎってくるのを受け流すことも学ぶ必要がありました。私の母は、言おうと思ったことを忘れてしまうのが怖くて私の話に割って入ります。そして夫は、人の話に割って入るのが当たり前の環境で育ったため、それが彼のコミュニケーションのスタイルになっています。彼らにいつでもにこやかに対応できるわけではありませんが、2人のおかげで、誰かが自分の話をさえぎるからといって必ずしも悪意があるわけではなく、ときにはただ、「最後まで聞いてください」というひと言が必要なだけなのだと理解することができました。

マンスプレイングについて

男性が女性に対して見下したような態度をとるマンスプレイニングには、たとえ悪意がなかったとしても、その根底には性差別や人種差別、階級差別があります。私がここで明確にしておきたいのは、マンスプレイングの標的となる人たちには、みずからそのような行いを正す責任はない、ということです。女性や有色人種、LGBTQ＋（性的マイノリティ）の人びと、障害のある人びとは、構造的な偏見に対処する重荷を、自分たちで背負うべきではありません。だからこそ、アライ（allies）と呼ばれる、マイノリティを理解し、支援する人たちが介入し、差別を目撃したときに声をあげることが重要なのです。そして、チームのマネージャーから大企業のトップにいたるまで、リーダーの座にある人たちが時間と労力を費やして、誰もが活躍できる公平な文化を作りあげていく必要があります。

特に、男性がこのような取り組みに参加することが非常に重要です。ある調査によると、男女差別解消の取り組みに男性が参加している組織では、その96パーセントが進捗を報告しているのに対し、女性のみがこの問題に取り組んでいる組織では、わずか30パーセントしか改善が報告されていません。

ただし、もしあなたが女性で、職場で男性によるマンスプレイニングの標的になっているのであれば、組織内の性差別に立ち向かうのに支援者や上層部の介入を待たなければならない、ということではありません。特に、事態があなたのキャリアに悪影響をおよぼしているのであれば、人の助けに頼るだけでは十分ではないかもしれません。今すぐに、対策が必要です。より大きな文化的な問題はあなたが背負うべきものではありませんが、いま目の前にある人間関係の問題を解決するために、本書で紹介するアドバイスが助けになってくれることを願っています。もちろん本書で紹介するアドバイスは、ジェンダーにかかわらず「知ったかぶり」タイプといっしょに仕事をしていくうえでも役に立つはずです。

話に割りこんでくる人に、戦略的に対応する

割りこみを先制しようとしてうまくいかなかった場合は、直接対処しましょう。ただし、声を荒らげるのは得策ではありません。そんなことをしても、おそらく相手は対抗心を燃やして、さらに大きな声を出して、あなたを打ち負かそうとするだけです。そのかわり、堂々と「私が自分の言いたいことを言い終わってから、あなたの意見を聞かせてください」と言ってみましょう。あるいは、2020年の米国副大統領討論会で、マイク・ペンスと討論したカマラ・ハリスにならってもいいかもしれません。ハリスは、彼女の話に割って入ろうとしたペンスに対し、「話の途中です(I'm speaking)」という、シンプルで断固とした言葉で対処しました。彼女のその態度は、まるで全女性の代表として行動しているかのようでした。これは勇気のいる行いであり(もちろん、ハリスは明らかに勇敢な女性です)、特に人前で行う場合は、その場に緊張感を生むことがあります。でも、うまくいけば、知ったかぶりの同僚もあなたの言わんとするところを理解し、それ以上口を挟まないようになるかもしれません。

声をあげるのが難しいのなら、支援者の助けを借りましょう。失礼な態度をとる人に対処するのは、第三者のほうが簡単な場合があります。例えば誰かに、「キースの話を最後まで聞いてから、話を前に進め

ましょうよ」とか、「マディソンはまだ話し終わっていないようですよ」などと言ってもらうことができます。知ったかぶりの同僚がチーム内で何度も話に割って入るようであれば、ほかの同僚と話しあって、お互いに助け舟を出すように合意しておくのがよいでしょう。

規範を作る

チームや組織全体で、誰もが自分は発言していいのだと感じられ、知ったかぶりの同僚が人の話をさえぎったときにはそれを指摘できるような文化を作ることも重要です。公正さを重んじる人びとの気持ちに訴えかけるのです。例えば、「全員にとって心理的安全性が確保された、協力的で生産的な職場を作るには、どうすればいいと思う？」といった質問を投げかけ、ディスカッションをすることから始めてもいいでしょう。各自が自分のコミュニケーション方法を振り返り、どうすれば改善できるか、全員で考えられるようにしましょう。

ワークショップで講師を務めるときや、（特にＺｏｏｍによるオンライン形式で）人びとが互いに交流するようなグループで講演するときに私が使っている規範の一つが、「発言しよう、発言させよう」というものです。これは、会議で黙ってしまいがちな人には、できるだけ意見を言葉にするように頑張ってもらい、場を支配してしまいがちな人には、一歩引いてほかの人が発言できるスペースを作るよう意識してもらう、という意味です。実際にこの方法を試すうち、最初にこの提案をすることで、発言の機会がより公平にいきわたることがわかりました。あなたのチームでも、このような規範を提示して合意を取りつけてみてください。ガイドラインが確立されていれば、話に割って入る人が減り、誰もが安心して発言できる場を作ることができます。

事実やデータを示すように求める

知ったかぶりタイプによくあるもう一つの迷惑な癖が、なにかを自信満々に言いきることです。例えば、「顧客は私たちが半年ごとに新機能をリリースすることを期待している」とか、「売上が落ちているのは、苦情への対応が遅いからだ」「1年もすれば、この案件の話など誰もしなくなるよ」などです。このような言葉を聞いて、「なんであなたにそんなことがわかるの？　なぜそんなに、確信を持って言えるの？」と感じるのであれば、発言の根拠となる事実やデータを出すように彼らに求めるのは、決して間違ったことではありません。

ただし実行に移すときには、相手を問いつめるのではなく、尊重する態度を心がけましょう。例えば、「事実や前提が、私と○○さんのあいだで食い違っているのかもしれません。話を進める前に、あらためてデータを見直してみませんか？」などと言うことができます。もちろん、同じデータを見ても解釈が違う場合はありますし、データそのものが手に入らない場合もあります。もしあなたがデータを集めることを提案できるのであれば、そうしてください。例えば相手が、「開発チームが今回提案している新機能は、絶対に顧客に受けない」と主張するなら、簡単な顧客アンケートを実施してデータを集める、などです。

知ったかぶりの同僚は、最初の数回はあなたの質問にきちんと答えないかもしれません。でも次第に、発言すれば裏づけを求められるかもしれないと予測するようになり、根拠のない主張をおおっぴらに言い立てる前に、よく考えるようになる可能性があります。さらに、根拠を説明するように求められることで、彼ら自身も自分の知識の限界に気づき、謙虚になれるかもしれません。

知ったかぶりの同僚と会議をするときは、検証済みのファクトを用意するようにしましょう。相手が人を惑わすような発言をしても、自分の考えを主張し、反論できるように、しっかりと準備しておくのです。さらに、そのような行為を通して、虚勢を張るのではなく、事実に基づいたディスカッションをすることが大事なのだと相手に示すことができます。

謙虚でオープンな姿勢の模範を示す

自分を誇示したがる人の多くは、過去にうまくいった成功経験があるからこそ、そのような行動をとります。あるいは、所属するチームや組織、文化から、「自信を示せ」というメッセージを、間接的あるいは直接的に受けとっているからかもしれません。あなたは、彼らに対して、それとは異なる模範を示すことができます。謙虚さとオープンな姿勢が歓迎されることを、行動をもって示すのです。例えば、「私にはわかりません」とか、「今は情報が十分にないので、あとでお返事しますね」といった発言を実際にしてみせるのです。はっきり口に出して「確信がない」と発言しても、必ずしも悪い結果に結びつくわけではない、ということを、知ったかぶりの同僚が目《ま》の当たりにすれば、彼らも同じようにしてみようと思うかもしれません。

また、自分が提案したい解決策やアイディアの長所と短所をよく考えてから会議にのぞむように全員に促すことで、知ったかぶりタイプが謙虚さを学ぶ機会を作る、という手もあります。あるいは、次のような質問をしてみてもいいでしょう。

- これについて、別の視点はないかな?
- 今と違う視点から見たら、どう見えるだろう。
- このアプローチから得られるメリットとリスクはなんだろう。

知ったかぶりタイプの中には、承認を求めている人もいます。そのため、彼らのアイディアをただ認めてあげるだけでも、スタンドプレイを防ぐことができる場合があります。意見を述べてくれたことに感謝の意を示してもいいですし、自分の考えを述べたり質問をぶつけたりする前に、相手の考え方について評価できる点を1つか2つあげてもいいでしょう。例えば、「それはいい視点ですね。特に1つめの点には私も賛成です。ただ、2つめについてはちょっと違う見方をしています。それをこれから、よく話しあってみましょう」などのような言い方ができます。

例えばクワミという男性は、同僚のアマラに対してこの作戦を実施しました。「彼女は会議中、なんでも知っているように振る舞っていっさい質問をしないのに、あとになって僕のところに来て、いろいろ尋ねてくるんです」とクワミは言います。アマラは、まわりの人に馬鹿だと思われるのを恐れているように見えました。「会議のトピックについてよくわかっていないと思われるのがいやだったのでしょう」。クワミは、質問をするのはなにも恥ずかしいことではないとその場ではっきり伝えたいと感じたものの、アマラはおそらく自分の不安を隠そうとして、助言を聞き入れないだろうとも思いました。そこで彼は、自分が会議で質問をすることで、身をもって模範を示すことにしました。ときには、「質問ぜめにすることを、どうか気にしないでください。質問すると、多くを学べるものですから」と言ってみたりもしました。彼がこの作戦を始めてから、数か月かかりはしたものの、アマラは徐々に「わかりません」と口にしたり、人前でクワミに質問したりすることに抵抗を感じなくなっていったのです。

使えるフレーズ

自分はなんでも知っている、と思っている人と話すときに適切な言葉を選ぶのは、簡単ではありません。そこで、ここにいくつかサンプルを紹介します。必要に応じてアレンジしながら、使ってみてください。

マンスプレイニングに直接対処する

「ありがとう、でも大丈夫です」

「あなたの発言を聞いていると、○○に関する私の経験をご存じないのではないかという印象があります」

「自分のやっていることはよくわかっていますし、○○さんにもそこを尊重していただけるとありがたいです。○○さんのご意見は貴重だと思っていますので、必要なときには私からお声がけします」

発言への割りこみを先制し、対処する

「話し終わるまで、コメントや質問は控えてください」

「途中でさえぎられると集中が途切れてしまうので、質問などがある場合は区切りのいいところまで話し終わってからにしてもらえると助かります」

「今は話を続けますね。話し終わってから、さっきのご質問に答えます」

「私が自分の言いたことを言い終わってから、あなたの意見を聞かせてください」

「話の途中です」

ほかの人のために声をあげる

「マーカスの話を最後まで聞いてから、話を前に進めましょうよ」

「ディードラの発言が、まだ途中だったんじゃないですか？　もしそうなら、まずはディードラの話を先に聞きませんか？」

「ダニエルはこの分野の経験が豊富ですよね。彼の考えを聞いてみたいです」

「ゲイル、これは君のプロジェクトだよね？　君はどう思う？」

事実やデータを求める

「なぜそう思うのか、もう少し具体的に理由を聞かせてください」

「〇〇さんの結論について、もっと詳しく背景を知りたいのですが」

謙虚な姿勢の模範を示す

「私がなにを知っていて、なにを知らないか、まずお話ししますね」

「これについてなにができるか、私たちみんなで手探りしている最中です」

「はっきりしたことは私にも言えません。ただ、これまでにわかっていることに基づいて考えると……」

態度を変えるように頼む

知ったかぶりの同僚は、自分の行動を自覚しておらず、周囲にどんな影響を与えているのか、わかっていないのかもしれません。例えば一対一の会話をするときに「なにかを決めなくてはいけない場面になると、あなたがとても強く意見を主張するので、会話が続かなくなってしまうんです。たとえ私の意見に賛同はできなくても、ちゃんと発言を聞いて考慮に入れているとわかるようにしていただけると、とても助かります」と伝えてもいいかもしれません。軽いユーモアを交えて、「説明してくれてありがとう。もう知ってたけど！」と言ってみてもいいでしょう。

ただし、ジェンダーが関係している状況でこの方法を試す場合には、リスクがあることを心に留めておいてください。特に女性は、過度に繊細であるとか、「すぐに性別のことを持ち出す」と決めつけられてしまうことがあり、こうした理不尽な評価があなたの評判やキャリアに悪影響をおよぼす場合があります。もちろん、だからといって声をあげないほうがいい、というわけではありません。ただ、どんな展開が考えられるか、前もって可能性を考えておいたほうが賢明です。差別的な反撃を受けた場合は、上司あるいは人事部など、きちんと対応できる（そして対応する意欲のある）人を巻きこんでください。現在では、マンスプレイニングという言葉が広く使われるようになったために、かえってその害が軽視されてしまいがちですが、その背後には、相手に対する見下しと、ジェンダーに基づく不当な決めつけがあることを忘れないでください。そしてそれは多くの場合、さまざまな可能性をつぶし、チームの文化を汚染します。最も望ましいのは、あなたの属する組織が事態を真剣に受け止め、改善を図ることです。最近では、マンスプレイニングを正式に禁止し、人事考課の項目として、同僚への傾聴と尊重を追加するように、企業に対して求める動きもあります。

＊　＊　＊

冒頭のルシアの例に戻りましょう。彼女は、同僚のレイが高圧的な態度で会話を独占するせいで、会議に同席することにうんざりしていました。最初のうち、ルシアはレイの存在を無視しようと努め、会議が長引くと携帯電話やパソコンを取り出してメールの返信を始めることでやり過ごそうとしていました。でも同時に、レイの行動は単にうっとうしい態度というだけでは済まないことも理解していました。レイが会議を独占するせいで、ルシアの意見がレイの耳にもほかの人の耳にも届かなくなってしまうのです。そして、ほかの人も同じように黙ってしまいがちなことにも気づいていました。

ルシアはレイを無視しようとするのをやめて、正面から関わることにしました。最初のうちは、レイの独演会の途中でいいところを見つけたらそれを指摘してほめ、チームへの貢献に謝意を示す、という方法をとりましたが、こうした賞賛は彼の自尊心を増進するだけだということがわかりました。レイは、以前よりもさらに長く発言するようになってしまったのです。そこで、ルシアは別の作戦を考えました。レイがなにかを決めつけるような発言をしたら、さらに掘り下げるような質問を投げかけるようにしたのです。この結果、レイは自分がルシアの質問にいつも答えられるわけではないことに気づき、チームのメンバーに助けを求めるようになりました。ここから、2つの成果が得られました。1つは、専門知識を発揮して発言する機会がほかの人にも与えられたことで、レイが謙虚さを学ぶきっかけになったことです。でもそれよりも、ルシアにとって最大の収穫は、「自分は一人ではない」と知ったことだったそうです。今では、同僚たちと目くばせを交わすのは、お互いに「やれやれ」と言いあうためだけではなく、レイの話に礼儀正しく割りこむ役割を今日は誰が引き受けるか、決めるためでもあるそうです。

知ったかぶりタイプの同僚を持つと、イライラさせられるだけならまだしも、最悪の場合はキャリアに支障をきたすことさえあるということをお話ししました。でも、ただ黙って苦しむ必要はありません。ルシアのように手段を講じて、彼らのカラいばりをやめさせたり、少なくとも軽減させたりすることは可能なのです。

覚えておくべき対策　知ったかぶり

やるべきこと

- 「私が話し終わるまで、コメントや質問は控えてください」「途中でさえぎられると集中が途切れてしまうので、質問などがある場合は、区切りのいいところまで話し終わってからにしてもらえると助かります」などと言って、知ったかぶりの同僚が話に割って入ろうとするのを先制する。
- 発言の根拠となる情報源やデータを出すように求める。
- ほかの人の意見を尋ねることで、謙虚でオープンな姿勢の模範を示す。
- 話に割って入らせないように同僚の助けを求め、場を独占しないような規範をチーム内で確立する。
- 相手に対する先入観があるせいで、「知ったかぶり」だと決めつけていないか、自分を振り返ってみる。

注意すべきこと

- 誰が正しくて誰が間違っているか、という口論におちいらないようにする。
- 自分がマンスプレイニングをしていることや、人を見下した態度をとっているということを、相手が自覚していると思いこまない。
- 知ったかぶり的な行為にすべて対処しようとしない。ときにはスルーすることも必要。
- 相手の高圧的な態度に負けて、萎縮しないように。

第8章

迫害者

――「私だって苦労したんだから、あなたも苦しむべき」

とあるホテル・チェーンでのマーケティング・マネージャーの職に応募したジュリアは、接客部門の部門長であるセレステとの面接を受けた帰り、夫にこう話したそうです。「そのセレステっていう人、面接のあいだ一度もにこりともしなかったの」。自分の上司になるかもしれない人だけど、あまり愛想のいいタイプではなさそうだ、とジュリアは思いました。もしかしたらそれが彼女の流儀なのかもしれないし、ひょっとしたら文化的な背景もあるのかもしれない、とも考えました。「これまでいろんな国の人たちと仕事をしてきた経験から、相手も当然自分と同じような態度をとるはずだと思わないほうがいい、と学んだんです」と彼女は言います。

でも実際に採用が決まり、働きはじめてみると、ジュリアはセレステが自分を「締め出そうとしている」ことに気づきました。仕事が始まって1週間が経っても、セレステはジュリアと会って話す機会を設けようともしなかったのです。「自分の仕事に必要な情報を見つけるために、探偵のように嗅ぎ回らなければなりませんでした」。ジュリアの目から見て、セレステが自分を信頼していないことは明らかでした。「私がなにかアイディアを出すたびに、すぐに却下するんです」。それでもジュリアは根気強く仕事を続け、

1年後にはようやくセレステに認められたと感じることができました。ところがそうなってもまだ、セレステはジュリアに多くのことを求め、いつでも仕事に対応できる状態でいるよう要求しました。「休暇をキャンセルしたり、休みの日に出勤したり、新婚旅行のあいだに仕事をしたりすることさえ求められました」とジュリアは言います。ジュリアがこうした理不尽な要求を拒否しようとすると、セレステは「個人的な事情で仕事に支障をきたすなんて、あってはならないことよ」と彼女に告げるのでした。

セレステ自身は、自分の熱心な仕事ぶりを誇りに思っている様子で、子どもが生まれたときにもほとんど産休をとらず、退院後すぐに働きはじめたことを自慢にしていました。彼女がジュリアに対して、「ホテル業界で出世するのは簡単なことではない」と伝えようとしているのは明らかであり、自分と同じ道を目指すジュリアのキャリアを楽にしてやるつもりがないことも明白でした。

ジュリアが相手にしていたのは、「迫害者」でした。あなたよりも年上で(上司の場合も、そうでない場合もあります)、犠牲を払いながら苦労してトップの座に昇りつめたあと、下の者に対して不当な扱いをする人たちです。このタイプの人は、自分も苦労したのだから、ほかの人も苦しむべきだ、という考えに突き動かされているように見えます。よく、「私が子どものころは、どしゃぶりの雨の中でも、歩いて学校に通ったものだよ」と語りたがる人がいますが、迫害者タイプの同僚は、その職場版といっていいでしょう。

迫害者《トーメンター》という名前は大げさなように感じるかもしれません。でも、本来ならメンター的な役割を果たすべきところを、人を苦しめてばかりいる年長者には、ぴったりの呼び名だと思います。

「迫害者」タイプの人に共通して見られる行動は、次のようなものです。

●直接的あるいは間接的に、仕事への熱意が足りないといって人を責める

●不可能に近い基準を設定する
●不必要で不適切なレベルの忙しさを課す
●自分がキャリアのために犠牲を払ったことを自慢げに話し、ほかの人もそうするべきだと信じている
●特に自分と比較して、相手の功績を過小評価する
●仕事以外の用事のために休暇をとったり、勤務形態を変えることを否定する
●特定の世代に問題があると決めつける（「ミレニアル世代は怠け者で、権利ばかり主張する」「Z世代は心が折れやすい。ちょっといやなことがあるとすぐにくじける」など）
●ジェンダーによる差別や制度的な人種差別などの、構造的な障壁があることを認めようとしない（「私にできたんだから、あなたにだってできるはず」）
●人に対する不当な扱いを、人格形成のための訓練であるかのように言い張る

セレステのように、自分がつらい体験をしたからといって、まわりの人も苦しめようとする人を上司に持ってしまったら、どうすればいいのでしょうか。彼らの虐待的な行為に、正面から立ち向かうべきなのでしょうか？　あるいは彼らを敵に回さず、味方につけることはできるのでしょうか？

❊迫害者の行動の裏にあるもの

あなたの仕事に対する姿勢に疑問を投げかけたり、きつい態度をとったり、昇給するためには一通りの苦労を味わうべきだと主張したりする年長の同僚や上司がいると、つい世代の違いのせいにしたり、人を苦しめるのが好きな性格なんだと思ってしまいそうになります。でもそこにはおそらく、別の理由があるはずです。彼らが、指導者として振る舞うかわりにまわりの人を苦しめてしまう理由を探ってみましょう。

共感力の欠如

私がかつていっしょに働いていたある男性に、子どもが生まれたときのことです。彼は自分の上司が、自身も3児の母であったにもかかわらず、家庭と仕事を両立する難しさについてまったく共感を示してくれなかったことにショックを受けました。その上司は、「家に赤ん坊がいることは、仕事に穴をあけていい理由にはいっさいならない」という姿勢を貫いていました。子どもが病気だから会社を休みたい、と彼が申し出たときの彼女の返事は「ベビーシッターは雇えないの？」というものでした。さらに、学校での3者面談のために少し早くオフィスを出たいと頼むと、有休をとるように命じられたそうです。

なぜこのような考え方になるのか、その理由を説明する研究があります。ケロッグ経営大学とペンシルバニア大学ウォートン・スクールの研究チームが行った調査によると、人は、自分が体験した苦境と似た状況に立つ人に対しては、共感をいだきにくくなるそうです。例えば離婚や、幼い子どもの子育てと仕事の両立、失業などの大きな苦難を経験したことがある人は、今まさに同じような苦労をしている人に対して、思いやりを示す傾向が低いことがわかっています。これは、なぜなのでしょうか。研究チームは、その理由として2つの可能性を指摘しています。1つは、人はある経験がいかに困難だったかをなんとなくは覚えていても、その当時に感じた痛みやストレスは低く見積もりがちである、ということ。そしてもう1つは、自分が克服できた（再就職できた、子育てしながら仕事でもいい成績を残した、離婚を乗りこえた）のだから、ほかの人も同じようにできるはずだと考えてしまう、というものです。

迫害者は、過去の苦労を正確に覚えていないのかもしれませんし、逆にあまりにも鮮明に覚えているために、ほかの人たちもそう簡単に切り抜けるべきではないと思っているのかもしれません。ジュリアの目には、セレステの行動の動機は後者であるように見えました。産休を十分にとらなかったことや、徹夜で仕事をした経験を語るセレステは、自分が払った犠牲をたたえているようでした。彼女はジュリアに対して不必要なほど厳しく当たることで、ホテル業界で成功するためになにが必要なのかを示そうとしているように感じられました。特に2人が勤めていた会社では、女性は事務職にとどまって単純労働をさせられることが多く、管理職に昇りつめることがほとんどなかったからです。

羨望

迫害者タイプの行動の裏には、羨望が隠れているかもしれません。私が今回この本を執筆するためにインタビューした人の多くは、職場の先輩が自分につらく当たるのは、嫉妬しているからではないかと考えていました。実はこれは、研究でも裏づけられています。自分の欲しいもの（優れた社交術や、同僚との良好な関係、斬新なアイディア、特定のスキルなど）を年下の人が持っていると、リーダーは、専門家のいうところの「下方羨望（downward envy）」または「世代間羨望（generational envy）」をいだくことがあります。彼らは、期待の新人が自分より優れた実力を持っているのではないか、自分の能力の限界を暴くのではないか、さらには最終的に、自分の仕事を奪うのではないか、という脅威を感じます。このテーマを研究しているミシェル・ダフィは、「自分にはなにかが欠けている、ほかの人より劣っている、あるいは誰かが自分にないものを持っている、という発想は、自尊心の低下を引き起こし、脅威さえ感じさせるのです」と語っています。そして迫害者タイプの人が脅威を感じると、意識的であれ無意識的であれ、相手の障害になるような行動をとるのです。

オーランドは、上司のパトリックとの関係においてこの問題を経験しました。オーランドは、パトリックが率いる州政府機関にしばらく勤めており、そろそろ昇進したいと考えていました。そこで、組織内の空いているポジションにいくつか応募してみたところ、そのすべてに落ちてしまいました。パトリックには「君の経験が足りないためだ」と言われましたが、実際のところ、オーランドはそれぞれの役職に必要な資格をすべて備えていたのです。しかしオーランドはパトリックの言葉を真に受け、自分にはこの分野でやっていくのに必要な資質が足りないのではないかと感じはじめていました。

学者のアラヤ・ベイカーは、経験やスキルのなさを理由に若手の昇進をはばむのは、下方羨望をいだく人がとりがちな戦略だと言います。「年長者は、ゴールポストを遠ざけ、ハードルを上げつづけて、基準を常に変化させることで、相手を今いる場所にとどめようとすることがあります。そして、メンターとして指導をせず、いつになったら認めてもらえるのかと尋ねる後輩のことを、忍耐力が足りないと決めつけるのです」。（以下の「世代間の違いをどう理解するか」を参照）

世代間の違いをどう理解するか

迫害者の態度を世代に結びつけて考える際には、注意が必要です。もちろん、年齢を重ね、キャリアを積むにつれて、物事の変化を嘆きたくなるのはよくあることです。これを、「近ごろの若い者は」効果と呼ぶ専門家もいます。ただ、メディアでは世代別のステレオタイプがよく取りあげられますが（X世代は皮肉屋でやる気がない、ミレニアル世代は権利ばかり主張する、など）、職場での振る舞いが世代間でいちじるしく異なるという証拠や、求めるものに顕著な違いがあるという証拠はほとんどありません。25歳の人は、今50歳の人が25歳のときに気にかけていたことと同じようなことを気にかけています。そして今25歳の人が50歳になったときにも、同じようなことを気にする可能性が高いのです。ですから、たとえ迫害者が「君たちの世代」について一般化して決めつけたとしても、彼らに対して同じことをするのはやめておいたほうが賢明です。

社会的アイデンティティへの脅威

特にあなたと同僚が2人とも、職場で軽視されがちなグループに属している場合、あるいは2人ともが業界におけるマイノリティに属している場合（エンジニア業界における女性や、学術会議における黒人など）、その同僚があなたと距離を置くために、わざと冷たい態度をとっている可能性もあります。

このような、過小評価されやすいグループと関係を持つことが自分にとって損になる、という考え方を、専門家は「社会的アイデンティティへの脅威（social identity threat）」と呼んでいます。例えば、年長の女性が企業の幹部になることは実際に少ないため、年配の女性社員は、自分の性別をキャリアの障害として見る場合があるのです。

実際、私がインタビューした人の中には、「ほかの女性をサポートしてこなかったことで、罪悪感を感じています。ほかの女性に成功を奪われるかもしれない、という考えを無意識のうちにいだいていたせいだと思います」と話してくれた人がいました。指導的な役割を担う女性が依然として少ないことを考慮すれば、「女性の出世の機会は限られている」という希少性の原理に基づくこのような考え方を持つのは、特にトップの座をめぐる競争が激しい環境では理にかなっているかもしれません。このような背景があるために、女性がほかの女性たちから距離を置くことで、自分の昇進の可能性を高めようとする、というケースが出てくるのです（こういった行動が、いわゆる「女王蜂」〔訳注：日本語のいわゆる「お局《つぼね》さま」にあたる表現〕のたとえが広まった原因と考えられます。この言葉についての詳細は、別掲「『女王蜂』の比喩」をご覧ください）。

自分と同じ属性を持つグループを遠ざけようとするのは、女性だけではありません。同様の行動傾向は、ゲイの男性、時代についていけていないと思われるのを恐れる年配者、民族的・人種的マイノリティなどに関する研究でも報告されています。結局のところ、自分と同じ属性の人たちがめったに成功を摑めないような環境にある人が、差別されやすいグループから距離を置き、より支配的で有利な立場にあるグループに近づこうとするのであり、これは、生き残りのための戦略として理解できるものです。

残念ながら、軽視されやすいグループと同一視されることに不安をいだくことは、根拠のない恐れではありません。ある研究では、社内で多様性への取り組みを推進する女性や有色人種の社員は、能力面でも業績面でも上司から低い評価を受けやすいことがわかっています。研究を行った専門家たちはこの結果について、「地位の低いグループに属する人が、自分たちと同じ属性を持つ人たちをサポートするのは、リスクを伴うのです。その結果、女性やマイノリティが権力の座に就いたときには、自分が無能で業績が低いと思われるのを避けるために、あえてほかの女性やマイノリティを擁護しなくなる可能性があります」と述べています。

自分に似た属性を持つ人を助けない傾向については、「贔屓《ひいき》の脅威（favoritism threat）」、つまり、自分に似た人を助けると、不公平な肯定バイアス〔訳注：他者や自己を過度に好意的に解釈する偏り〕を持っていると疑われるのではないかという恐れが動機になっていると考える専門家もいます。さらに、カーネギー・メロン大学の教授で、職場における社会的階層を研究しているロザリンド・チャウは、一部の女性リーダーを苦しめるもう一つの心配の種について指摘しています。「女性は、ほかの女性が仕事で失敗して、『やっぱり女性は男性より能力が劣っている』という偏見を助長する結果になるのを恐れる場合があります。それが自分の出世のさまたげになるだけでなく、将来的に、すべての女性にとって成功への道が困難なものになるのではないかと懸念するのです」と、彼女は説明しています。もちろん、だからといって同僚に対する冷酷な扱いが正当化されるわけではありませんが、もしかすると、あなたの上司があなたにつらく当たるのは、評価の基準を高く保つことで、たとえ差別の対象となる人でも社内で出世できる、と示そうとしているのかもしれません。

リーダーシップに関する根本的な誤解

もう一つ、あなたの同僚の行動を理解するために、彼らが効果的なリーダーシップというものを誤解している可能性を指摘しておきたいと思います。支配的な態度で、多くを要求し、部下に厳しく当たるのが望ましいリーダー像だ、という誤った考えは、過去何十年も職場にはびこってきました。この「命令と管理」を中心としたアプローチは、長期的に高い成果を上げるうえで限界があり、従業員にとって悪い影響があるだけでなく、罵声をあげるリーダー本人にとってもよくないことがわかっています。もしかするとあなたの同僚はこのことを知らず、リーダーとして成功し、まわりの人の尊敬を勝ちとるためには、いじめっ子のような態度で部下を服従させなくてはならない、という時代遅れの考え方にとらわれているのかもしれません。

❖迫害者を同僚に持つことによる弊害

権力を持つ立場の人から侮蔑的な扱いを受けるのは、つらいものです。彼らの礼儀を欠いた行いが、その標的になる人はもちろん、まわりでそれを目撃する人や組織全体にも悪影響をもたらすことは、本書でこれまでに見てきた通りです。

虐待的な上司を持つと、仕事への意欲が低下したり、仕事と家庭の両立が困難になったり、心理的苦痛が増えたりといった悪影響があることがわかっています。また、グループ内でのいじめも同様の結果を生みます。例えば、女性がほかの女性から不当な扱いを受けると、仕事への満足度や活力の低下、ひいては退職願望の増加につながり、全体的な幸福度が下がることが調査によりわかっています。さらに、年上の同僚（特に直属の上司）があなたを嫌うような態度を見せると、あなたのキャリアに悪影響をおよぼす可能性があります。特に、上司が人前や人事考課であなたを批判すると、その危険はより高まります。また、あなたと共通の属性を持つ人（例えばあなたが女性なら、女性の上司）があなたを批判すると、ほかの人より客観的で公平な視点で見ているはずだと期待されやすいため、その批判は（たとえ不当なものでも）信憑性があると判断されやすくなってしまいます。

迫害者の弊害は、組織全体にもおよびます。虐待的な上司によって引き起こされる生産性の低下や、従業員の離職、訴訟などによる損害は、年間で数百万ドル規模にのぼると推定されています。

私にとって最も腹立たしいのは、迫害者のせいで自信を失ってしまう人がいるということです。相手が自分のためを思って行動してくれるはずだという期待があると、ネガティブな意見を受けとったり、不当な扱いを受けたりしたときに、自分に原因があるのだろうと思ってしまいやすくなるのです。

アラヤ・ベイカーは前出の下方羨望について、それがどんなに見当違いなものであっても、深刻な結果をもたらす場合があると説明しています。自分の部下に嫉妬する年長のリーダーは、昇進を妨害したり、若者に無理なハードルを課したり、肩書きを根拠に「自分は常に正しい」と主張したりする場合があります。嫉妬から来るこうした行動が、そもそも彼らが権力の座につくことを可能にした構造自体を正当化することになり、すでに存在する力関係や、問題のある現状をさらに強化する結果になってしまうのです。

迫害者タイプの上司や同僚があなたの邪魔をしたり、不必要に競争しようとしてきたり、過度に高い要求や厳しい批判をしてきたり、あなたの成功をはばむような介入をしてきたら、どのように対処すればいいのでしょうか。まずはこれまでのように、自分の置かれた状況をもう一度吟味してみましょう。

「女王蜂」の比喩

職場で比較的年齢が上の女性が、後輩女性のキャリアを邪魔しようとする、という典型的なイメージがあります。このイメージは、「女王蜂現象」というレッテルを貼られるほど広まっていて、学術的な研究の対象にもなっています。

実際に、多くの人がこの現象を身をもって体験しています。私が本書の執筆のために行ったインタビューでも、ジュリアのように、ほかの女性からひどい扱いを受けている女性の体験談を多く耳にしました。実際に、女性は男性よりも職場で不公正な扱いを多く受けていることが調査によってわかっています。米国の就労者400〜600人を被験者とした大規模な3つの調査では、女性は男性の同僚よりもほかの女性から無視されたり、邪魔されたり、冷遇されたりといった失礼な扱いを受けることが多いと報告しています。

もしあなたの同僚が、この女王蜂というタイプに当てはまるのであれば、この章のアドバイスの多くはあなたの役に立つはずです。

ただしここで強調しておきたいのは、女性を「女王蜂」として見る見方には、ジェンダーによる偏見がからんでいることも多い、という点です。もちろん、迫害者タイプの同僚に関連づけられる行動が、有害で許しがたいものであることには疑いの余地はありません。ジェンダーにかかわらず、同僚を迫害するようなことがあってはなりません。ただし女性は往々にして、男性とは異なる基準に照らして見られています。「負けず嫌い」「妥協しない」など、男性であれば賞賛されたり、問題にされない資質でも、それが女性となると厳しく非難されることがあるのです。

例えば、競争について見てみましょう。競争は、創造性、革新性、生産性を促進することが研究によって明らかになっています。男性が競争に関与する場合は、私たちはそれを過酷な職場環境における熾烈で避けがたい経験として、あるいは優れた成績につながる原動力として見るかもしれません。でも、女性どうしの競争の場合、たとえそれが健全なライバル関係だったとしても、「キャットファイト」（訳注：女性どうしのケンカを指す）と揶揄《やゆ》されたり、「プロ意識に欠ける」と批判されたりします。リー・シェパード教授とカール・アキノ教授による研究では、職場における対立のうち、女性と男性間、または男性どうしの争いよりも、女性どうしの争いのほうが、過度にドラマチックに表現されやすいことがわかっています。このような傾向は、女性全体のイメージに悪影響をおよぼしています。女性どうしの厳しいやりとりを見た人が、やはり女性どうしは共存できないとか、女性はお互いのキャリアを邪魔しあうと決めつけた場合、女性は生産的な同僚になる資質が低い、という結論につながりかねないからです。

女性はほかの女性に対して競争心をいだいたりせず、寛大であるべきだという考え方は、女性の共同性に関するステレオタイプな考えの影響を強く受けています。さらにこの考え方は、女性はほかの女性の出世をサポートするために力を尽くすべきで、そうした指導者としての役割を引き受けたり、社内の女性支援グループを率いたり、ジェンダー多様性のために惜しみなく尽力したりすべきだ、という期待につながっています。そして、もし年長の女性がそのような役割を引き受けないことを選択すると、「女王蜂」というレッテルを貼られてしまうのです。

同様に、こうした「女性は思いやりがあって、職場のまわりの人をサポートしてくれるはずだ」という思いこみがあるため、女性からひどい扱いをされると特にショックを受けてしまうという場合もあります。また、男性からの建設的な意見よりも、女性からの意見のほうが受け入れられにくい傾向があるということもわかっています。2019年の調査で、テープ起こしの仕事のために2700人を雇い、実際には存在しない上司（男性あるいは女性）の配下に割り当てました。このうち、女性の上司からネガティブな意見を受けとった被験者は、コメントの内容はまったく同じだったにもかかわらず、男性の上司から意見を受けとった人に比べて、仕事に対する満足度や作業に対するやる気が低くなることがわかったのです。

このような例は、どの職場にも存在するというわけではないようです。女王蜂現象や、その他のジェンダーに関する偏見についての研究のほとんどは、白人女性を対象としており、有色人種の女性が同様の虐待的な行為について非難される例がどの程度あるのかは不明であることに注意する必要があります。例えばある研究によれば、黒人女性はこうした伝統的な「女性的」資質への期待を強く連想させないため、自己主張が強く率直でいても、ある程度許容されやすいことがわかっています。つまり、職場における黒人女性に対する偏見には有害なものが山ほどあるものの、こと女王蜂のイメージに関しては、当てはめられにくい、ということです。

あなたの同僚が女王蜂であるように感じるのなら、まずは自分の先入観が影響していないかどうか、振り返ってみることが重要です。彼女のいやがらせ自体が思い過ごしなのではないか、といっているわけではなく、その要因を相手のジェンダーに不当に結びつけていないかどうか、考えてみてほしいのです。あるいは、相手が女性であることを理由に、彼女の厳しさに過剰反応してはいませんか？　あるいは、女性は面倒見がよく、やさしくて、献身的であるべきだという期待を、知らないうちに持ってしまってはいませんか？

私自身のキャリアを振り返ってみると、上司の大半は女性で、1人を除いて全員がすばらしい人物でした。私のキャリアの目標をサポートし、仕事をあと押しし、成功のためのアドバイスをくれ、人としても大切にしてくれました。こうした私の経験が特殊なものではないことは、研究が裏づけています。女性のほうが多い職場では、女性が差別やハラスメントを受ける確率が低くなることがわかっているのです。スタンフォード大学の教授、マリアンヌ・クーパーは、次のように書いています。「女性が女性の上司を持つと、男性が上司の場合よりも、家庭と仕事を両立するためのサポートをより多く受けることがわかっている」。さらに、女性が統率する職場では、男性が率いる職場と比較して、男女間の賃金格差が小さくなることもわかっています。

あなたが男性なら、女王蜂の例やそれが助長するジェンダーに基づく差別を打破するうえで、とりわけ重要な役割を果たすことができます。このような問題に取り組むうえで、男性はより大きな影響力を持っていることが、研究により明らかになっているのです。これは、男性は「自分の利益のために男女平等を実現しようとしている」という見方をされにくいためです。『Bias Interrupted（バイアスの克服）』の著者であるジョーン・ウィリアムズは、次のように書いています。「性差別的な行いに第三者として対処する場合、男性のほうが女性よりも説得力があるとみなされやすいことがわかっている。男女平等の戦いにおいて、男性は当事者ではないために、より信用されやすいのだ」

あなたのジェンダーがなんであれ、女王蜂に関する間違った偏見に積極的に立ち向かうためにも、これまでにあなたとあなたのキャリアをサポートしてくれた女性たちのエピソードをどんどん人と共有してください。ある企業幹部の女性は、意地悪な女性上司のもとで働いた経験をきっかけとして、「女性たちの支援者として声をあげて、自分のまわりにいる若い女性たちの地位を引きあげ、成長の手助けをできるようになりたい」と思うようになったと話してくれました。自分自身の幸福のためにも、女性は職場で人を攻撃するものだという根拠のない思いこみを打破するためにも、ポジティブな実例を増やすことに力を注ぎましょう。

❖迫害者に関する自分への問いかけ

迫害者に苦しめられている人に、相手への共感を期待するのは無理な話だと思います。ここにあげる質問は、相手に対して寛容になるためというより、状況を戦略的に判断するためのものだと思ってください。

まずは相手の立場に立ってみることで、彼らの行動によりよく対処できるようになるはずです。

その人は、なにか問題を抱えていませんか？

お察しの通り、上司による虐待的な行いについては非常にたくさんの研究がなされています。なぜ上の立場に立つ人たちが部下を不当に扱うのか、みんな知りたいと思っているのです。多くの人が飛びつきたくなる答えは、「その人に個人的な欠陥があるから」というものでしょう。ところが研究では、それとは正反対の結論、つまり、条件さえそろえば、ほとんどの人が虐待的な上司になりうる、という答えが出ているのです。特に、例えば「努力が足りない」と人を批判したり、人前で誰かをなじったりといった行動は、ストレスに対する衝動的な反応かもしれない、ということを念頭に置く必要があります。

もちろん、部下に対して思いやりを持って、親切にするのが望ましいということは、誰でも知っています。でも、感情に圧倒され、頭で考えるために必要なエネルギーが足りていないようなときには、それほど簡単なことではありません。それを踏まえて、もう一度考えてみてください。迫害者タイプの上司の身に、今なにが起きているのでしょうか。彼らは、理不尽な業務目標を達成しなければいけないというプレッシャーに苦しんでいませんか？　あるいは睡眠不足なのではありませんか？　それとも、家庭の悩みを抱えていませんか？　こういった問題が有害な行いの言いわけになるわけではありませんが、背景を知ることが、相手の行動を理解するうえで助けになるかもしれません。

あなたの会社に、不当な扱いを許すような文化はありませんか？

あなたの職場に、同僚に対する不当な扱いを許すような文化が浸透している、という可能性もあります。

有害なリーダーシップと職場における攻撃性について研究しているビラノバ大学のマヌエラ・プリスムス教授は、調査を進める中でそのような職場文化が存在することに気づいたといいます。プリスムスは、次のように書いています。「虐待的な行動は、特にリーダーによるものである場合、組織全体に広まり、虐待の風土を作りあげることがある。従業員は上司を尊敬し、彼らから学ぼうとするので、人間関係における虐待的な行いは社内で許容されているのだと理解するようになる。つまり従業員は、『ここではこれが当たり前なんだ』と思いこむようになり、その思いこみが反映されて、虐待的な行為が許容される有害な環境が作り出されるようになるのだ。さらに、上司から虐待的な扱いを受けた従業員は、そのような扱いを『受け継ぐ』傾向が強く、それが組織に波及していくという研究結果さえある」

こうした場合、あなたの迫害者は、過去に組織内のほかの人たちが確立した規範に従って行動しているのであって、あなたに対する個人的な恨みがあるわけではないのかもしれません。もしそうであれば、そもそもこの職場でこれからも働きたいのかどうかを考える必要があるでしょう。

その人が、あなたを助けようとしている可能性はありますか？　そして実際に、助けられていますか？

あなたの上司に悪意はいっさいなく、その強引なやり方や妥協のない期待は、あなたのキャリアをつぶすためでも、あなたをクビにするためでも、苦しめるためでもないのかもしれません。彼らの本当の目的について、もう一度考えてみてください。

前述のジュリアは、セレステがどんなにひどいことをしても、彼女が本当は自分を助けようとしてくれているのだと信じていました。「彼女は職場の全員に厳しかったけど、特に私を含む女性に対しては、きつく当たっていました。彼女と同じくらい一生懸命働く覚悟があると示すように、私たちに迫っていたんです。プレッシャーをかけることで、私たちが自分では気づけなかった力を引きだそうとしてくれていたんだと思います」とジュリアは言います。

もしかするとあなたもジュリアのように、たとえやり方が間違っていて有害だとしても、上司には善意があったのだと気づくときがくるかもしれません。彼らの行動は、なにかしら前向きな成果を生んでいますか？　例えば、高い期待値を設定されたおかげで、あなたの仕事ぶりが改善した、というようなことはありますか？　ある研究では、期待値の高い威圧的な上司のもとで働くことには、利点もあると指摘されています。上司の仕事ぶりを観察することで、強いプレッシャーのもとでも迅速な意思決定を行い、成功のためにみずからを奮い立たせる方法を学べるためです。

こうして一通り現状を検証したら、次は彼らとうまくやっていくための作戦を考えてみましょう。

❖試してみたい対策

極端なほど負けず嫌いであったり、非現実的な期待を押しつけてくるあなたの上司は、ストレスや有害な社内文化の影響を受けているのかもしれません。たとえそうだとしても、彼らの行動が意地悪なものであったり有害であったりする場合は、対策を講じる必要があります。ぜひ、次に紹介する戦略を試してみてください。

共感を促す

人は、なにかしら自分と共通点を持つ人に対しては共感をいだきやすいものです。迫害者から距離を置こうとするよりも、むしろ、相手が思っている以上にあなたと彼らは似たものどうしであることを示してみましょう。その業界での出世の階段はどんなものだったか、これまでにキャリアにおいてどんな戦いに直面し、障害を乗りこえてきたのかについて、彼らに質問してみましょう。そして、彼らの答えに耳を傾けるのです。相手の経験に興味があると示すことで、彼らの警戒心を解くことができるかもしれません。さらに、あなた自身がこれまでに払ってきた犠牲について話したり、自分の情熱や意欲について語る機会も探してみてください。

ロザリンド・チャウは、彼らに助言を求めるという方法を提案しています。指導者あるいは専門家として相手を扱うことで、彼らの自尊心が満たされます。そしてチャウいわく、「あなたの中に自分と似たものを見出すことができるとわかると、あなたへの接し方が改善され」、成功をサポートしてくれるようになる可能性が高まります。さらに、あなたやチームがいい業績を出すことで、彼らのリーダーシップへの評価が高まれば、よりよい結果につながります。

このアプローチは、職場が男性優位な環境で、相手が年上の女性である場合に、特に効果的です。ジェンダーと「女王蜂」現象を研究する心理学者であるベル・ダークスによれば、女王蜂タイプに当てはまる女性は、「ほかの女性たちから距離を置こうとする傾向があり、これは特に、相手が男性優位の組織において生き残るために必要な犠牲を（まだ）払っていない女性である場合に顕著になる」そうです。ダークスは、「相手が厳しい女性上司の場合、自分も彼女と同じように野心を持っていて、必要とされる犠牲を払う覚悟があることを示すと、関係が改善されるかもしれません」と語っています。

共通の目標にフォーカスする

同じように、迫害者タイプの同僚と共通の目標を達成するべく力を合わせることができるかどうか、考えてみましょう。お互いで協力しあうことで、あなたと同僚の能力とエネルギーを前向きな方向に向けることができるかもしれません。あなたと彼らがいっしょに取り組むことができるプロジェクトはありますか？　あるいは、相手の問題解決に貢献できる機会はありますか？　もちろん、そんな人たちとチームなんて組みたくない、と感じる人もいると思います。わざわざ最も攻撃を受けやすい場所に身を置きたい人はいませんから。でも、共通の目標を持つことができれば、２人のあいだの緊張感がやわらぎ、同じ方向を向くことができる可能性もあるのです。

この作戦を、小さな規模で試してみることもできます。日々のやりとりの中で、共通の目標に目が向くように強調するのです。

「このプロジェクトを期限内に終わらせるのが、私たち２人の願いですから」

「私たち２人とも、チームに必要な予算を確保したいと思っていますよね」

「公平で公正な職場で働きたい、というのが、私たちみんなの思いです」

こうして「私たち」という言葉を使うことで、相手があなたをライバル視する頻度を減らし、味方になれるかもしれないと感じてもらうことができるかもしれません。

不健全な競争に巻きこまれない

相手があなたに対して脅威を感じているとわかると、つい張りあって、一歩も引かないぞという態度をとりたくなるかもしれません。でも、そのような餌に決して釣られないようにしてください。

前述の、政府機関で働くオーランドは、しばらく考えてみた結果、パトリックの行動は自分に向けられたものではなく、パトリック自身の不安からきている可能性が高いことに気づきました。オーランドが、パトリックよりも優れた経歴や資格を持っていたからです。「僕たちのコミュニケーションの根っこには、『自分のほうが優秀だ』というメッセージが常に隠れていました。パトリックは自分の不安を軽減するために、僕の応募書類を却下していたのだと思います」とオーランドは言います。自分を守ろうと声をあげればあげるほど、パトリックからの扱いが悪化することに気づいたオーランドは、パトリックに立ち向かうのをやめることにしたのです。

「僕が昇進を希望するのをやめたとたん、パトリックとのあいだの緊張感がやわらいだんです」とオーランドは言います。でも彼は、自分のキャリアをあきらめたわけではありませんでした。かわりに、転職活動を始めたのです。今の仕事よりも条件のいい仕事を見つけるまでは退職しない、と決めたうえで、それまでは自分にとって重要な仕事に集中するように努めました。「肩書きのことは気にせず、仕事そのものに集中することにしたんです」。オーランドは、パトリックとのやりとりが最小限ですむ特別プロジェクトを担当し、所属組織の業務である教育の普及に貢献することに充実感を感じるようになりました。

このように、迫害者と張りあうことをやめて、建設的な活動にエネルギーを向けることができるのです。面白そうなプロジェクトを探したり、学びを得られそうな人と仕事ができるように動いてみてもいいでしょう。会社の業務に貢献できるよう努力する、仕事以外のボランティアに従事する、というやり方もあります。

パワーバランスを変える

次の作戦は、迫害者とのパワーバランスに変化をもたらすことです。彼らの行動があなたを苦しめる理由の一つが、彼らのほうが強い権力を持っている、ということです。でも、相手のほうが組織内での地位が高いからといって、彼らの侮辱やいやがらせを甘んじて受け入れなくてはいけないわけではありません。研究によれば、自分に対する相手の依存度を高めることで、ネガティブな扱いを軽減できることがわかっているのです。

当然、これはなかなか実現が難しい作戦であるように感じると思います。結局のところ、あなたは昇給や昇進、プロジェクトの割り当てなどにおいて、少なくとも部分的には相手に依存しているのですから。でも、パワーバランスというものは固定ではなく、自分の価値、それも、相手にとって最も重要な事柄に関連する自分の価値を示すことで、シフトさせていくことができるのです。例えば、迫害者タイプの上司の目標が、売上追跡のための最新テクノロジーをチームに導入することだったとすると、あなたはそれを踏まえてテクノロジーの現状を調査し、どのような課題があるのか、各選択肢について検討してみることができます。まずはSNSなどのソーシャルメディアで、候補となるテクノロジーを専門に扱う人をフォローしたり、最新テクノロジーの開発状況に詳しい社外の仲間に連絡をとったりといったことができるでしょう。そのあと、手に入れた知識を共有して、迫害者が最重要視している問題の解決を助けることができるのです。この作戦の成功の鍵となるのは、相手がほかでは見つけることができないような価値や能力に焦点を絞ることです。ここでの目標は、相手に対して「あなたが思っているより、私はあなたにとって必要な人材ですよ。だから、ちゃんと扱ったほうがいいですよ」というメッセージを送ることなのです。

正面から向きあう

場合によっては、迫害者に直接立ち向かうのもいい方法です。相手があなたを下に見ている場合には、正直に、かつ戦略的に相手と向きあいましょう。例えば、「もしかすると私の勘違いかもしれませんが、私たちの今の関係はベストとは言えないような気がするんです。私は、あなたとのあいだに生産的な関係を築きたいと思っています。だからもし、いっしょに仕事をするうえで差し支えるような言動を私がしているのなら、これから改善していけるように、指摘していただけませんか」などと言うことができます。

もちろん、相手と正面きって向きあおうとすると、気まずい状況になる可能性は十分にあります。でも仮にそうなったとしても、うまくすれば、軌道修正に向けた率直な対話を始めるきっかけが生まれるかもしれません。相手は、あなたの言うことを否定してきたり（「私たちの関係に、特に問題はないと思うが」）、自己防衛したり（「なんでそんなことを考えるんだ?」）するかもしれませんが、少なくともあなたとしては、2人の関係をよいものにしたいという意志を示すことができます。

自信を高める

あなたに厳しく当たる人と仕事をしていると、自信がくじかれてしまうことがあります。大事なのは、インポスター症候群（結果を出しているのに自分を過小評価してしまうこと）に屈さずに、強くあることです。私が話を聞いたある女性は、複数の同僚にプロジェクトへの参加を邪魔されたり、人前で仕事ぶりを批判されたりといった経験をして、ついに仕事を辞める決意をしました。ところが、ある友だちの言葉に刺激を受けて考え直したといいます。「あいつらに辞めさせられるまでは、自分から辞めちゃダメ」というのが、その友だちのアドバイスでした。彼女は、会社に留まる決意を固めました。

「私の仕事はハードで競争が激しいので、たとえほかの人に過小評価されても自分の価値を信じて、自分にふさわしい待遇はどんなものか、ちゃんと自覚している必要があります。上の人が私の昇進をサポートしてくれないどころか、私をおとしめようとしてきても、自分でなんとかすればいいんです」と、彼女は話してくれました。

もちろんこれは簡単なことではありません。でも彼女は、自分のキャリアアップのためにやるべきことをきちんとこなし、人に頼るのではなく自分の力で道を切り開くことに意識を向けました。そのおかげで、自信以上のものを得ることができたそうです。「自分を信じると決めたとたん、私がやろうとしていることを理解して、サポートしてくれる人物に出会うことができたんです」と彼女は言います。人との健全な関係を築くことは、自分の自信を守り育てることにつながり、ひいてはキャリアの可能性を広げてくれるのです。

＊　＊　＊

冒頭の、ジュリアが上司セレステとのあいだで経験した試練に話を戻しましょう。ジュリアは、「セレステは自分を助けてくれようとしているのだ」と思ったほうが、仕事がしやすいということに気づきました。そして同時に、彼女とのあいだに引くべき境界線があることもわかってきました。例えば、休暇中に仕事をするのは避けたい、産休はきちんととりたい、などです。そこでジュリアは、直接問題に向きあうことにしました。ただしその前に、セレステがこれまで払ってきた犠牲に敬意の念を示したのです。ある日、会議が早めに終わったとき、ジュリアはセレステの献身的な働きぶりを尊敬していると伝えました。「きっと昔は、今よりもずっと柔軟性も自由もない環境の中で仕事をしてこられたんですよね、という話をしたんです」。するとセレステは、なぜ自分が今のようなやり方でキャリアに向きあってきたのか、この業界で女性が出世するのはどれほど難しかったか、話し出しました。ジュリアはこれを聞いて、今は幸い状況が改善されて、休暇中も働いたり、呼ばれればすぐ会社に来たり、私生活をあと回しにしたりといった、セレステがやむをえず払っていたような犠牲を払わなくてすむようになったことをありがたく思っている、と伝えました。この会話のおかげでジュリアとセレステのあいだの緊張感はやわらぎ、今ではジュリアが要求を断ることがあっても、セレステはより柔軟に理解してくれるようになったのです。

使えるフレーズ

同僚との不健全な競争から距離を置く場合でも、虐待的な扱いに正面から立ち向かう場合でも、まずは次にあげるフレーズを使ってみてください。

彼らの払ってきた犠牲に目を向ける

「今いらっしゃるところにたどり着くには、きっとすごい努力と犠牲を払って、大変な思いもされてきたんでしょうね」

「○○さんが私の立場だったころより、今の私たちのほうが、ずっと楽な環境にいるということは自覚しています」

「この業界で○○さんほどの成功を収めた人たちというのは、きっとなにかしらの犠牲を払ってこられたのでしょうね。よかったら経験談を教えていただけませんか？」

問題に向きあう

「私たちの今の関係はベストとは言えないような気がするんです」

「私たちのあいだの関係について話したいんです。ときどき、私たちの協力体制があまり生産的ではないように感じて、改善するために私にできることはないかと考えています」

「私と○○さんの協力体制を今よりも強力なものにしていきたいと思っています。そのために、私にできることはありますか？」

共通の目標に焦点を当てる

「このプロジェクトを期限内に終わらせるのが、私たち2人の願いですよね。そのために、どう協力していくべきか、話しあってみませんか？」

「私たち2人で協力して、チーム（あるいは部署）の評価を上げていけると思うんです」

「私たちが力を合わせれば、きっと成功すると思います」

覚えておくべき対策　迫害者

やるべきこと

- 共通の目標を見つけて、ネガティブな関係性よりも、いっしょに取り組めることに焦点を当てる。
- 関係性を改善するために自分になにができるか、直接相手に尋ねる。
- 相手が犠牲にしてきたものやキャリアで苦労した経験に目を向け、敬意を払う。

●自分にはほかの人にない価値があることを示し、パワーバランスを少しでも変化させる。
●相手の行動を解釈するうえで、自分の先入観や思いこみが影響していないかどうか考えてみる。特に相手が女性の場合は、注意が必要。

注意すべきこと

●職場で攻撃的な態度をとる人は、自分が脅威にさらされていると感じている場合が多いということを忘れないように。
●負けず嫌いな同僚と張りあわないようにする。対立に巻きこまれないようにしたほうが、うまく相手の警戒心を解くことができる。
●迫害者の行動に影響されて、自信を失わないようにする。
●相手の不適切な行動は、その人の人格に問題があるせいだと決めつけない。それよりも、彼らを取り巻く状況でなにが起きているのかに目を向けるようにする。

第9章

差別的な同僚

「なんでそんなに繊細なんだよ?」

アリヤはメディア大手に勤めた7年間のあいだに、6~7人の上司のもとで働きました。「正直いって、途中で誰が誰だかよくわからなくなりました」と彼女は言います。どの上司も「特に問題ない」人たちで、中には営業開発部の部長になりたいというアリヤの目標をサポートしてくれる人たちもいました。ただ、その一人であるテッドという上司との関係には苦労したそうです。テッドは最初から、アリヤと働くことに抵抗を感じている様子でした。「彼はいつも言葉を慎重に選ぼうとしている様子だったけど、皮肉なことに、結局は馬鹿げたことばかり言っていました」

テッドがアリヤによく言っていた言葉の一つが、「君はもっと笑ったほうがいい」でした。アリヤが、「男性の同僚にはそんなこと言ってませんよね」と指摘すると、テッドは「君は本心が読みにくいから」と返すのでした。アリヤは彼のこのような発言を無視することにしましたが、彼女がテッドの言葉を受け流そうとすればするほど、彼の態度は悪化していきました。あるときなど、冗談めかした打ちあけ話のような口調で、「君を前にすると、つい圧倒されちゃうんだよね」と言ってきたそうです。「私の功績が理由であるように言いながら、私が黒人女性だから威圧感を感じるとほのめかしているのは明らかでした」とアリヤは言います。

テッドの発言は、まぎれもない差別です。アリヤは彼の言動が原因で、まわりの人が自分をどう見ているのか、気に病むようになってしまったといいます。さらにテッドは、人前でもアリヤに対して差別的な言動を見せるようになっていきました。そしてついには、人事考課でのアリヤへの評価にまで影響が見えはじめ、より事態は深刻になっていったのです。

あなたもアリヤのように、同僚にあからさまに不快な言葉を投げかけられるような状況に直面したことがあるかもしれません。相手はただおどけているだけだったり、ほめているつもりだったとしても、その言葉は性差別やトランスジェンダーに対する差別、年齢差別、人種差別などが反映された不適切なものである場合があります。

差別的な行動をしてしまうのは誰にでもありうることですし、悪気がないことも多いでしょう。でも、だからといって、蔑視され、誤解され、妨害されているという気持ちにアリヤを追いこんだテッドのような行動が、容認されていいわけではありません。

差別的な発言の例として、次のようなものがあります。

「こんなに言葉遣いがちゃんとしてるなんて、驚いたよ」
「この会社では、ちゃんと努力していい仕事をしさえすれば、どんな人でも出世できるからね」
「○○さん（職場であなたと同じマイノリティに属する人）とは知りあいですか？」
「最近は性別を表す言葉が複雑になって、混乱しちゃうよ。僕が若かったころは、性別といえば2つしかなかったのに」

「私は肌の色なんか気にしません」

「私が誰かのことを『ゲイっぽい』と言うのは、性的指向のことを指しているわけではないんです」

「今日は髪型がいつもと違うようだね。それが君にとってのカジュアル・スタイルっていうわけ？」

「どちらのご出身？」

「〇〇（教授、医者、管理職など）にしては、ずいぶん若いね」


差別に対して声をあげるべきかどうか、声をあげるならいつ、どのようにするべきかを決めるのは、簡単なことではありません。特に、へたをすれば声をあげた本人が非難される可能性があるような場合、事態はなおさら複雑です。そしてその複雑さこそが、職場における差別が広まる原因でもあるのです。そもそも差別問題に対処する責任があるのは、アリヤのように被害を受ける側の人たちではないのですが、差別的な同僚と常にいっしょに仕事をしなくてはならないような状況では、本人がしかるべき場所に声を届けたほうがいい場合もあるでしょう。

アリヤのように、無神経な発言や攻撃的な発言をする人といっしょに働かなくてはならない状況におちいった場合、どのように対処すればいいのでしょうか。そして、あなた自身が差別の対象である場合と、それを目撃する立場にある場合とでは、対処の仕方はどのように変わってくるのでしょうか。

差別的な行動について、その背景にあるものがなにかを見ていく前に、一つ注意点があります。筆者である私は、異性愛者の白人女性です。私自身もキャリアを通して職場で不適切な発言や性差別の対象となったことはありますが、人種差別や同性愛嫌悪などの差別を経験したことはありません。そのため、本書でアドバイスを提供するためには、そのような差別を直接経験したことがある専門家や実践者の知識に頼って理解を深める必要がありました。この章の随所に、彼らの研究が反映され、引用されています。

※差別的な行動の裏にあるもの

偏見は、ときに明白に、ときにあいまいな形で表現されます。もしテッドがアリヤに向かって、「黒人女性とはいっしょに働きたくない」と言ったなら、それははっきりした差別ということになります（そしておそらく、会社の方針への違反とみなされ、国や州によっては法律違反にも該当します）。現実には、テッドは間接的な言い方でアリヤといっしょに働くのはいやだという意思表示をし、アリヤはそれが自分の人種のせいなのか、ジェンダーのせいなのか、その両方なのか、それともそれとは関係のない要素のせいなのか、悩まざるをえなくなりました。

この章では特に、職場での人間関係を阻害しがちな、明確ではない形の差別について扱いたいと思います。このような差別は、あいまいであったり、一見すると前向きな発言であるかのように偽装されているため、対象となる人にかえって大きな苦痛を与え、対処するのにも特に困難が伴います。

例えば、スタンフォード大学の教授であるクロード・スティールの例を見てみましょう。スティールはポッドキャストのインタビューで、人種差別にさらされた自身の体験について語りました。彼が語ったのは、数十年の時を経て起こった2つの出来事でした。1つめは子どものころ、ゴルフコースのスタッフが、友だちといっしょにいたスティールに向かって「黒人はキャディの仕事に絶対に就けないから、あきらめろ」と声をかけ、差別用語を投げつけた、というものです。そしてその後、大学院生になってからは、まわりにいる白人の学生や教授たちに対して、いつも戸惑いを覚えたといいます。自分に対する彼らの失礼な扱いが、人種差別によるものなのかどうか、判断がつかなかったからです。スティールは、1つめの体験に対しては「義憤」を覚えた一方で、大学院で体験したあいまいな差別については、萎縮し、自分がおかしいのだろうかという気持ちになった、と語っています。

「さりげない排除」

このような、あからさまではない差別を指す言葉として、「自覚なき差別＝マイクロアグレッション（microaggression）」があります。この言葉は過去数年で広く使われるようになりましたが、学術論文には1970年ごろから登場していました。この問題をめぐる議論の基盤の一つとなる書籍を書いたコロンビア大学のデラルド・ウィン・スー教授は、こうした自覚のない差別を「マイノリティ・グループに属していることだけを理由に誰かを標的にし、相手を敵視または拒絶、侮辱するために、意図的もしくは無意識的に行われる、日常的な言動や状況にひそむ侮蔑的・否定的な表現のこと」と描写しています。

多様性、公正さ、包括的な社会の専門家であるティファニー・ジャナとマイケル・バレンが、同様の行動を指す言葉として用いているもう一つの用語が、「さりげない排除（subtle acts of exclusion）」です（この言葉は、2020年に出版されたジャナとバレンの共著のタイトルにもなっています）。私がこの用語を好んで使う理由は、行為の意図ではなく、それがもたらす結果である「排除」に注目しているからです。つまりあなたの同僚は、攻撃する意図も差別する意図もなく「君はどこの出身なんだい？」と尋ねつつ、実は結果として遠回しに「君は私たちの仲間じゃない」と伝えているのかもしれないのです。さりげない排除は、多くの場合、以下のような形をとります（別掲の図表9－1も参照）。

知性に関する決めつけ

このカテゴリーに当てはまる発言として代表的なのが、「あの人って、実は言葉遣いがちゃんとしてるんですね」です。これは、特定のグループに属する人がなにかしらのスキルや特徴（たいていは前向きなもの）を備えていることに対して、驚きを表現している例です。こうした発言は、表面的にはほめているように聞こえますが、その裏には、その人が女性や宗教的マイノリティ、移民、障害者などのグループに属していることを理由に、期待値が低く設定されていた、というほのめかしがあります。

『Bias Interrupted（バイアスの克服）』の著者であるジョーン・ウィリアムズを含む多くの学者が明らかにしていることですが、過小評価されがちなグループに属する人たちは、自分の能力を何度も繰り返し証明する必要に迫られる一方で、白人男性をはじめとする優位な立場にあるグループには、そのような証明は求められないのが現実なのです。

誤ったレッテル貼り

ウィリアムズは、女性やマイノリティに対して許容される行動の幅が狭いために、多くの人が「綱渡り」を強《し》いられていることも指摘しています。例えば、「リーダーは自己主張がはっきりしていて自信にあふれているべきだ」というイメージがある一方で、女性がそのような態度をとると、ネガティブな評価を受けることが多くあります。同様に、専門的な職業に就く黒人の多くが、単に興奮や失望を表現しただけで「怒っている」という間違ったレッテルを貼られることを報告しています。

「善意」による決めつけ

これは、誰かを「気にかけている」つもりで、結果的に相手の邪魔をしている、というパターンです。例えば、上司が女性の部下に意見を言う際に、「彼女は女性だから厳しい言葉には耐えられないだろう」と仮定したり、自分が有色人種の女性をサポートしていないと思われるのを恐れて、あいまいな言い方をしたりすることがこれにあたります。このような善意のバイアスは、障害のある部下には職務をこなせないだろうと上司が勝手に決めつける、といった形で表れることがよくあります。

私が経営コンサルティングの仕事を始めてまもないころ、先輩のコンサルタントが、クライアントとのミーティングに向かう途中のエレベーターの中でこんなことを言いました。「私ね、化粧をしているときのほうが、まともに相手をしてもらえやすいってことに気づいたの」。私は、エレベーターの鏡に映った自分のすっぴんの顔に目をやりました。その当時、私は生まれてから1度しか化粧をしたことがありませんでした（高校のダンスパーティのときでした）。先輩は私をフォローしようとしたのだと思いますが、結果的には、クライアントとの重要なミーティングを目前にして私を不安にさせることとなったばかりか、私に「成功するためには、たとえ納得のいかないジェンダー規範でも従わなくてはならない」というメッセージを伝えてきたことになります。

過度のなれなれしさ

同僚に話しかけたり、同僚のことを描写するときに、その人をさげすむような言葉を使ったり、実際にはそれほど親密ではないのに、さも親しいかのような言い方をすることがあります。例えば女性の同僚に対して「スイートハート」と呼びかけたり、黒人の同僚を「兄弟《ブラザー》」と呼んだりするのがこれに当てはまります。こうしたなれなれしい振る舞いは、論文にもたびたび登場します。例えばエラ・ベル・スミスとステラ・ンコモによる研究をまとめた『Our Separate Ways（別々の道を行く）』では、白人女性が黒人の同僚に対して感じる親密さは、黒人女性が白人の同僚に感じる親密さよりも強いことが多い、という研究結果が紹介されています。このような思いこみによる親近感は、真のつながりを軽んじるものであり、実際には勝ちとっていない親密さを、さも現実のものであるように語ることにつながります。

（表面的なアイデンティティに基づく）思いこみ

このカテゴリーは、個々のアイデンティティではなく、あくまで表面的な偏見に基づいて人びとがいだく思いこみを指します。例えばトランスジェンダーの同僚の性別を間違えたり、アジア系の同僚に対して英語が母国語ではないのだろうと決めつけたり、若い女性社員をアシスタントだと思いこんだりといった言動がこれに当てはまります。私自身、これまでにこのタイプの自覚のない差別を何度も行ってきたと思います。そしてその回数は、おそらく自分で気づいているよりも多いはずです。例えば、最近もラテンアメリカ系の女性の同僚に、「実家は大家族なの?」と尋ねたことがあります。彼女がかすかに顔をしかめたのを見て、自分が出生に基づく勝手な思いこみをして、相手の気分を害したことに気づきました。相手が白人だったら、おそらくそんな質問はしていなかったはずだからです。

実力主義の神話

自覚なき差別のカテゴリーとして最後にあげるのが、社会全体、または特定の組織やチームにおける差別の存在を、さりげなく否定するパターンです。あなたの同僚は、最近は誰もがすぐに人種やジェンダー、あるいは政治的な問題にこだわりすぎると文句を言っていませんか？　あるいは、スポーツチームが今では差別的とされる名称を使いつづけることを擁護するかもしれません。そして、世界のほかの場所で差別が行われていることは否定しないものの、自分たちが属する組織には差別は存在しないと、あくまで主張

図表9-1　さりげない排除

差別の種類	定義	例
知性に関する決めつけ	相手が期待値を超える能力を持っていたことに驚きを表明する。	「言葉遣いがちゃんとしてるから、驚いたよ」 「英語がお上手なんですね」
誤ったレッテル貼り	優位なグループにおいては容認されている行動について、別のグループに対しては望ましくない、またはプロらしくないものとしてレッテルを貼る。	「君はもう少し怒りを抑えたほうがいい」 「みんな、君はいばりすぎだと言ってるよ」
「善意」による決めつけ	相手のアイデンティティを根拠として、その人の能力や興味を過小評価し、自分たちの保護が必要だと決めつける。	「彼女はそのプロジェクトに参加したくないんじゃないかな。出張が多い仕事だけど、彼女には家庭があるからね」＊
過度のなれなれしさ	相手をさげすむような言葉や、実際には存在しない親しさや仲のよさをほのめかす言葉を使う。	女性を「スイートハート」、黒人の同僚を「兄弟」と呼ぶ
（表面的なアイデンティティに基づく）思いこみ	偏見に基づいて相手のことを決めつけたり、個人のアイデンティティを否定する。	「〇〇（教授、医者、管理職など）にしては、ずいぶん若いね」
実力主義の神話	差別や偏見が存在しないかのように振る舞う。	「私は肌の色なんて気にしない」 「実力主義の会社で働けて、僕らはラッキーだな」

＊このような発言の多くは、ウィリアムズが「母親の壁」と呼ぶもの（子どもを持つ女性が、やる気や能力を疑われたり、仕事を最優先するのを非難されることを指す）に関係している。ジョーン・ウィリアムズ「The Maternal Wall（母親の壁）」、『ハーバード・ビジネス・レビュー』、2004年（https://hbr.org/2004/10/the-maternal-wall）を参照のこと。

するかもしれません。彼らの典型的な発言は、「うちの会社みたいな、実力主義の環境で働けて嬉しい」とか、「差別がない組織で働けて、僕らはラッキーだよね」などです。

差別的な行動の動機とは

これまでの章では、各タイプについて、やっかいな同僚の行動の裏にどんな動機がありうるのかを探ってきました。でも「差別的な同僚」の場合、明確な答えはなかなか出ません。ほかのタイプの差別と同じように、考えるために使うエネルギーを節約しようとする脳の働きが、部分的に関係していることは確かです。例えば、私がインド人の同僚を、まったく似ていないにもかかわらず、ほかのインド人の同僚と間違えたなら、それは私の脳がエネルギーを節約するためにショートカットをしたからです。でも、人間が差別的な行動をする本当の動機は、それよりずっと複雑で、やっかいなものです。この脳のショートカットの背後には、白人至上主義や、制度的人種差別などの、社会的、歴史的な力が働いているからです（職場における人種差別については多くの論文や書籍があり、専門家も数多くいます。私も自分の理解を深めるうえで、彼らの影響を多分に受けています）。

多くの職場で、（ありがたいことに）あからさまな差別が社会的に許容されなくなるにつれて、一部の人は、自覚のない差別などのさりげない差別行為を偏見のはけ口にするようになりました。心理学者のリラ・コルティーナは、同僚の発言をさえぎったり、見下した口調で話したりといった非礼な振る舞いは、簡単に言い逃れができてしまうものだと指摘しています。人を攻撃しておきながら、自分の行動は相手の人種やジェンダー、見た目とはいっさい関係ないと主張し、「うっかりしただけ」とか、「僕は愛想がない性格だから」と言い張るのは、難しいことではありません。あからさまではない差別をしておきながら、本人は「自分は偏見のない人間だ」と本気で思っている、ということはよくあるのです。

リモートワークのように対面でのやりとりが少ない環境では、より頻繁に差別的な行動が見られることがあります。廊下や社員食堂でちょっとしたおしゃべりをする機会が少ないかわりに、例えば電子掲示板のスレッドやグループチャットなど、不適切な発言が出がちな環境が増えるからです。人は、パソコン画面の後ろに隠れることで大胆になる傾向があり、これは「オンライン脱抑制効果」と呼ばれています。オンラインでのやりとりでは心理的な制約を感じにくいため、面と向かっては言いにくいようなことも、平気で言えてしまうのです。

人種差別主義をはじめとする抑圧的な思想体系が私たちの職場にどれほど浸透しているか、多くの人は忘れがちです。黒人のジョージ・フロイド氏が、ミネアポリスの白人警察官、デレク・ショービンに殺害された直後、学者のイブラム・X・ケンディがわかりやすいたとえ話をしていました。米国に住んでいると（ほかの国でも当てはまることですが）、私たちは常に人種差別主義的な考え方に「雨あられ」のようにさらされています。ケンディはこれについて、次のように説明しています。「あなたは傘を持っていないにもかかわらず、自分がずぶ濡れであることにすら気づいていません。でも本当は、人種差別的な考えによってずぶ濡れになっているのです。そして『自分は濡れていない』と思いこむことができているのも、人種差別的な思考の影響によるものなのです」。誰かが傘を手渡してくれて初めて——つまり、自分は優遇される側に立っていたのだという気づきを得て初めて、あなたは自分がずっと、ずぶ濡れだったことを認識できるのです。

ここでこのたとえを紹介したのは、差別的な同僚の言動を擁護するためではありません。むしろ、彼らの行動のもとになる信念が、いかに心の深いところに根ざしているかをお伝えしたかったのです。人は誰でも偏見を持っていますし、そのことに自分で気づくのは困難です。そのため、自分の中にある偏見に打ち勝つために行動することも難しく、自分が害を引き起こしていると気づくこともなかなかできません。

❖自覚のない差別の弊害

さりげない排除行為の被害にあうと、さまざまな心理的、身体的な影響が出ることが研究により明らかになっています。専門家のエラ・ワシントン、アリソン・ホール・バーチ、ローラ・モーガン・ロバーツは、次のように書いています。「自覚のない差別は、それ自体はささやかなものに思えるかもしれない。だが、長期間にわたってその作用が蓄積されると、従業員の生活や健康、心理的な幸福感に影響を与える恐れがある」

こうした状況とメンタルヘルスの悪化には、多くの関連性があることが研究により示されています。例えば、職場で差別を経験した人は、うつや不安におちいりやすくなることがわかっています。また、肥満や高血圧をはじめとして、ストレスはさまざまな身体的影響につながることが確認されています。

さらに、キャリアにも影響が出る恐れがあります。『Inclusion on Purpose（インクルージョンを作り出す）』の著者であるルチカ・トゥルシャンは、人を排除するような発言について、「(そのような発言は)感情以外のものにも影響を与えます。偏見が強化され、固定化されると、賃金の額や出世の機会、リーダーとしての能力の評価など、キャリアにも影響が出るのです」と語っています。

ある研究では、さりげない差別はあからさまな偏見よりも大きな害をもたらすという結果も出ています。その理由は、いくつかあります。まず、「言葉遣いがちゃんとしていて驚いたよ」といった微妙なコメントを受けとると、それが純粋なほめ言葉なのか、自分のアイデンティティを揶揄《やゆ》しているのかを判断しようとして、思考のためのエネルギーが費やされます。2つめに、自覚しないレベルの差別は（多くの職場で）あからさまな差別よりもはるかに広く見られるため、遭遇する可能性も高くなります。そして3つめに、通常は対抗するための手段がなかなかないことがあげられます。法的手段に訴えることはおろか、上層部に報告することすら簡単なことではないため、自分ひとりで状況に対処する方法を考えなければならないのです。

こうした差別を受けているにもかかわらず、それが自分の思い過ごしかもしれないと感じてしまうと、悪影響はさらに何倍にもなります。差別的な同僚を相手に苦労していると、こんな言葉をかけられることがあるかもしれません。

「彼はそんなつもりじゃないと思うよ」
「彼女は、世代が違うから」
「あの人は、単にイヤなやつなんだよ」
「君には冗談も通じないのか？」

こうした差別の被害者を、繊細すぎるとか、ポリティカル・コレクトネス（政治的正しさ）にこだわりすぎるとか決めつけることは、さらに被害を大きくしたり、ガスライティング（訳注：心理的に人を操って、おかしいのは自分のほうだと思わせる虐待の一種）につながり、被害者が自分の体験は気のせいなのかもしれないと疑ったり、自分の反応のほうがおかしいのかもしれないと疑念をいだいたりする結果になります。

同僚の差別的な発言は、あなたの健康やキャリアだけでなく、組織全体にも悪影響を与える恐れがあります。そのような発言は帰属意識や心理的安全性を脅かし、排除を強化するからです。その結果、当然のことながら、やる気や生産性の低下、ひいては離職率の増加が引き起こされます。これは結果的に、組織のリーダー層における白人と男性の率がますます高まっていくことを意味します。組織への帰属意識が強い人ほど、出世がしやすいためです。

こうした、あからさまではない差別がもたらすダメージは非常に大きいものであり、このような差別が発生したら、すぐに対処することが重要です。でも、このタイプに当てはまる同僚に立ち向かうのは、簡単なことではありません。対処すべきなのかどうか、するならばどのような方法をとるべきかを決める前に、次の問いについて考えてみてください。

❖自分への問いかけ

このセクションではこれまで、問題のある同僚との関係において、あなた自身がどのような役割を果たしているのかを検証するための質問を紹介してきました。でも、人種差別や性差別に関しては、あなた自身は問題の原因になんの関わりもありません。むしろ、同僚が偏見を手放せるように手助けしてあげているといってもいいくらいです。そのためこの章では、このあとの紹介する対策から自分に合うものを選ぶうえで助けになるような問いをあげたいと思います。

差別の対象になっているのはあなた自身ですか？　あるいは、あなたは目撃者の立場ですか？

通常、差別に気づき、声をあげる負担を担うのは、マイノリティの人びとです。しかしこれは、望ましい形ではありません。マインドセットと差別の専門家であるロンドン・ビジネス・スクールのアニータ・ラタンは、「多くの研究で、本来は被害者の味方であるべき人たちが差別に気づくのが遅い、またはその準備ができていないという事実が確認されています。なんとなく見過ごしてしまったり、まったく気づかないこともあります」と語っています。すべての人が差別に目を配ること、そして誰かが声をあげたときには、その人を信じることが重要です。

自分が差別の対象になった場合、声をあげるリスクをとるかどうかは、あなた次第です（この判断については、次項「どんなリスクがありますか？」で詳しく説明します）。ただし、ほかの誰かへの差別を目撃した場合には、声をあげる責任は当事者よりも大きくなります。「差別されるグループや差別発言を受けた当事者は、目撃者よりも確実に大きなリスクを背負っている、ということを、支援者は理解しなくてはいけません」と、ラタンは語っています。

傍観者が声をあげることがどれほど重要かは、研究によって証明されています。もしあなたが、差別をする側の人と同じ属性（人種、ジェンダー、社内での立場など）を持つ場合、あなたの指摘は説得力のあるものとみなされやすく、無視される可能性は低くなります。ある研究では、白人による人種差別的発言を指摘するのが同じく白人であった場合、それを聞いた人が指摘を受け入れる可能性が高い一方で、黒人が指摘した場合には、傲慢な態度とみなされやすいことがわかっています。

また、気まずい思いをするのと、身の危険を感じるのとは別だということを常に頭に置いておいてください。あなたが傍観者である場合、差別的な発言を聞き流すべきなのは、自分や差別対象になっている人の身に危険がおよぶと判断したときだけです。私たちはみんな、声をあげる道徳的な義務があります。特に、あなたが自分のアイデンティティによって、攻撃を受けている人にはない特権を享受している場合はなおさらです。

どんなリスクがありますか？

近年、多くの組織で興味深いパラドックスが起きてきます。制度的な差別に関する意識が高まる中、企業はこれまでになく、職場を多様で安心できる場にするために努力しています。ところが、同時に多くの人が、職場における人種差別や性差別について語ることは危険なことだと感じているのです。差別という話題は地雷のように扱われ、ほかの形の非礼な行いに比べて、差別的な行為を指摘することが難しくなっています。

差別的な同僚に正面から立ち向かうことには、実際的なリスクが伴う場合もあります。そのため、自分の行動がどんな結果を生むか、前もって可能性を考えておくことが大切です。ただし同時に、声をあげないことによるリスクについても、考えておいたほうがいいと私は思っています。

声をあげることによるリスクは、どのようなものでしょうか

差別に正面から立ち向かうと、現状に疑問を投げかけることになるため、同僚や上司との関係や地位、業績評価、仕事の割り当て、さらには仕事を続けられるかどうかにすら影響がおよぶ可能性があります。そのため、おとなしく口をつぐんでいたほうがいいという社会的なプレッシャーを感じてしまうのです。

特に、差別的な同僚がどのような反応を見せるかについて、じっくり考えておきましょう。指摘を真に受けず、受け流そうとする（「大げさだな、ただの冗談じゃないか」）でしょうか。あるいは自己防御的な姿勢をとる（「私がなにをしたっていうんだ?」）でしょうか。自問自答してみてください。

この人はふだん、人から挑戦されるとどんなふうに反応するだろうか？　自分のことを客観的にとらえる力を持った人だろうか？　ふだんから他人の意見を素直に受け入れているだろうか？　私の昇給や昇進、

ボーナスなどについて、権限を持っているだろうか？　社内で影響力のあるリーダーに、私の悪口を言う可能性はあるだろうか？　私のアイディアを却下したり、プロジェクトの邪魔をしたりする力はあるだろうか？　私のキャリアの可能性や評判に悪影響を与える可能性はあるだろうか？

このように、あなたが直面しうる危険について、あくまで現実的な想定をしておくことが重要です。

声をあげないことによるリスクは、どのようなものでしょうか

同時に、口をつぐんでいることのリスクについても考えてみてください。差別的な発言に対処しないのは、あなたの個人的な価値観に反することかもしれません。また、差別的な発言を黙って見過ごすと、意図せずともその行動を容認することにつながるかもしれません。あるいは、同僚の意識を向上させる機会を見過ごしてしまうことになるかもしれません。攻撃的な発言に正面から対処することは再発を防ぐための有効な手段であり、これは研究でも証明されています。

あなたが影響力のある立場にいるなら、声をあげずにいるリスクは、より大きくなります。リーダー的な立場にある人たちは、職場で誰もが危険を感じずに働けるようにする最終的な責任（場合によっては、法的な責任）を負っています。

ルチカ・トゥルシャンは、「よりよい、より安全な職場環境を作り、人びとが自分らしさを発揮して仕事ができるようにするために、リーダー的な役割にある人たちは、可能な限りその力を使うべき」だとしています。自分自身、あるいはほかの人に向けられた発言について、誰かが怒ったり、動揺して報告してきた場合は、聞き流すことなく、まずはしっかりと耳を傾けましょう。それから、状況を収束させる最善の方法を考えてください。

あなたが直接の被害者である場合、声をあげるか受け流すかの判断は最終的にはあなた次第です。その時々の状況に応じて、自分にとってなにがベストかを自分で選択するようにしましょう。

すぐに対処することが重要ですか？

タイミングについても、しっかりと考える必要があります。誰かから攻撃されたとして、今すぐに対処するのが得策かどうか、考えてみてください。自分の安全と幸福を最優先することが、その目安となります。トゥルシャンはあるとき、タクシーの配車サービスを利用した際に、外見についてドライバーに失礼なことを言われたそうです。彼女はドライバーにそういう発言はやめてほしいと言おうかどうか迷いましたが、車の中に2人きりでいる状況や、目的地である自宅の場所を知られていることを考え、発言を無視して自分の安全を優先することにしたといいます。そして車を降りたあとに、タクシー予約のアプリ上で運営会社にメッセージを送ることで対処したそうです。

ワシントンと共同研究者たちは、次のように書いています。「あらゆる事例に対処しなくてはならない、というプレッシャーを感じないでください。それよりも、いざ自分がそうしようと決めたときには対処する力があることを知っておいてください。（中略）その出来事があなたの人生や仕事においてどんな意味を持つのか、相手とのやりとりからなにを得て、なにを失うのかを決めるのは、あなた自身なのです」

さりげない差別を目撃したときは、あと回しにせず、すぐに対処することが肝心です。そのような行動を黙認してはならないからです。差別発言をした人にあとから個別に指摘するのも無駄ではありませんが、ベストの選択ではありません。同じくその人の差別発言を耳にしたほかの人たちが、あなたが対処しているという事実を知らず、不安を感じたまま取り残されることがあるからです。

声をあげることを奨励するような職場文化はありますか？

当然のことですが、職場に声をあげることを奨励するような文化があれば、同僚が差別的な行動をしたときに率直に指摘しやすくなります。前述のジョージ・フロイド氏の殺害事件があった２０２０年を皮切りに、多くの組織が反人種主義を公言しました。企業がなにかを公言することによって、すべての人の安全が約束されるわけではありませんが、自分の会社の幹部層が積極的に、継続して多様性や安全性を支持しているかどうかは、判断材料になります。あなたのまわりで、これまでに差別に立ち向かった人はいますか？

声をあげる大きな利点の一つは、差別を指摘する行為が容認され、奨励されていることを周囲に示し、今後ほかの人たちがより安全に声をあげられる環境を作ることができる点です。これによって、健全な規範が醸成されるのをあと押しできます。

差別行為を上司に報告することで、効果が望めますか？

残念ながら、こうした微妙な差別をハラスメントやコンプライアンスへの違反としてとらえる職場は、まだ多くありません。それでも、差別を経験したら、事態の深刻度によっては、あるいは報告が生産的なアクションにつながる可能性によっては、上司や人事部に報告することが助けになるかもしれません。

ニューヨーク大学の教授で『The Person You Meant to Be: How Good People Fight Bias（あるべき姿：善良な人は差別といかに戦うか）』の著者であるドリー・チューは、次のような問いを検証してみることをすすめています。

「これは突発的な出来事なのか、あるいはその人の行動パターンなのか?」

「問題を上に報告することで事態は改善するか、悪化するか?」

「その差別的な行動によって、自分またはほかの人の仕事が妨害されているのか?」

チューはほかにも、「もし差別的な行動の影響で、早く家に帰って転職するための履歴書を書きたいという気持ちになるのなら、なにかが危険にさらされているということであり、おそらくは上司に報告するべき事態だと考えることができる」と書いています。さらに、差別的な同僚が職場の雰囲気をとげとげしいものにしていると主張できる根拠がしっかりとある場合なら、法的な手段に訴えることもできるかもしれません。

もう一つ考えてみてほしいのは、あなたの話を親身になって聞いてくれる人がいるかどうかということです。上層部に、あなたをサポートする意思と権力を持った人はいますか? あるいは、信頼できる人に状況を聞いてもらって、上に報告することのメリットとデメリットについて、助言をしてもらうのもいいでしょう。

以上の問いについて考えた結果、声をあげるべきだと判断した場合は、次項で提案する対策を参考にして、対話を始めてみましょう。

❖試してみたい対策

差別への対策は、あなたが差別対象になっているのか、あるいは目撃者なのかによって異なります。ここではどちらに当てはまるのかをそのつど明確にしながら、対策を紹介していきます。

成長マインドセットを醸成する

差別する人を前にして、例えば「この人はゲイの人たちを嫌っているに違いない」とか、「こんな人種差別主義者といっしょに働くなんて無理」と思ってしまうのは、まったく自然なことです。誰かにひどい扱いを受けたとき、「この人は偏見を持っているけど、変わることができるはずだ」と考えるかわりに、「この人は根本的に偏屈な人間なんだ」と考えてしまうのも、理解できる反応です。でも、アニータ－・ラタンの研究によれば、成長マインドセット、つまり、人は学び、変われるものだという信念を持つことによって、差別に立ち向かうモチベーションが上がることがわかっています。

ラタンの研究では、女性やマイノリティのうち、成長マインドセットを持ち、かつ差別に対して声をあげた人たちは、固定マインドセット（訳注：人間の能力は決まっていて、なにをしても成長は見こめないという考え方）を持って声をあげなかった人と比べて、将来に対してネガティブな展望を持つことが少なく、職場の満足感や帰属意識を維持することができたそうです。「誰でも成長できる」という認識を持つための方法としてラタンが提唱しているのが、「あんなことを言っても許されると彼らが考える理由を理解したい」とか、「彼らがあのような信念を持つにいたった経緯を知りたい」と自分に言い聞かせて、好奇心を保つことです。そうした好奇心は、十分な情報が集まるまでは相手のことを決めつけない、という姿勢を保つ助けになるのです。

リサーチ企業の経営者であるダニエルは、青少年教育組織の運営者であるクライアント、キャロルに対して、このような心構えで接するようになりました。最初のうち、キャロルの依頼や発言は耳を疑うようなものばかりでした。例えば、「採用候補者たちの外見が知りたいから、彼らの写真を送ってほしい」と依頼してきたり、彼らの年齢について調べるよう指示してきたのです。さらに、ある応募者について「アーミッシュ（訳注：プロテスタントの一派。現代文明を拒否し、独自の共同体の中で農業などに従事して生活を送っており、服装は簡素）みたいな格好をしていた」と発言したり、「黒人女性を管理職に採用すると部下から信頼が得られないのではないか」という懸念を口にしたりもしました。ダニエルと彼のチームメンバーたちは、キャロルのこのような発言を聞いて戸惑いました。それでも、ダニエルは彼女のことを「改善の見こみのない人」と決めつけるかわりに、学びと成長が必要な人であるという事実に目を向けるようにしたのです。「彼女の意図や人格について、決めつけたくなかったんです。僕の両親もときどき似たようなことを言うので、善良な人でも不適切な発言をする、という場面には慣れっこでした」とダニエルは話してくれました。そして、キャロルが不適切な発言をしたときに注意を喚起する際にも、そのような姿勢でのぞむようにしました（詳しくは後述します）。

自分の感情的な反応を受け入れる

攻撃的な行為や発言の標的にされたときに、動揺したり混乱したりするのは自然なことです。バブソン大学の教授で、『Shared Sisterhood（シスターフッドのつながり）』の著者の一人であるティナ・オピーは、「誰かがあなたのアイデンティティや人間性を否定するようなことをしたときに怒りを覚えるのは、自然な反応です」と述べています。彼女は、そのようなときはいったんスローダウンして、なにが起こったのかをじっくり考えるようアドバイスしています。自分が感じている感情がなんなのか、観察する時間を自分に与えたうえで、どう行動するか決めてください。そして、自分に厳しくなりすぎないようにしてください。ワシントンらは、次のように書いています。「怒りや失望、不満、いらだち、混乱、恥、むなしさ等、それがどんな感情であっても、感情を感じることを自分に許してください。どんな感情も正当なものであり、事態に対応するべきかどうか、するならばどうやって、いつ対応すべきかを決めるうえで、判断材料にしてしかるべきものです」

返答を用意しておく

多くの人は、自分が差別にさらされたときにはちゃんと声をあげられる、と思っています。でも研究結果によると、そうとも限らないのが現実です。その場ではすぐに言葉を返すことができないように感じたり、「波風を立てないほうがいい」とか、「たいしたことじゃない」「いつもはいい人だし」など、黙っているほうがいい理由をいくつも考えついたりするものです。このような自己防衛本能に対抗するためには、言うべきことを事前にリハーサルして、いくつかフレーズを用意しておくのが有用です。例えば、「本気でおっしゃってるわけではないと思いますが」とか、「それは根拠のない決めつけです」などの言い方が使えます。返答を用意しておくことで、黙りこまずにはっきりと声をあげられる可能性が高まります。

質問をする

差別的な発言に対する返答として、質問を投げかけるという方法も効果的です。例えば、「それはどういう意味ですか?」とか、「どのような情報をもとに、そうおっしゃっているのでしょう?」といった具合です。あるいは、「今おっしゃったことを、もう一度繰り返していただけますか?」と聞き返すことで、同僚が自分の発言の意図を振り返り、それがほかの人の耳にどのように聞こえたのか、考え直すよう促すこともできます。これは、同僚の真意を見きわめるうえでも役に立ちます。

ドリー・チューは、このような質問を投げかけることを「無知の暴露(being clueless)」と呼び、このアプローチによって相手に自分の意図を説明させ、差別的な意図を遠回しな言い方に包んで逃げようとするのを防ぐことができるとしています。例えば、新しいクライアントが自己紹介をしたときに、相手の姓を聞いたあなたのチームのメンバーが「エスコバル！　麻薬王みたいですね！」と言ったら、「彼女の名前のどういうところから、麻薬王を連想したの？」などと聞くことができます。もし同僚が「同じ名字だから」と答えたら、その名字の人はたくさんいると指摘すればいいのです。チューは、このような質問をするときには純粋な好奇心を持つことが大事であり、「なぜ、どうして」ではなく「なにが、どういうところが」から始まる質問にすることで、問いつめているような印象を与えずにすむとしています。「どうしてそんなふうにおっしゃるんですか？」より、「どういうところが、そう見えるんですか？」と聞かれるほうが、責められている感じがしないため、答えやすいのです。また、質問は短くするようにしましょう。「言葉を足せば足すほど、質問というより非難や攻撃のように聞こえます」とチューは言っています。

はっきりと指摘する

人は、自分が差別発言をしたことに気づかないことがほとんどです。ですから、理由を説明したり、発言に対するあなたの印象を伝えたりして、それが不適切な発言だったことをはっきりさせるのも一つの方法です。このとき、「私」を主語に文章を始めるようにしましょう。あなたがどう感じたかを相手に説明することで、あなたの視点から物事を見るように促すことができます。

あるいは、個人を主語にせず一般化することで、越えてはいけない境界線を示すこともできます。例えば、「大人の女性を『女の子』と呼ぶのは失礼です」とか、「今の発言は、イスラム教徒にとって不快なものです」などです。この場合は、「あなた」を主語にすると、相手を差別主義者として非難することになるので、避けてください。恥をかかされたり、攻撃されたり、レッテルを貼られたりすると、人は相手の言葉をちゃんと聞かなくなり、行動を変える気になる可能性も低くなってしまいます。

前出のアリヤはこの方法で、彼女に「もっと笑ったほうがいい」などと言いつづける上司テッドに対処しました。テッドに、「そういうふうに言われると、あなたを安心させるために自分の性格を偽らないといけないような気持ちになります」と伝えたのです。アリヤは、テッドの言動は人種差別的、あるいは性差別的（あるいは両方）なものだと確信していましたが、そのような言葉を使って指摘しても、テッドはだんまりを決めこむだけだとわかっていたからです。

この方法を実行するときは、意図を明確にするように気をつけましょう。例えば、「私がこの問題を提起するのは、あなたとなら正直に話ができると感じているからだし、繊細なトピックでもちゃんとコミュニケーションができるようになりたいからです」と伝えることができます。また、小さな差別は悪意がなくても発生してしまう場合があることを伝え、相手の意図を決めつけているわけではないと伝えるのも効果的です。これによって、相手が感じる恥ずかしさが薄れ、自己防衛したい気持ちも軽減することができるからです。

そして、ここでも事前に計画を立てておくことで、あなたの言いたいことがしっかりと相手に伝わりやすくなります。そのために役立つのが、状況・行動・影響（Situation-Behavior-Impact ＝ＳＢＩ）フィードバック・モデルと呼ばれる枠組みです。

●特定の行動が、いつ、どこで起きたのか、明確に指摘する〔状況〕
「月曜日のＺｏｏｍ会議で、みんなが退出しようとしているときに……」
●次に、起きたことをできるだけ具体的に、詳しく説明する〔行動〕

「新しいクライアントが、アランのことを馬鹿にしていないか心配だとおっしゃっていましたね……」

●その行動によってもたらされる結果について説明する〔影響〕

「それを聞いて疑問を感じました。アランが年配だから、時代についていっていないとクライアントに思われるのではないか、という考えをほのめかしていたように感じたんです」

情報を共有する

自分の発言がなぜ侮辱にあたるのか、相手が理解できていない場合は、彼らの思いこみを打ち破るような情報を提供してみてください。例えば誰かが、ある女性の同僚について「彼女がよく早退するのは怠けているからだ」と言った場合、「最近、興味深い研究について読んだんです。人は、子どもを持つ女性の同僚が早退すると、『子どもの面倒を見るためなんだろう』と思いこむのに対して、子どもを持つ男性が早退しても、気づきもしないらしいですよ。もしかしたら、これもそういうことなんでしょうか」（ちなみに、この研究の話は本当です）。これを実行する場合は、受動攻撃的にならないように気をつける必要があります。相手の偏見を指摘しようとするのではなく、純粋に情報を共有すると、相手は自分の考えを振り返りやすくなります。

先ほどのダニエルは、クライアントのキャロルに対してこの作戦を実行しました。「キャロルはお客様なので、慎重に対応する必要がありました。でも同時に、無神経な態度をただ放っておくことはできなかったんです」とダニエルは言います。そこで彼は、ダイレクトかつ正直に、彼女の行動がなぜ問題なのかを説明することにしました。例えば、キャロルが採用候補者に関する不適切な情報を収集するように求めてきたときには、次のように返答したそうです。「その情報については、リサーチできません。私たちは採用の適正を判断するうえでそういった情報は参考にせず、その人の能力のみを見るようにしています」。またときには、もっと断固とした対応もしました。キャロルが候補者の写真が欲しいと言ってきたときには、「そのような依頼はお受けできません。今後はお控えください」と伝えたそうです。

相手の防御を予想する

相手があなたの言うことに耳を傾け、意見に感謝する、という展開が理想ではありますが、私の経験では、多くの人は、少なくとも最初は自己防衛的になります。キャロルも、ダニエルの指摘に対してそのような反応を見せました。自分の行動に問題はないと言い張り、「あなたが聞き間違えたんじゃないの？」と言うこともありました。

あなたの同僚も、似たような反応をする可能性があります。あなたの発言を無視したり、あなたが自分の人間性や発言の意図を誤解している、と言い張ったりするかもしれません。でも、誰かを傷つけたなら、どんな意図でやったにせよ、それはもう関係ないのです。

相手があなたのことを「繊細すぎる」と言って責めたり、「傷つけるつもりはなかった」と言って自己弁護するなら、あくまでその人の発言や質問があなたの耳にどのように聞こえたかを明確に伝えましょう。例えば、「あなたがどんな意図でおっしゃったにせよ、あの発言を聞いて、私を同僚として評価していないように感じました」などと言うことができます。

特に、自分以外の人に対する侮辱について指摘する場合、相手が言いわけをしてきても、粘り強く対応することが肝心です。ダニエルは、キャロルとのやりとりは決して簡単ではなかった、と言います。特に彼女が「自分はなにも悪いことはしていない」と主張してくるときは、なおさらでした。でも彼の助言の効果は、時間が経つにつれて徐々に表れてきました。「今では、以前ほどは差別的な発言をしなくなりました。前と比べたら、だいぶよくなりましたよ」とダニエルは話してくれました。

まわりの人と連帯する

多くの専門家が、まわりの人と協力して差別的な行動に対処することを推奨しています。チームのメンバーや社内の人たちと力を合わせて、さりげない差別に立ち向かうことを表明しましょう。差別のように思えるあいまいな出来事が誰かの身に起こった場合には、このグループの全員が、行動を起こすに値するかどうかをいっしょに判断する相談相手になることができます。

これは、オバマ政権の女性メンバーたちが、男性のほうが多い会議にのぞむ際に使っていた方法です。自分たちのアイディアがかき消されたり、無視されたり（あるいは男性に利用されたり）するのを防ぐために、彼女たちは「増幅戦略」を使うことにしました。女性のメンバーが重要な提案をしたときに、ほかの女性がまずその提案を繰り返し、同時にそもそもの提案者の名前を強調する、というものです。これによって、会議に参加している人の全員が、誰の発言だったかをはっきり認識し、ほかの人が手柄を横取りするのを防ぐことができました。

不正について集団で訴えると、受けとった側が「不満を持つ1人の従業員」からの苦情として無視することができないため、より効果的であることが研究によりわかっています。また、味方がいたほうが安心して声をあげることができます。問題のある同僚の行動に、あなたと同じように腹を立てている人に声をかけてみてください。自分以外の人に向けられた差別発言についても、差別の対象になった人たちと協力関係を結ぶことを申し出ることができます。そうしておくことで、たとえあなたが差別行動を見落としても、同僚が差別されたときに、あなたに相談をもちかけることができるようになります。

非公式の場でも差別に声をあげる

微妙なレベルの差別行動は、本人が見ていないところで発生することがあります。職場で男性社員がふともらす性差別的な発言や、業績評価の場で管理職が雑談を装って誰かを揶揄する発言などです。それが公の場での発言でないからといって、こうした行為を受け流してはいけません。差別対象になる人がその場にいなかったり、失礼な発言を聞いていなかったりする場合にも、差別に声をあげることは重要です。例えば会議中に誰かが「彼女みたいな年配の女性がいてくれると、チームが引き締まって助かるよ」と言ったら、「そうですね、年齢や性別は関係ないと思いますが、彼女がリーダーになってから、チームの成績がアップしましたよね」などと言って、その人の業績やスキルを強調するという方法もあります。たとえ差別によって傷つくかもしれない人がそこにいなくても、より開かれた協力的な職場を作っていけるかどうかは、私たち一人ひとりの努力にかかっているのです。

＊　＊　＊

冒頭のアリヤがようやく上司のテッドとわかりあうことができたのは、彼がある決定的な差別発言をしたときでした。顧客からの苦情対応について話しあう会議で、会社が過剰反応していると考えるテッドは、いらだちをあらわにしてこう言いました。「いったいなにをそんなに心配してるんだ？　客にリンチにでもされるのか？」（訳注：米国では南北戦争後、白人至上主義者などによる黒人に対する残酷なリンチが横行した歴史があり、このような発言はそれを揶揄したものととらえかねられない）

気まずい沈黙が流れる中、アリヤはその場にいたもう1人の黒人の同僚と視線を交わしました。テッドがなにごともなかったかのように話を続けようとするのを見ながら、アリヤはどう対応するべきか必死で考えていたそうです。そんな中、幸運にも、別の白人の同僚が声をあげてくれました。「今の発言には問題があると思います。そのことについて、ちゃんと話しあいませんか?」

最初のうち、テッドは自分の発言に他意はなかったと弁明しようとしました。でも、発言を不快に感じた理由をチームのメンバーたちが説明するのを一通り聞き終わると、テッドは深呼吸を1つして、自分の発言について謝罪し、さらにそれをごまかそうとしたことについても謝りました。その日の会議はそこで終了になり、あとから何人かの同僚が、アリヤの様子を見るためにデスクに立ち寄ったり、メールを送ってきたりしたそうです。テッドは数日間、アリヤを避けている様子でしたが、最終的に、会って話したいと言ってきました。テッドはその席で、本心が読みにくいとか笑顔が足りないといったこれまでの発言が、いかに彼女を傷つけるものだったか今は理解できる、と言いました。そして、今後も自分が差別的な言動をしたときには指摘してほしいし、そこから学ぶことを約束する、とアリヤに伝えたのです。

これを聞いてアリヤは驚きました。「彼が変わることはないと思っていたんです」と彼女は言います。「白人の同僚たちが彼の差別的な発言を指摘してくれなかったら、テッドが変わることはなかったかもしれないけど、重要なのは彼の考え方が変わったことであって、なにが変化を引き起こしたかではありません。テッドがそれまでの見方を変えた、ということが、私にとって一番大事なことなんです」。この出来事の直後に再び組織編成があり、テッドは別の部署に配属になって、アリヤは新しい上司のもとで働くことになりました。それでもテッドは、その後も定期的にアリヤに連絡をとり、彼女の昇進をあと押ししてくれました。そしてその結果、彼女は無事に昇進を勝ちとることができたのです。

使えるフレーズ

質問する、時間を稼ぐ、相手の真意を確かめる

「さっきの発言は、どういう意味ですか？」

「よくわからないんだけど、具体的にどういうこと？」

「その言い方は誤解を招くよ。きちんと意図を説明してほしいな」

「根拠となる情報はありますか？」

「どういう意味なのか、もう少し詳しく説明してもらえますか？」

「ちょっと待ってください。今おっしゃったことについて、少し考えさせてください」

相手の意図について掘り下げる

「本意ではないのでしょう？」

「今の『もっと笑ったほうがいい』という言葉に女性を侮辱するつもりはないのだと思いますが……」

「〇〇さんがチーム内の公平さを重視していることはわかっています。でも今のような行動は、その意図を損なうものです」

ダイレクトに言う

「そういう言い方は失礼です」

「今の発言は、偏見による決めつけです」

「私のまわりで、二度とそういうことを言わないでください」

「私はそういう発言は容認できないし、あなたを尊重するからこそ、そのことを知っておいてほしい」

「冗談ではすみませんよ」

「自分がなにを言ってるか、わかってますか？」

同僚の意識を高める

「ほめ言葉のつもりだと思うのですが、残念ながら今おっしゃったことは、『〇〇（アジア人、女性、障害者など）は△△できない（すべきでない）』という、昔ながらの決めつけに基づいているんです」

「〇〇（差別的な発言）とおっしゃっていましたね。私も昔は、よくそういうことを言っていたのですが、最近学んだのは……」

「今の発言が、〇〇（女性、有色人種、ゲイの人たちなど）の耳には、違って聞こえるかもしれませんよ」

覚えておくべき対策　差別的な同僚

やるべきこと

● 行動に移す前に、声をあげることのメリットとデメリットをしっかりと考える。

●自分が権力や特権を持つ立場にある場合は、差別的な発言に対処し、安全で健全な職場環境を作る責任があることを自覚する。

●質問を投げかけることで、差別的な同僚が自分の発言について振り返り、誤解がある場合はそれを解けるような機会を作る。

●不意に差別の標的にされたときのために、使えるフレーズをいくつか用意しておく。

注意すべきこと

●相手は決して変わらないと決めつけない。

●自分が標的の場合は特に、差別を指摘することで生じる人間関係のリスクを軽視しない。

●相手が自分の言動が差別的であることを自覚していると仮定しない。なにもわかっていない可能性も十分にあると知っておくこと。

●人種差別や性差別、その他すべての差別について、真っ向から非難しないように。人から糾弾されると、ほとんどの人は自己防衛的になり、行動を改める可能性も低くなる。

第10章

社内政治家
——「出世あるのみ！」

小さな大学の英文学部で学部長を務めるオーウェンは、ずっと同僚のクラリッサのことを味方だと思っていました。オーウェンに2人めの子どもができ、1学期間の育児休暇をとることになったときも、彼女は学部長代理を務めることに喜んで同意してくれました。

ところが休暇が始まって数週間がたったころ、2人の同僚からこんな話を耳にしました。クラリッサが会議中に、「オーウェンが職を辞す準備ができたら」あるいは、「大学に戻らないと決めたときには」自分が正式に学部長の座につくつもりだ、と話したというのです。オーウェンはこれを聞いて、もし自分が大学を去った場合にも有能な後継者がいてくれると知って嬉しい反面、少し不安な気持ちにもなったそうです（もちろん彼は、休暇が終わったら復職する気でした）。

その2週間後、オーウェンのもとにクラリッサから電話がかかってきました。当初延期になっていた大学評価委員会のための評価が実施されることになったというのです。オーウェンいわく、クラリッサはストレスで追いつめられていました。というのも、この評価は学部の予算を左右する重要なもので、クラリッサは何人かの大学の幹部を相手にしなければならなかったからです。オーウェンは彼女のために、やるべきことを電話で何時間もかけて説明し、報告書の作成に協力すると同意しました。「電話で話したとき、必要な作業の半分以上を僕が引き受けることになりました。でもすぐに、最終的に誰の手柄になるのかという問題が持ち上がるだろうと気づいたんです」とオーウェンは言います。クラリッサは、作業はすべて自分を通してほしいと主張しました。「彼女は電話で話した段階ですでに、『私の報告書』という言い方をしていました。そして、『やらなければならないことが山ほどある』と嘆いてみせたんです」

オーウェンの提案で、報告書の作成に関わるスタッフを集めたオンライン会議が開かれ、委員会に提出する前の最終確認が行われたときも、クラリッサは報告書が自分の成果物であるかのように振る舞ったといいます。そして、何人かの同僚が報告書の内容について反論を述べると、クラリッサは「学部長としての私の見解は……」という言い方で返答しました。正確には「学部長代理」であるということにも、仕事の大半はオーウェンがやったことにも触れようとしない彼女に対して、オーウェンはいらだちを覚えたといいます。

オーウェンは、クラリッサを信用できなくなりました。彼女が自分のことを踏み台にして、出世のために政治的な駆け引きをしているように感じたのです。

もちろん誰しも、職場での政治的な駆け引きにまったく関わらないわけにはいきません。昇進や昇給、栄転、そして経営幹部からの注目を求めて、人は互いに競いあいます。それに、まわりからのサポートや予算を確保するためには、自分のアイディアや成果を主張する必要もあります。でももし、あなたの同僚が極端に出世に固執し、そのための手段は選ばない人だったらどうでしょう。

出世欲の強い同僚に特徴的な行動は、次のようなものです。

●自分の成功を自慢する

●人の手柄を横取りする
●権力者や、自分の出世に有利となる人の機嫌をとろうとする
●自分が責任者ではないにもかかわらず、責任者であるかのように振る舞う
●自分の邪魔になると感じている同僚について、うわさ話をしたり、広めたりする
●チームや会社の目標をあと回しにして、自分の課題を押しつけることが多い
●情報をかき集めて、自分を大きく見せようとする
●特定の人を会議に呼ばなかったり、重要な情報を隠したりして、意図的に誰かを妨害しようとする

私がこのタイプについて考えるときに思い浮かべるのは、米国の人気ドラマ『ジ・オフィス』の登場人物ドワイト・シュルートです。ドワイトは同僚の営業マンであるジムとの果てのない（そして実りのない）出世競争に夢中で、自分は「地域マネージャーのアシスタント」ではなく「アシスタント地域マネージャー」であると言い張り、上司であるマイケル・スコットのご機嫌うかがいに精を出します。そして、なにかしら権力を与えられると（私の好きなエピソードでは、ヘルスケアに関する会社の方針を決める権限）、大喜びで同僚たちに威張り散らすのです。ドワイトのキャラクターは、コメディとしてはよくできていますが、彼と毎日いっしょに働いて楽しいと思う人がいるとは、とうてい思えません。

では、「仕事は勝者が総取りする競争だ」と考える、極端に上昇志向の同僚を持ってしまった場合、彼らをどのように扱えばいいのでしょうか。そのような同僚を信頼できることなどあるのでしょうか。彼らの駆け引きに巻きこまれないようにするには、どうしたらいいのでしょうか。そして、彼らの行動から、学べることはあるのでしょうか。

このタイプは、「不安を抱えた上司」（第3章）、「受動攻撃タイプの同僚」（第6章）、「知ったかぶり」（第

7章）と重複する部分があります。ぜひこれらの章も読み返して、「社内政治家」にも応用できる情報やアドバイスを探してみてください。

では、出世欲の塊のような人が、なぜそこまで計算高く、ときには卑劣な振る舞いすらしてしまうのか、その動機に迫ってみましょう。

❖政治的駆け引きの裏にあるもの

まずはっきりさせておかなければならないのは、社内政治はあらゆる職場に存在する、ということです。仕事とは人を相手にするものであり、人は論理よりも感情で動く生き物です。私たちは、相反する欲求やニーズ、そして心の奥底には（多くの場合、無意識の）偏見や不安を抱えています。他者と働くということは、さまざまな思惑が衝突する中で交渉をし、多くの場合は妥協点に達することを意味します。さらに近年になって、私たちの仕事はますます他者に依存するようになっています。研究によると、２０００年以降の20年間で、管理職や従業員が共同作業に費やす時間は、50パーセント以上も増えています。

ほとんどの人は職場で、ある程度の政治的駆け引きを行う必要があることを認識しています。２０１６年に人材派遣会社のアカウンテンプスが行った調査では、80パーセントの人が「職場には政治的な駆け引きが存在する」と答え、55パーセントの人が「自分もそこに参加している」と答えています。そして45パーセント以上の人が、「出世するためには社内政治に参加することが不可欠だと感じる」と答えているのです。これは、実際に研究結果によって裏づけられています。数多くの研究が、政治的手腕と出世のあいだに関連性があることを示しているのです。

同僚がなにを求めているのかを理解することは重要ですし（本書でも、ずっとそうすることを推奨してきています）、その理解を自分や組織の目標達成のために利用することは、ある種の政治的手腕といえるかもしれません。例えば、マーケティング部の同僚たちが最近なにを一番気にかけているのか把握できれば、彼らを説得して自分のプロジェクトに賛同してもらったり、直属の上司を飛ばして上層部に直接自分のアイディアを売りこんだりできるかもしれません。誰が権力と影響力を持っているのか把握し、ネットワークを活用すること自体は、その成果を単なる個人的な利益以上のものに使うのであれば、仕事をするうえで必須の、前向きなスキルといえます。

でも、政治家タイプのあなたの同僚が頭に描いているのは、おそらくそれとはまた別の種類の社内政治なのです。

いい社内政治と、悪い社内政治

社内政治について、どこまでが許容できる範囲で、どこからが有害なのか、区別するのは必ずしも簡単ではありません。上司の昇進を祝って花を贈ることを、ご機嫌とりだと言う人もいれば、やさしい心遣いだと言う人もいるでしょう。そして、上司との良好な関係がキャリアに役立つと考えたうえでの、政治的に賢明な行動と見る人もいるのです。

なにが適切でなにが不適切なのか判断するために、私は「この人は成功を摑むために、ほかの人を踏み台にしているだろうか？」と考えてみるようにしています。答えが「ノー」であれば、それはおそらくキャリアアップのための賢明なアプローチといえるでしょう。例えば、自分のチームの成功事例について発表するのは、自分の知名度を上げ、評価を高めるために有効な方法です。ほかの人が同じことをしようとするのを邪魔したり、ほかのチームの悪口を言ったりしない限りは、なんの害もないはずです。でも、もし誰かが意図的に会議参加者の過半数に根回しをして、ほかの人たちがアイディアを発表できないように画策するのであれば、それはまた別の話です。

私が本書を書く過程で話をしたある人は、「巧妙に人を操る同僚」について、次のように話してくれました。「彼はいつも、自分の優先順位をまわりに押しつけるんです。出世志向で、お金を稼ぎたいというモチベーションも高い人です。どんな犠牲を払ってでも欲しいものを手に入れるので、味方にするには最高の人物といえるでしょう。でも敵に回すと、戦争が始まります。わざと相手を不安にさせるようなことを言って、ほかの同僚に敵意をいだかせようとします。そして、いつも自分の都合のいいように話を組み立てるんです。例えば、『君にこの話をするのは、君のことを信頼しているからなんだ』と言ったりします。でも本当は自分のことしか考えてないし、単に相手を味方につけたいだけなんです」

このような行いに人を駆り立てる動機とは、いったいどんなものなのでしょうか。

希少性、不安感、権力

もちろん人によって動機は異なりますが、社内政治家が熾烈な政治的駆け引きに身を投じる理由として、いくつか共通した要因が存在します。それは、「資源は限られているのだから、戦って手に入れなければいけない」という発想や、不安感または恐れ、そして権力や地位への欲求です。

過剰な競争へと人を駆り立てる動機の一つめが、希少性、つまり「自分のまわりにあるチャンスや資源は限られている」という考え方です。もし、夢にまでに見た給料や、自分が目指すプロジェクトを実施するための予算、あるいは上層部から常に注目されることなど、職場で自分の望むものを誰もが際限なく手に入れられるのなら、政治的な駆け引きを行う必要性はほとんどなくなります。でも実際は、資源は限られていて、私たちはそのために戦わざるをえなくなります。もしかするとあなたの同僚も、自分の目的を達成して立場を向上させるために、有限な資源を勝ちとろうとしているのかもしれません。

次に、社内政治に熱中するタイプの人は、不安や恐れを抱えていることもあります。メディア企業で働く私の友人は、自分の職場にいる社内政治家たちのほとんどは、仕事の能力に問題がある人たちだと言っていました。自分の無能さが露呈されることを恐れるあまり、部門長の提案にすべて同意したり、同僚からクライアントを奪ったりといった、卑怯な手段をとるのです（自慢話が無能さの隠れ蓑になるパターンについては、第3章で詳しく説明しています）。

最後に、出世に取り憑かれる人の中には、単に地位や権力への欲望に駆られている人も多くいます。ケロッグ経営大学院の教授であるジョン・マナーは、友人がこぼす上司の愚痴にヒントを得て、なぜ同僚を妨害しようとする人がいるのかを突きとめるべく、博士課程の学生とともに研究を行いました。その結果、チームのリーダー的地位にある人が、チーム内の自分のライバルにリーダーの資質がないように見せるために、情報を隠したり、相性の悪い人どうしを組ませたりして、意図的に自分のチームを弱体化させる場合さえあることがわかったのです。このタイプの野心的なリーダーは、競争相手を片っぱしから取り除くことで自分の地位を確かなものにしようとします。さらに、権力欲の強いリーダーたちは、自分の地位が危険にさらされていると感じると、みずからのチームすら妨害しようとする可能性が高くなることもわかりました。つまり、誰もが自分が優位に立とうと常に駆け引きをしあっているような職場では、人を蹴落として上に行こうとするタイプの人の行動が、特に顕著になるのです。

このような駆け引きを行う人が多いのは、それが実際に彼らの望む結果をもたらすからです。彼らはこうした行動によって、上司としての地位を維持し、昇進し、予算も手に入れることができます。でも、すべての人がこのような社内政治によって同じような成果を得られるのかというと、決してそういうわけではありません。

社内政治に参加できる人、できない人

例えば、女性は男性よりも政治的な駆け引きに関わるのが嫌いだと答える傾向が強く、専門家の中にはこれを「政治的スキル欠乏症（political skill deficiency）」と呼ぶ人もいます。これは、女性のほうが政治が下手だという意味ではありません。ただ、女性は駆け引きをしても男性と同じような利益が得られないことが多いために、出世競争にあまり参加しない（そのため、駆け引きに必要なスキルを身につけることができない）、ということを示唆しています。また、マイノリティに属する人たちも、たとえ白人男性と同じ政治的な行動をとっても、同じようなキャリア上の利点が得られないという研究結果があります。さらにある調査では、女性の81パーセント、男性の66パーセントが、「社内政治に関与しているとみなされた女性は、男性よりも厳しい目で見られる」と答えています。

このため、女性や人種的マイノリティに属する人びとは、ある種のジレンマにおちいっています。社内政治にまったく関わらずに仕事をスムーズにこなすことは不可能だとわかってはいても、自分と同じような人（女性やマイノリティ）が実際に駆け引きに関与してネガティブな結果に終わるのを目にしているため、やはり社内政治に参加するのはためらわれる、というわけです。

この板挟みについては、社内政治家に対処するうえで念頭に置いておいたほうがいいでしょう。あなたの同僚が駆け引きに熱心なのは、ジェンダーや人種によってもたらされる特権や自由を手にしているためかもしれませんし、それなのになかなか出世できずにいらだっているからかもしれないのです。

バーチャルな職場環境で起きていること

コロナ禍でリモートワークへのシフトが大きく加速したことで、社内政治家の競争欲はさらに高まっている可能性があります。職場にいる人たち全員を監視できなかったり、誰と誰が仲よくしているのか、誰が上層部と一番長い時間を過ごしているのか、といった状況を観察できなかったりするため、自分の立場を不安に思う気持ちが強まってしまうのです。さらに、コロナ禍で経営環境が悪化して、得られる資源が通常よりも限られ、争奪戦が起きてしまう場合もあります。

また、メールとＺｏｏｍだけで仕事をしていると、社内政治家が水面下でどんな動きをしているのかも見えにくくなります。リーダーシップ・コンサルタントで、チームにおける社内政治の健全さを図るツールを開発しているナンシー・ハルパーンは、次のように語っています。「目に見えないところでさまざまなやりとりが起きていて、いつ、誰が、どういう会話をしているのか、さっぱりわからなくなっています。会議中の画面に唐突に新しい参加者が現れて、いったい誰がその人を招待したのか、なんのために出席しているのかすら不明、ということもあります」。これは、実際に私も経験したことがあります。リモート会議中に、プライベート・チャット機能を使ってしばらく会っていない同僚にあいさつをしたり、誰かの着ているセーターをほめたりしていると、今この瞬間に同じようにチャットを使って、ほかに誰がどんな話をしているんだろうと考えてしまうものです。

とはいえ、ときには「知らぬが仏」ということもあります。社内政治家の同僚が上司におべっかを使ったり、誰かの悪口を言っているのを目の当たりにせずにすむほうが、彼らとうまくやっていきやすいかもしれませんから。

うわさ話に関する注意点

うわさ話は、出世欲の強い人がよく使う武器の一つです。彼らは、意図的にうわさを広めたり情報を集めたりするだけでなく、情報を独りじめすべきか共有すべきかを戦略的に判断します。そして、特定の誰かに関するおいしい情報を入手するために、手持ちのネタを利用したりもします。このような悪だくみのターゲットにされると、単にイライラするというだけでなく、悪くすればキャリアに害が出かねません。

それでも、誰しもときにはうわさ話をしてしまうものです。社内政治家がゴシップに花を咲かせているのを見て嫌悪感を感じることもあるかもしれませんが、うわさ話を完全に否定してしまうのは賢明ではない場合があります。「私はそこにいない人の話は絶対にしない」と決めてしまうと、重要な情報を聞き逃してしまうこともあるのです。例えば、最近どのチームが大きな取引をしたかとか、社長からの承認の見こみが高いプロジェクトはどれかなど、職場での世間話は会社の最新情報を把握するうえで非常に役立つのです。

一方で、うわさ話が個人的なものであったり（「〇〇さんが離婚したらしい」など）、人の悪口（「あの人は仕事ができない」など）であった場合、そこには弊害が伴います。研究によると、ネガティブなゴシップは人の気持ちを傷つけるだけでなく、生産性や信頼関係を低下させ、組織の分断を生む可能性があることがわかっています。ですから、うわさ話についても、社内政治家のほかの行動と同じく、「この人は、うわさ話をすることで、誰かを踏み台にしているだろうか？」という問いを自分に投げかけてみることをおすすめします。

この質問への答えによって、うわさ話に参加するかどうかを決めることができるはずです。出世のために手段を選ばない同僚にどのように対処すべきか決める前に、このほかにもいくつかの質問に答えてみましょう。

❖自分への問いかけ

ほかのタイプと同じく、社内政治家についても、相手の欠点のうち、どの部分が問題を引き起こしているのか、考えてみることが重要です。

具体的に、同僚のどの行動が問題ですか？　問題のレベルはどの程度のものですか？

誰かが野心的だというだけで、不当な評価をしたり罰したりすることは避けたいものです。誰かが出世を目指していて、一方であなたはそうではない、という状況があったとして、それはそれでいいのです。その状況だけで、相手に悪意があると決めつけないようにしてください。それよりも、相手のしていることのなにが気にさわるのか、自問自答してみましょう。その人の攻めの姿勢をとにかく不快に感じるのでしょうか？　それともその人が、会社、チーム、あるいはあなたのキャリアにとって現実的な脅威となっているのでしょうか？　あなたの手柄を奪っているのでしょうか？　嘘をついているのでしょうか？　うわさ話を広めているのでしょうか？　ほかの人をおとしいれているのでしょうか？　彼らの行動が生み出している弊害とは、どのようなものでしょうか？　それによって、あなたやまわりの人はどんな被害を受けていますか？

もう一つ、頻度も重要です。これについては、ナンシー・ハルパーンがわかりやすい目安を提示してくれています。「相手が1度だけなにかをしたなら、気にせず忘れてしまいなさい。2回やったら、心に留めておいて。3度めがあったら、そこには規則性があるということです」。例えば、同僚がちょっとした嘘をついていることに気づいたとして、その嘘がそれほど重大な結果を招かないようなものであれば、とりあえず無視してもいいでしょう。でも同じことが繰り返し起きたり、被害を生んだりするのであれば、行動を起こすべきです。

組織内の権力者たちは、社内政治をどう考えていますか？

従業員が社内政治に身を投じるかどうか、そして、それによって成果を得るかどうかには、組織の文化も関係しています。極端に競争の激しい職場であれば、政治的な駆け引きに夢中になるのはごく普通のことかもしれません。特に、昇進を決める権限を持つ人たちが不安感の強いタイプだったり、本人も政治的な行動をする人だったりすると、なおさらです。あなたの職場で実際にどんな人が昇進し、高く評価されているのか、気をつけて見てみてください。出世しているのは、組織内の駆け引きを通して、のし上がろうとするタイプの人たちでしょうか。

あなたも社内政治に、もっと積極的になるべきかも？

この問いは、一見すると本末転倒のように感じられるかもしれません。でも、あなた自身も、もっと社内政治に参加したほうがいいのではないか、という点も考えてみるとよいでしょう。説得力を高めたり、影響力のあるリーダーと人脈を作ることは、あなたのチームの助けになりますか？　あるいは、社内政治家の自信のほどを少しだけ見習って、自分の業績に見あった収入を得られるように上司に求めたり、あなたの知名度が上がるような重要なプロジェクトへの参加を希望したりすることは可能ですか？　もちろん、黙っていても仕事の成果が認められるのが理想的ですが、ほとんどの職場では、なかなかそうもいかないものです。ですから、社内政治家から学べることがないか、考えてみてください。当然、社会的な倫理に反することをしたり、あなたから見て不快な戦略をまねするのは避けるべきですが、同僚がどうやって上層部から気に入られるのかをよく観察し、まねする価値のある戦略があるかどうか、目を光らせてみることはできるでしょう。

以上の問いについて検証したあとは、同僚との関係改善に向けてどんな対策をとるべきか、考えてみましょう。

◈試してみたい対策

社内政治家は職場で強力な人脈を持っていることが多く、自分をよく見せる方法も知っています。そのため、彼らの問題行動を指摘し、責任をとらせるのは簡単ではありません。さらに彼らにとっては、自信過剰な態度によって（第7章で見たように）実際に望んだ成果を得ているわけですから、今までのやり方を変える利点がほとんどないのです。ですから、相手の鼻をへし折ってやろうとするよりも（これはいずれにしても、めったにうまくいきませんが）、自分が巻きこまれずにすむ方法を考えるところから始めてみましょう。

駆け引きに巻きこまれないようにする

あなたに多少なりとも負けず嫌いなところがあるなら（私はあります）、駆け引きを仕掛けてくる同僚を打ち負かしたい誘惑に駆られることでしょう。例えばあなたに関するうわさを広められたら、仕返しに同じことをしてやろう、と思うことがあるかもしれません。でも、絶対に実行しないでください。不健全な競争やゴシップ合戦に関わると、たとえそれを始めたのがあなたではなく相手だったとしても、結局はあなたの印象を悪くしてしまいます。よくない印象をまわりに与えたり、自分の価値観に合わないことをするのは避けましょう。

例えば、アキーラの上司であるラジーブは、自分が会社でどう見られているかをいつも気にして、注目を浴びたがっていました。アキーラが特に不満を感じていたのは、ラジーブが自分をよく見せるために、過剰な量の仕事を引き受けることでした。その結果、いつも自分が率いるチームに非現実的な目標を課して、みんなにプレッシャーをかけるのです。アキーラは、ときには「反撃したい」という誘惑に負けることもあったと言います。「悔しくて、仕返しのつもりで何日もラジーブに返信をしないこともありました。でもそれは逆効果で、私が無責任だということになってしまいました」。ラジーブが設定した目標をチームが達成できず、ラジーブから怒りをぶつけられると、当然のことながらアキーラは冷静でいることができませんでした。「感情的になったラジーブから怒鳴られたりすると、私はその場で反論しました。でもそれは、彼の怒りに油を注ぐだけでした」とアキーラは言います。そこでアキーラは、ラジーブとのあいだに感情的な距離を置くことにしました。「彼に失礼な態度をとられたときは、どこか静かなところに行って涙を流したり、深呼吸をしたりして、感情を吐き出しました。ラジーブの行動を変えることはできなくても、そうやって自分の気分を少し楽にすることはできたんです」

自分の仕事ぶりをアピールする

アキーラが経験したように、同僚や上司の政治的な駆け引きは、あなたの評判やキャリアを傷つけかねません。ですから、生産的な（かつ倫理的な）方法を使って、あなたの功績を、しかるべき人にきちんと知ってもらうようにしましょう。直属の上層部にプロジェクトの進捗状況を報告したり、ほかのチームに彼らのためにどれほど時間や労力を提供しているかをはっきりわかるように伝えたり、自分が主導している取り組みについて、全社会議で発表したりすることもできます。

私が非公式のアドバイザーとして、あるプロジェクトに参加していたときのことです。正式な担当として関わっていたわけではなかったので、ときどき上司に「嬉しいことに、担当チームが私の意見をいくつか採用してくれたんですよ」といった言い方でこの件に触れるようにしていました。さらに、部署の会議でそのプロジェクトの発表があったときには、自分が関わっていることがアピールできるような質問をしました。このようなちょっとしたやり方で、自分の知名度を上げることができただけでなく、社内政治家たちに私の手柄を奪われるのを防ぐことができたのです。

もちろん、自分の宣伝をするのは必ずしも簡単ではありません。また、女性は自己アピールをすることで反感を買うことも多いため、男性よりも、そのような行動が少ないことが研究でわかっています。かわりにできることとして、あなたの貢献についてよく知っている同僚を見つけましょう。そして、会議や会話であなたのプロジェクトが話題になったときに、あなたの代弁者として発言してもらうのです。協力してくれそうな同僚がいたら、「この報告書を一生懸命作ったんだけど、自分の功績をアピールするのが苦手なんです。そこでお願いなんですが、会議中、私に報告書に関する質問をしてもらえませんか？　そうすれば、あらためて解説することができると思うんです」などと言ってみましょう。このような仲間どうしによる協力体制は、どちらの側にとっても利点があります。あなたは自分の仕事を評価されますし、相手は好奇心旺盛で、熱心で、私心のない人だという評判を得ることができるからです。

出世欲の強い同僚が、あなたの手柄を横取りしようとしたり、重要なプロジェクトへの貢献を過小評価しようとしてきたときには、自分が取り組んでいる仕事の内容を、上司へのメールなど、あとに残る形で記録しておくと効果的です。証拠を残しておけば、相手からおとしいれられるのを防ぐことができます。

手助けを申し出る

社内政治家に援助を申し出ると、驚くほど警戒心を解いてくれることがあります。彼らはすべての人を敵とみなすことに慣れているうえに、寛大な申し出やサポートを受けた経験がそれほどないからです。例えば、いっしょにプロジェクトを進めるとか、彼らが主導する取り組みについてアドバイスすることを申し出たり、あるいは彼らにとって価値がある情報を提供したりすることができます。多くの人は、自分を助けてくれた人を助けたくなるものですし（互恵の法則）、援助を申し出ることで相手の好意を得ることができるかもしれません。

このアプローチを実践する際に、一つ注意してほしいことがあります。それは、ほかの同僚たちが相手のことをどう見ているのかに気を配ることです。相手と協調しようとして、まわりからあなたも同類だと思われるのは避けたいところです。ただし、あなたの評判がよければ、悪名高き「出世の鬼」を協力者に変えようとするあなたの努力が、まわりからさらに評価されるかもしれません。

アドバイスを求める

次に紹介する対策は、交渉術に関する研究で指摘されている点です。これも、一見すると矛盾しているように感じるかもしれません。出世競争に熱中する同僚に、アドバイスを求めてみるのです。難しいクライアントに宛てたメールの書き方から、上層部から支持を得るために彼らをどう口説けばいいのかにいたるまで、題材はなんでもいいので、相談役になってくれるように頼むことで、相手の信頼を得られる場合があります。あなたが自分の意見を重視していると知ることで、彼らはあなたのことをライバルではなく、仲間として見るようになる可能性があるのです。研究によると、人はアドバイスを求められると、相手を競争相手ではなく協力者とみなすようになるそうです。うまくすれば、相手の心を摑んで味方にできるかもしれません。相手からもらったアドバイスを実践することで、彼らがあなたの成功のために力を貸してくれる可能性はさらに高まります。

この対策のもう一つの利点は、「あなたならどうしますか?」と問いかけることで、相手があなたの視点から物事を見る機会を作れる、ということです。前述のアキーラはラジーブに対して、この作戦を実施しました。いっしょに取り組んでいるプロジェクトで少しでも不安な点が出てきたら、すぐにラジーブに報告して意見を聞くようにしたのです。「彼をプロジェクトに巻きこむことで、だんだん態度が友好的になっていくのがわかりました。私は決して『敵』ではないと感じてくれたんだと思います」とアキーラは話してくれました。

態度の急変には要注意

出世の鬼タイプの同僚があなたを信頼する様子を見せはじめたら、慎重に行動してください。対立するよりは足並みがそろっているほうが安心するかもしれませんが、警戒心は弱めないようにしましょう。彼らは、自分の利益のためにあなたを利用しているだけかもしれません。ほかの人についての情報をあなたに吹きこんで、うわさが広まるように仕向けたり、「いい人」風の行動をして自分をよく見せようとしている可能性があります。相手の意図に注意し、「すみません、私にこの情報をどうしてほしいんですか?」あるいは、「なぜその話を私にするんですか?」という具合に、率直に尋ねてみてください。謙虚に、純粋な好奇心を持って問いかければ、相手を非難しているようには聞こえないはずです。

率直に問題を指摘する

権力を夢中になって追い求める人が、率直なタイプであることはまれです。だからこそ、こちらがはっきりした態度をとることで、相手の不意を突くことができる場合があります。さらに、ほかの多くのタイプと同じように、社内政治家は自分が周囲に与えている悪影響に気づいていないことがよくあります。目の前に鏡をかざすことで、その人が自分がまわりからどう見られているのかに気づき、変わろうとするチャンスを与えてあげられるかもしれません。ただし、彼らと話をするときには、感情や判断を排した中立的な言葉を選ぶように気をつけてください。

もちろん彼らは、自分がまわりに害をもたらしていることを否定するかもしれませんが、それでもいいのです。少なくとも、あなたは状況を把握していて、簡単に利用されることはないと認識させることはできるからです。

ただし、もし同僚があなたとの会話をうわさ話のネタにするなどして利用し、あなたをおとしめようとする恐れがあると感じるなら、この作戦はやめて、ほかの方法を試してください。

陸軍で歩兵部隊の人事部に勤務していたカークは、職員が提出した自己評価表を見直しているときに、あることに気づきました。同僚のバーナードが、カークが提案したアイディアを自分のものであるかのように報告していたのです。カークが発案したのは、チームが業務報告をする際に、作業の重複を避けて時間を節約することができる新しい手法でした。ところがバーナードは、あたかもその発案者が自分であるかのように見せていたのです。

カークはバーナードに直談判《じかだんぱん》して、なぜ新しい手法を自分のアイディアであるかのように報告したのか、尋ねました。バーナードは最初、虚をつかれたような様子でしたが、カークの質問に対して「そんなことはどうでもいい、誰の手柄でも同じことだ、と言いたげな態度」を見せたといいます。バーナードはふだんから、「自分の達成したことをすぐに人に披露して、努力が認められないとブツブツ文句を言う」タイプだったので、カークはその様子を見て強い違和感を感じたそうです。

カークはこの出来事をきっかけに、バーナードから意見を求められたときは必ず、ほかの人をCC（同報リスト）に入れてメールを返すようになりました。「よその部署が関わるプロジェクトの場合は、知りあいの上層部の人をBCC（誰に同報したのかわからないリスト）に入れることにしました」とカークは言います。「自分の業績を横取りされないように、守る必要があったんです」。これが、問題行動の芽を摘む結果となりました。まわりの人たちが状況を把握するようになったため、バーナードがほかの人の手柄を盗むことはなくなったのです。

相手の策略に合ったアプローチを考える

社内政治家は、「嘘をつく」「うわさ話を広める」「手柄を盗む」という、3つの手口をよく使います。それぞれについて、どう対処すべきかを見ていきましょう。

嘘をつく

嘘を多用する同僚を相手にしていると、本当のことを言っているのは誰か、という争いにすぐ発展してしまいがちです。相手の発言が事実と異なることをやんわりと指摘し、反証となる情報を提示して反論できるのであれば、ぜひそうしてください。最初は、ほかの人の目に触れないところでやるのがいいでしょう。例えばメールを送って（これはあとから、あなたが誠意を持って対処したという証拠にもなります）、「あなたのチームが新機能のリリースについて知らされていなかったとおっしゃっていたそうですが、これを聞いて困惑しています。以下のメールのやりとりを見ればわかるように、9月に我々のあいだでこの話をしたはずだからです」と言うことができます。こうすることで、ごまかしをやんわりと暴き、今後同じ手段は通用しないことを明確に伝えられます。もし、このような一対一のアプローチで相手から望んだ対応が得られない（あるいは無視された）場合は、上司に報告するか、次に人前で嘘をつかれたときに、その場ですぐに指摘してみてください。

うわさ話を広める

ネガティブなうわさ話を耳にしたときは、可能な限りその場で中断させてください。駆け引き好きの同僚が、誰かの気持ちや評判を傷つけるようなことを口にしたら、声をあげましょう。もちろんこれは、勇気のいることですが、2~3回繰り返すだけでも、相手はこちらの意図に気づくはずです。例えば相手が、チームのほかのメンバーの悪口を言いはじめたら、「○○さん本人には、あなたがそう感じていることを伝えましたか?」と返すことができます。あるいは一歩踏みこんで、逆の情報を提供することで、ゴシップを中和するという方法もあります。例えば、相手が同僚の業績を悪く言ったり、会話の中でその人の名前が出るだけでため息をつくなどした場合、あなたがその人の仕事ぶりに感心した具体的なエピソードを紹介するなどして対抗できます。

相手があなたについての有害なうわさ話を広めていることがわかったときは、直談判してください。できるだけ具体的に説明し、相手を責めるような口調にならないように気をつけましょう。例えば、「私の会議の進め方について、あなたが不満を感じているという話を何度か耳にしました。なにか私に伝えたいことがあれば、聞かせてください」と言うことができます。ここでも、相手はシラを切ろうとするかもしれませんが、少なくとも、あなたが相手の行いを放っておく気はないと示したことになります。

手柄を盗む

実際にはほとんど関わっていないプロジェクトについて、同僚が自分の成果であるかのように主張していることに気づいたら、まずは質問を投げかけてみてください。「あのプロジェクトの話になると、『僕たちのプロジェクト』と言わずに『僕のプロジェクト』という言い方をしていますよね。わざとそうしているんですか？　もうしそうなら、なぜですか？」という具合です。質問することで、相手は自分の行動を説明する必要に迫られ、なぜ自分の手柄にしていいと考えたのか、釈明しなくてはならなくなります。

中には、無意識に手柄を盗もうとする人もいます。ですから、相手が自分のしていたことに気づいて過ちを認める余地を残すようにしてください。そして、どうすれば間違いを正せるか話しあいましょう。例えば同僚が、あなたの功績に感謝するメールをチーム全員に宛てて送ったり、2人でいっしょに上司に話をして誤解を正す、といったことができます。

同僚がこれまでにも誰かの手柄を横取りしたことがある場合、積極的に防衛策をとりましょう。誰の功績として扱うか、事前に合意をとっておくのです。誰が上層部にアイディアをプレゼンするのか、誰が質問を受けるのか、誰が新製品のリリースを社内に知らせるのか、といったことをはっきりと決めましょう。合意した内容を書き留めておき、プロジェクトの関係者全員にメールで配布しておくと、誤解の余地がなくなります。

使えるフレーズ

人を踏み台にしてでも出世しようとする同僚を目の前にすると、思わず言葉に詰まってしまうかもしれません。そういう人だとわかってはいても、やはりいざとなると感情がたかぶってしまうものです。そんなときは、ここで紹介するフレーズを使って、対策を試してみてください。

協力できる関係であることを強調する、手助けを申し出る

「私たちは同じチームの一員です」

「どうすればお互いに協力して、チーム(または会社)に貢献できるか話しあいましょう」

「会議で自分がまわりにどんな印象を与えているか、わかってる? 全体を見ずに、自分のことしか考えていないように見えるときがあるよ」

嘘に対処する

「それは私の記憶とは違うようです。行き違いがないように、いっしょにメール（または議事録、チャットの履歴）を見返してみませんか？」

「新機能のリリースを主導したのがあなたのチームだとおっしゃっていたのを聞いて、戸惑いました。以下のメールのやりとりを見ればわかるように、担当したのはうちのチームです」

うわさ話に対処する

「そんなつもりはないと思うけど、これってゴシップだよね」

「相手は、あなたがそう感じていることを知っていますか？」

「あなたが今のやり方に不満を持っていると耳にしました。ぜひ意見を聞かせてください」

「次からは、私に直接言ってください」

手柄の横取りに対処する

「資料に私の名前が入っていません。データをいただければ、私のほうで付け足します」

「あのプロジェクトの話になると、『僕たちのプロジェクト』と言わずに『僕のプロジェクト』という言い方をしていますよね。わざとそうしているんですか？　もしそうなら、なぜですか？」

「この計画について、チーム内での役割分担が不明瞭です。次回の会議までに、誰がなにを担当するか明確にしませんか？」

「全員が業績をちゃんと評価されるようにするには、どうしたらいいと思いますか？」

寛大さの模範を示す

これはどんな場合にもいえることですが、相手に望む行動を、まずは自分が見本として示しましょう。手柄はできるだけ分かちあい、会議でほかの人を惜しみなくほめましょう。そうすることで、チーム内の信頼と積極性が高まるだけでなく、（問題のある同僚も含め）まわりの人も同じように行動しやすくなります。なにかあればすぐに裏切るようなタイプの人でも、あなたがやさしく接すれば、緊張を解くかもしれません。もしそうならなくても、少なくともあなたが攻撃されたときに味方になってくれる人を増やすことができます。ただし、やりすぎは禁物です。例えば、プロジェクトに少しでも関わった人たち全員にお礼を言ってまわるようだと、単に八方美人な人だと思われる恐れがあります。本当に感謝すべき人にだけ、感謝するようにしましょう。

＊　＊　＊

この章の冒頭で紹介したオーウェンは、育児休暇を終え、学部長の座に戻りました。クラリッサはあいかわらず、彼のポジションを狙っているようでしたが、オーウェンは気にしないことにしました。実際のところ、クラリッサは最も有力な後継者候補だったので、引き継ぎが現実となったときのために、彼女の準備に力を注ごうと考えたのです。幹部との会議にはクラリッサも参加させ、意思決定の際には彼女の助言も求めるようにしました。味方として扱うことで、彼女の成功を願っていることを示し、競争に持ちこもうとする彼女の気持ちをなだめることができたのです。

社内政治家に対してどんなアプローチが一番効果的なのか考えるとき、私はいつも前述のドラマ『ジ・オフィス』での、ジムのドワイトに対する態度を思いだします。ジムは決して同僚のドワイトと同じ土俵に立とうとはせず、ユーモアと遊び心を持って接します。もちろんときにはドワイトをからかったり、いたずらを仕掛けたりもしますが、あくまで倫理的に振る舞い、ほかの人との関係から慰めを得て、自分の仕事をしっかりとこなし、ドワイトの理不尽な行いの裏に人間らしさを感じることすらあります。ほとんどの場合、ドワイトは自分のことしか考えていないのですが、心の底では同僚たちを気にかけていることも、ジムにはわかっているのです。

自分の成功のことしか考えていないように見える人といっしょに働くのは簡単ではありませんが、彼らもまた人間なのだということを心に留めておくと、助けになるかもしれません。

覚えておくべき対策　社内政治家

やるべきこと

- ●復讐ではなく、協調を選ぶ。
- ●生産的（かつ倫理的）な方法で、まわりの人に自分の功績を知ってもらうようにする。
- ●誰がどのようにプロジェクトに貢献したか、記録を残すことで、手柄を盗まれないようにする。
- ●手助けを申し出る。共同でのプロジェクトや、相手が主導する取り組みのためのアドバイスを申し出る。あるいは、相手にとって価値のある情報や知見を提供する。

注意すべきこと

●相手があなたの悪口を言っているようなときは特に、「放っておいても自分の功績は認められるだろう」と考えて油断しないようにする。
●相手と同じ土俵に立って、彼らの仕掛けてくる駆け引きで相手に勝とうとしない。
●相手が調子を合わせてきても、すぐに信用せず、慎重に話を進める。

第11章

誰とでもうまくやっていくための9つの原則

——変化はきっと起きる！

同僚との付きあいにおいて、私はこれまでに何度も失敗してきました。その場の勢いで、受動攻撃的な言葉を浴びせたこともあります。送信の取り消しができたらと後悔するような、思いやりのないメールを送ってしまったこともあります。理不尽な相手を前に、わざとらしくため息をついてみせたこともあれば、顔では微笑みながら内心「あなたが大嫌い。どうして私がこんな作業をさせられなきゃいけないの？　あなたなんて会社を辞めてくれたらいいのに」と願ったこともあります。そして、努力しているにもかかわらず、思うようにいかないようなときには、同僚の陰口を言ったことだってあります。

複雑な人間関係を生きていく中で、すべてを完璧にできる人はいません。しかし私は、相手がこれまでに紹介した8つのタイプにぴったり当てはまる人であれ、分類できないタイプの人であれ、人とうまくやっていくうえで「通りの自分の側を掃除する」ために、何度も立ち返ることのできるチェックポイントがあることを学びました。

次に紹介する9つの原則は、これまでの章でも触れてきた考え方なので、見覚えがあると思います。この章では、それらをあらためて取りあげ、さらに掘り下げていきます。というのも、これらの原則は私にとって、人間関係における対処法の基礎となるものだからです。対立する相手がどんな人であれ、意思を強く持って仕事で力を発揮していくために、これらの原則が助けになってくれることを願っています。

そして、問題のある同僚に対してとるべき行動を決める前に、この章を最後まで読んでいただくことをおすすめします。例えば、あなたが相手にしているのが受動攻撃タイプの同僚である場合は、第6章で紹介した作戦を参考にして対策計画を立てることになるでしょう。でも実際にそれを行動に移す前に、本章で紹介するアドバイスも考慮に入れるようにしてください(9つの原則について一通り読んだあとは、図表11－1を使って、自分の戦略を確認してみましょう)。

第2章で学んだ通り、同僚との関係に手こずっているとき、私たちの脳は私たち自身に不利なはたらきをすることがよくあります。自分の身に対する脅威を感じてストレスがかかった状態になると、百戦錬磨の仕事のプロでさえ、目の前の目的のことしか考えられなくなってしまいます。その目的とは、「チームのみんなにいいところを見せなきゃ」「この会話から抜け出したい!」「競争に勝たなければ」「みんなに好かれたい」といったものです。そうなると、どう行動すべきかを簡単に見失ってしまうのです。

そうした瞬間に、ここで紹介する原則に立ち戻ることが、「人とうまくやっていく」という本来の目的地にたどり着く助けになるはずです。人間関係の荒れ狂う海原を渡っていくための計画をじっくり考え、慎重に準備を整えていきましょう。

❖9つの原則

原則1　自分がコントロールできることに集中する

パオラは、部下の一人であるフランコとの関係に苦しんでいました。パオラから見て、フランコは驚くほど頑固な人間でした。自分の仕事に役立つような知識や情報を、チーム内のほかの誰かが持っているかもしれない、ということを、断固として認めないのです（つまり、典型的な「知ったかぶり」です）。上から目線で話したり、ほかの人の話に割って入ったりといったフランコの行動は、チームのメンバーたちを困らせ、彼自身の仕事にも悪影響を与えていました。でも、そのことをパオラが直接彼に指摘しても、フランコは行動を変えませんでした。パオラは、彼の耳には自分の言葉がまったく届いていないのではないかという気すらしたといいます。

　問題のある同僚の行動を簡単に変えさせる方法があるのなら、この本はとても短いものになったことでしょう。現実には、誰かに言われたからといって行動を変える人は、ほとんどいません。人が変わるのは、本人が変わりたいと思ったときだけだからです。

「こちらがちゃんと説明すれば、相手はきっとわかってくれる」と思いたくなるような状況に、私も何度も遭遇してきました。ライバルの目を開かせ、自分のやり方がどう間違っていたのかを理解させ、行いを完全に改めることを誓わせるような、すばらしい言動をしている自分の姿を、誰しも思い描いたことがあると思います。でも、ペンシルバニア大学ウォートン校の教授で『THINK AGAIN 発想を変える、思い込みを手放す』（三笠書房）の著者であるアダム・グラントが言っているように、あなたの考え方を相手に伝えることが、その人の助けになるとは限りません。グラントは、次のように書いています。「私はもはや、それが誰であれ、人の考えを変えさせることが自分の役目だとは思っていない。私にできるのは、相手の考えを理解しようと努め、もう一度考え直してみる気はないかと尋ねることだけだ。あとは、その人次第なのだ」。これは実に、的を射た言葉だと思います。

　前述のパオラは、部下のフランコに手を焼きながらも、彼を変えることはできませんでした。そこで彼女は、自分が変われる点に集中することにしました。毎週1回の一対一の面談のうち5分間を、彼の行動がチームや本人の仕事ぶりに与える影響を指摘する時間にあて、前よりも頻繁に意見交換を行うようにしたのです。

あとは、自分がアプローチを変えたことでフランコが行動を変える気になってくれることを願うしかありませんでした。時とともにフランコの傲慢な態度がわずかながら改善したのを見たパオラは、当初願っていたほどには彼が変わってくれなかったとはいえ、自分の選択が間違っていなかったことを知って、気持ちが楽になったといいます。

正直にいうと、私はよく言われる「人を変えることはできない」というアドバイスに全面的に賛成するわけではありません。これまでに多くの専門家が、例えば受動攻撃タイプの同僚に「もっとストレートな言い方をしたほうがいい」と伝えたり、被害者役を演じがちな同僚に、自分の失敗の責任をとるように説得したりして成功するのを、実際に見たことがあるからです。とはいえ、「同僚とうまくやっていくためには、相手を変えるほかない」と信じこんでしまうのが大きなリスクであることは間違いありません。相手が、変わることができない人であったり、変わりたくないと感じているかもしれないからです。結局のところ、あなたが本当にコントロールできるのは、自分自身だけなのです。

原則2　自分の視点は、1つの視点に過ぎないと知る

何年か前、カーラという同僚といっしょに仕事をしたときのことです。あるプロジェクトに必要な時間を見積もろうとしていたときに、私と彼女のあいだで意見が分かれました。最初に意見を尋ねたとき、彼女が私の予想の4倍にあたる期間を答えたのを聞いて、私はショックを受けました。そのとき私の頭に浮

りました。

2人とも、相手が間違っているのは明らかで、打ちあわせはピリピリと張りつめたものにな

を唱えました。すると、彼女も私の予想について、同じくありえないと考えていることがわかったのです。

ないの⁉︎」という思いでした。彼女の考えは完全に間違っているという確信に突き動かされて、私は異論

かんだのは、「わあ、私たちって、ぜんぜん意見が違うんだ！」ではなく、「この人、頭がおかしいんじゃ

そこで浮き彫りになっていたのは、このような難易度の高いやりとりで私たちがしばしば直面する現実の一つ、つまり、「客観的な真実というものは、ほとんど存在しない」ということです。職場で出会う人たちは、みんなそれぞれ違う視点や価値観を持っています。会議に5分遅刻するのは許容範囲かどうか、といったささいなことから、誰かが延々としゃべりつづけるのに割って入るのは正しいことかどうかとか、仕事でミスをした人にどう対処すべきかにいたるまで、ありとあらゆることについて、異なる意見を持っています。常に気が合う人とだけ仕事をする、という考えは、とても現実的とはいえません。

人の視点の違いに関して、社会心理学の分野では、「ナイーブ・リアリズム」という概念があります。これは、「自分は自分を取り巻く世界を客観的に見ることができており、誰かが自分とは異なる見方をしているとしたら、それは彼らが必要な情報を持っていないか、理性に欠けるか、偏見を持っているからだ」と考える態度を指します。この分野のある研究では、被験者に例えば「ハッピー・バースデー」のような有名な歌のリズムだけを刻んでもらい、聞いている人がなんの曲かを当てる、という実験を行いました。リズムを刻んでいる人は、聞いている人は50パーセントくらいの確率で正しい曲を答えるだろうと予想しましたが、実際の正解率は、それよりはるかに低い2・5パーセントでした。それが歌のメロディであれ、今期の予算不足を解決するための方法であれ、人は自分にとって既知の事実であることについては、ほか

の人がそれを知らないという状態が、なかなか想像できないものなのです。

こうしたナイーブ・リアリズムには、もう一つ別の認知バイアスが関係しています。それが、「基本的な帰属のエラー」です。これは、例えば誰かの行動を見たときに、それがその人が置かれた状況のせいというよりも、性格に関係があると思いこんでしまうような傾向のことです。つまり、同僚が会議に遅刻してきたとして、「渋滞に巻きこまれていたのかもしれない」とか、「前の会議が長引いたのだろう」とは考えず、「あの人がだらしないからだ」とか、「他人の時間を尊重しないからだ」と考えるのがこれにあたります。一方で私たちは、自分自身のこととなると、その逆のことをしがちです。自分が遅刻しそうなときは、それが自分の宿命的な欠点によるものだとは考えず、その原因となりうるありとあらゆる事情にばかり目を向けるのです。

同僚とうまくやっていくために、この2つの概念をぜひ覚えておいてください。私たちは誰でも、必ずしも真実ではない思いこみをしているものです。あなたと同僚の見解のあいだにある溝は、とても乗りこえられないように感じるかもしれません。特に、実際になにが起きたのかとか、誰の責任なのか、といったことで、1つの見方だけに固執してしまっているときはなおさらです。どちらの解釈が正しいか議論することはできますが、おそらく何時間費やしても客観的な「事実」について合意にいたることはないでしょう。それに、過去の出来事を蒸し返しても、お互い感情的にかたくなになって行き詰まることがほとんどです。それよりも、今後どうしていくかに目を向けていくほうが賢明です。

うまくやっていくためには、同じ意見を持つ必要はありません。ただ互いの見解を尊重し、進むべき道を決めればいいのです。私は前述のカーラに対して、「あなたは完全に間違っている」と言い負かそうとするかわりに（最初はそうしてしまいましたが）、彼女の経験に基づく見解も（私の見解と同じように）

一理あると認めました。そして、話しあいを続ける中で彼女の指摘を聞いて、いくつか考えを変えました。すると、私が自分の考えを変える姿勢を示したことで、カーラもまた考えを変えたのです。私たちは最終的に合意（彼女にとってはいささか野心的すぎ、私から見ると少しのんびりしすぎるように思えるが、お互いにとって許容範囲といえるスケジュール）にいたることができました。私たちに必要だったのは、世界観を共有することではなく、進むべき道を切り開くことだったのです。

今は私も、相手に自分の見方を押しつけようとしたり、どちらが正しいか、なにが「真実」かを決めようとしてエネルギーを無駄に使うよりも、自分の視点に疑問を投げかけてみることに時間を費やすようにしています。

●私が間違っているとしたら？　自分の行動をどう変えられるだろう？
●私が信じていることが真実だと、どうしてわかる？　私にはどんな思いこみがあるのだろう？
●私と違う価値観や経験を持つ人なら、どんな見方をするだろう？

ここで重要なのは、これらの質問に対する答えそのものというより、自分に問いを投げかけてみるという行為そのものです。そうすることで、自分の考えはあくまでも自分の考えでしかないと思いだすことができるからです。ほかの人は私とは違った見方をするし、それでいいのです。

原則3　自分のバイアスに気づく

同僚とのやりとりは、自分の価値観や経験だけでなく、バイアス、つまり根拠のない思いこみや偏見の影響を受けます。「問題のある行動とはどんなものか」という定義さえ、私たちが職場に持ちこんでしまう偏見によって形づくられているのです。

ここで一つ、私のあまり自慢にはならない体験談をお話しします。コンサルタントとして働いていたときのことです。私はある黒人女性のクライアントに対して、会議中に反論することがなかなかできずにいました。彼女を怒らせるのではないかと心配だったのです。あるときクライアントのオフィスで、彼女の直属の部下である白人女性に廊下で呼び止められ、私が彼女の上司に対して遠慮しているように見える、と言われました。彼女の口調はやさしく、なぜ私が過去の会議とは態度を変えたのか、心から興味を持っているようでした。自分が実際になんと返事をしたのか正確には覚えていないのですが、クライアントを喜ばせたいから、というような内容のことを言ったのだと思います。でも、その後彼女が私に言った言葉は、一語一句はっきりと覚えています。「うちの上司は、あなたの頭を嚙み切ったりはしませんよ！」

今になって振り返ってみると、そのクライアントが部下から直接反論を受けている場面を何度も目にしたことがあったし、彼女はそのたびにきちんとした対応をしていました。たしかに彼女ははっきりとものを言い、厳しい質問をする人でしたが、声を荒らげるところは一度も見たことがありませんでした。私は「怒れる黒人女性」という偏見に、知らず知らずのうちに引きずられていたのです。そうして相手を型にはめてしまったばかりか、反撃されることを勝手に予想して、新しいアイディアを提示して現状を打破するという、コンサルタントとしての役割も十分に果たせずにいたのでした。

結局、私が反論できずにいたのは、クライアントのせいではまったくありませんでした。私自身と、私がいだいていた偏見が原因だったのです。

心理的なバイアスの難しいところは、自分で気づくことがなかなかできない、という点です。第2章で説明したように、私たちの脳はエネルギーを節約するようにできているため、人や物事をさっさとカテゴリーに当てはめて、人種やジェンダー、性的指向、階級などに関する社会的、歴史的なイメージと結びつけることで、近道をしたがります。その結果、「気楽な人たち」というレッテルを貼られているグループもあれば、「頭がいい」とか、あるいは「怖い」というレッテルを貼られているグループもあります。

ここで、人間関係を円滑にするうえで覚えておいてほしい2種類のバイアスがあります。「親和性バイアス」と「確証バイアス」です。

「親和性バイアス」とは、自分と似たような人と仲よくしようとする無意識の傾向のことです。つまり、私たちは自分と似た外見や信念、経歴を持つ人のほうに引き寄せられやすいのです。ジェンダーや人種、民族、学歴、身体能力、職場での地位などにおいて、同僚に自分と似た面が少ない場合、その人たちといっしょに働きたいと感じることは比較的少なくなります。だからこそ、同僚とのあいだで問題が起きたときには、「この問題には、私のバイアスがどのように影響しているだろう？　私たちに違いがあることが原因で、私が現在の状況をクリアにとらえられていない、という可能性はあるだろうか？」と考えてみることが不可欠なのです。

もう1つ、職場での人間関係にひそかに影響を与えがちなのが、「確証バイアス」です。これは、出来事や証拠を、すでに自分が持っている考えの裏づけとして解釈する傾向を指します。このバイアスは、同僚との関係に2つのパターンで影響します。1つは、あなたが同僚に対してネガティブな思いを持っていると、その人の行動を彼らに関する自分の信念（「仕事ができない」「やさしさが足りない」「自分のことしか考えていない」など）を裏づける証拠として解釈する可能性が高い、ということです。2つめが、あなたが同僚のことを8つのタイプ（あるいはまったく異なる分類）のどれかに当てはまるといったん思ってしまうと、該当しない行動をいくら目にしても、なかなか考えを変えられなくなってしまう、というパターンです。誰かのことを「いやなやつ」だと一度思ったら、いやなやつっぽい行動ばかりが目につくようにプログラミングされてしまうのです。

では、このようなバイアスを打破するには、どうすればいいのでしょうか。こうした場合、いくつかできることがあります。

自分のバイアスを知る

オンラインの診断テストを受けるなどして、自分が無意識のバイアスにどれほど影響を受けやすいかを知ることが、最初の一歩になります。このような診断テストは数多く開発されていますので、そちらを参考にしてください。

異なる視点について知る

自分でも気づいていない思いこみを明らかにするための方法も、たくさんあります。自分とは類似点が少ない人のSNSや記事、本などを読むのもいいでしょう。調べ物をしたり、地域のイベントに参加したりして、異文化について学ぶこともできます。このような取り組みは、自分が知らないうちに与えられていた特権や、ジェンダーや人種、セクシュアリティ、宗教などによって自分がどのような恩恵を受けているのか理解することにもつながります。

人に相談する

同僚と対立したときは、信頼できる人、それも、あなたにきちんと反論してくれる人に相談して、あなたの見方がどのように偏っているのかを検証してください。相談相手に対して単刀直入に、「この状況に、私のバイアスがどう影響していると思う?」と尋ねてもいいでしょう。

自分の解釈を疑ってみる

いざこざがあったときは、自分が事態を公平に見ているかどうか、何度も自問自答してください。第7章と第8章で紹介した「ひっくり返し検証」もやってみましょう。相手のジェンダー、人種、性的指向などが違っていたら、同じように感じますか? その場合でも、彼らに対して、同じ発言をしたり、同じ接し方をするでしょうか?

私はこの最後の方法を、前述のクライアントに対する自分の反応を検証するために使いました。「彼女が白人女性でも、あるいは黒人男性でも、『きっと怒ってるんだ』と考えるだろうか?」と自分に問うたのです。答えは明らかに、「ノー」でした。もしクライアントが男性だったら、同じ行動を見ても「情熱的」「仕事熱心」、あるいはせいぜい「そっけない」と感じることはあったかもしれませんが、「怒っている」とは思わなかったでしょう。これは私にとって、自分のロジックの破綻を見つけ、乗りこえていくうえで重要な機会となりました。もちろん、これだけで自分のバイアスが消え去った、というつもりはありません。でも、自分がバイアスに突き動かされていないかどうか、以前よりも慎重に自分をチェックすることができるようになったのです。

原則4 「わたし対やつら」という構図で見ない

意見の不一致があると、自分と相手のことを2人の別個の当事者(あるいは敵)として見てしまいがちです。紛争を切り抜けるためのアドバイスでよく使われる用語として、「相手方」があります。これは、自分に対立する、あるいは攻撃をしてくる誰か（なにか）が存在することを意味します。私も以前は、この言葉を用いていました。でも、今ではこのような構図は有害だと考えるようになりました。

物事を「わたし対あなた」という構図で見てしまうと、問題行動をしている人とそうでない人、あるいは間違っている人と正しい人、というように、状況は二極化します。第2章で説明した通り、このような単純な構図でストーリーを組み立てるのは、怒りや恐れ、痛み、防御などのネガティブな感情に対する私たちの脳の自然な反応です。「被害者対悪者」という物語の構図は心地よいものですが、現実には、どちらかだけに問題がある、ということはめったにありません。

同僚とうまくやっていくためには、これとは違う考え方のモデルが必要です。状況に関わっているのは2つの相反する要素ではなく、3つの異なる要素、つまり、あなたと、あなたの同僚と、2人のあいだの関係性だと考えてみてください。3つめの要素は、具体的ななにか、例えば、相手といっしょに下さなくてはならない決断や、完成させなければならないプロジェクトの計画などかもしれません。あるいは、2人のあいだにずっと漂っているピリピリした空気や、過去のプロジェクトで失敗したことに起因する恨みの感情など、もっと抽象的なものかもしれません。いずれにしても、このアプローチのポイントは、人と問題とを切り分けて考えることです。もしかすると、この方法について、すでに聞いたことがあるかもしれません。これは、ハーバード・ネゴシエーション・プロジェクトが提唱する、難しい相手との会話に対処するための基本原則の一つなのです。

アンドレは、悲観的な同僚のエミリアに手を焼いていました。彼が新しいアイディアを出すたびに、エミリアはありとあらゆる理由を並べて「絶対にうまくいかない」と否定するのです。アンドレはずっと、そんなエミリアと自分のことを敵どうしとして見ていました。彼がこの関係について持っていたイメージは、頭上に暗い雲を浮かべたエミリアと、明るく輝く太陽に照らされた自分、というものでした。このイメージは、彼のものの見方をさらに強固にこそしたものの、エミリアとの関係を改善する役にはまったく立っていませんでした。むしろ、彼女との会話にのぞむときには毎回身構えてしまうというありさまでした。あるとき、この状況に嫌気が差したアンドレは、アプローチを変えてみようと決意しました。2人の関係性はシーソーのようなもので、どちら側も、好きなときにバランスを変えることができる、というイメージを持つようにしたのです。その結果、アンドレは自分の行動が変わってきたことに気づいたといいます。エミリアを敵ではなく、協力相手として見ることができるようになってきたのです。

やっかいな同僚との関係に対してどのようなイメージを持つかは、あなた次第です。例えば、自分と相手がテーブルの同じ側についていて、いっしょに問題（例えば、2人の険悪な関係）を解決しようとしているシーンを想像してもいいかもしれません。誰だって、職場に敵はいてほしくありません。ですから、相手を敵として見るのはやめて、同僚がいっしょに問題解決にあたってくれるにはどうすればいいかを考えましょう。そうすれば自然に、お互いに対立しあうのではなく、協力しあう方向に向かえるはずです。

原則5　相手の身になって考えることで、新たな視点を手に入れる

「相手の立場に立って物事を見てみなさい」というアドバイスを、おそらく何度も聞いたことがあるはずです。でも、少なくとも私自身に限っていえば、不安を抱えた上司や社内政治に夢中な同僚を相手にしているときに一番やりたくないのは、「相手の気持ちを考える」ことです。私を遠回しに攻撃してきたり、ずる賢く利用しようとしてきたり、意地悪な態度をとってくる相手に対して、気持ちを思いやれだなんて、

無理な話だと感じるからです。

まず第一に、私たちは誰かから侮辱されると、それを実際よりも重く受けとってしまいがちです。これは、バージニア大学のガブリエル・アダムズ教授による研究でも明らかになっています。同僚から不当な扱いを受けた人は、自分を傷つけようとする相手の意図を、実際よりも強いものと考えるのです。アダムズはこれについて、「私たちは相手の行動に、実際よりもずっと強い意図を読みとってしまうのです」と説明しています。

これは、双方について言えることです。アダムズは、「攻撃者」と「被害者」の双方が、相手の意図について考えうる限り最悪の予想をしがちであることを突き止めました。アダムズによれば、私たちは「お互いに害を与えようとする意図や、実際に引き起こされた害の程度、問題の深刻さの度あい、相手がどれほど罪悪感を感じているかなどについて、誤った思いこみをしてしまう」のです。社内政治家タイプの同僚が、自分の仕事の手柄を横取りしようとしているに違いない（したがって共感する余地はない）、と自分に言い聞かせてしまうと、相手に対して不公平になってしまう可能性があるだけでなく、あなた自身も問題に固執したり、復讐に走ったりといった非生産的な行動に駆り立てられ、「同僚とうまくやっていく」ことから遠ざかってしまう危険があるのです。

それよりも、同僚の行動を決めつけずにおくほうが、ずっと有益です。彼らのとげとげしい行動の裏には、必ずなにかの理由があるはずだと考えるようにしてください（たとえその理由に、あなたが賛同できなくてもです）。彼らはなにを考えていて、なにを達成しようとしていて、どんなプレッシャーを感じているのか？　仕事や家庭で、彼らの身になにが起こっているのか？　相手の有害な行動について、思いやりを持ってその背後にある理由を考えることは（たとえそれが100パーセント当たっていなくても）、自分が脅威にさらされているという思いをやわらげ、自分の中にスペースを生み出すことができます。そうしてはじめて、思慮深い対応ができるのです。

私は、娘からこのことを学びました。娘が9歳ぐらいのころ、私は家の近くのハイウェイで、彼女を車に乗せて運転していました。前方が渋滞していたのでスピードをゆるめたとき、2台のバイクが車線の合間を縫うように走ってきました。どちらも時速140キロ、いや160キロは出ていたでしょう。しかも2人とも、ヘルメットをつけていませんでした。

私は、これは娘に交通安全について教えるいいチャンスだと思い、バイクの運転手たちを批判しはじめました。「ヘルメットもつけずに、あんなスピードを出すなんて！　ものすごく危険なことよ」。すると娘も憤慨した様子でこう言いました。「大人なのに、あんなことするなんて！」。私は、娘が社会常識を学ぶことができたと満足し、微笑みました。すると娘は、少し黙ってからこう付け加えたのです。「でもママ、もしかするとあの2人、これからヘルメットを買いに行くところなのかも」

もちろん、彼らがヘルメットを買いに走っていたわけではないことは、99パーセント確実だと思います。それでも娘の発言は、相手の視点に立って、寛大な気持ちを持って状況を見てみることの大切さを思いださせてくれました。娘の考えが正しいか間違っているかは関係なく、その言葉は間違いなくその場の空気をやわらげ、バイクの2人に対する私たちの視線を、少しやさしいものにしてくれたのです。

ここで一つ、注意してほしいことがあります。対立状態を相手の目から見てみようとすると、精神的なエネルギーを消耗します。ですから、相手の立場に立とうとして一生懸命になるあまりに、自分自身のニーズをおろそかにしてしまわないように気をつけてください。相手に注意を向ける前に、まずは、苦境に立たされている自分自身に対して思いやりを持つようにしましょう。（人間関係のトラブルを乗りきる際の

セルフケアの重要性については、第14章で詳しく触れます）

原則6　自分の目標を知る

同僚との不健全な関係に対処する際には、まず自分がなにを求めているのかを、はっきりさせておくことが重要です。自分のゴールを明確にしておくと、感情の渦に巻きこまれることなく、生産的な戦略に集中することができるからです。

あなたの目標は、停滞しているプロジェクトを前進させることですか？　同僚といっしょに進めている取り組みを終わらせて、前に進むことですか？　将来的にも続いていくような健全な関係を築くことですか？　相手と話すときに、せめて今よりも冷静に、イライラせずにすむようになることですか？　それとも、相手があなたの成功を妨害しようとするのをやめさせることですか？

まずは、あなたが達成したい（大小さまざまの）目標のリストを作ってみることをおすすめします。その中で、最も重要な目標を1～3個ほど選んでマルをつけましょう。あなたの意図は、無意識的にも意識的にも、あなたの行動を決定します。例えば、あなたの目標が「悲観的な同僚との延々と続く議論におちいらないようにする」ことである場合と、「悲観的な同僚に、自分の否定的な発言がチームの士気を下げていることに気づいてもらう」ことである場合では、対処の方法は変わってくるのです。

目標は、低く設定して構いません。正常に機能する関係を築くことに集中するだけで十分な場合も多いのです。その人の名前をメールの受信トレイに発見しても肌がムズムズしなくなるところまで到達できれば、あるいは相手のことを考えて夜も眠れない状態から抜け出すことができれば、それだけでも大きな収穫です。「家族と夕食を食べているあいだは、あの人のことを考えない」といった最低限の目標でも、まったく問題ありません。

目標は、複数あるかもしれません。例えば、上層部への業績報告にどのデータを使うべきかについて、「不安を抱えた上司」とのあいだで意見が分かれたときに、上司がデータ分析に関するあなたの経験を疑うようなメールを送ってきたとしたら、あなたの目標は次のようなものになるでしょう。

①自分と上司の双方が許容できるような統計データを作成する

②上層部にあなたの経験を正しく認識してもらう

さらに、重要な会議の前には上司とあまり白熱したやりとりを交わさないようにするということも、目標として掲げてもいいかもしれません。

ただし、目標を明確にする際には、自分でも気づかないうちにいだいている願望に引きずられないように気をつけてください。例えば、社内政治に熱中する同僚に関して、「相手が自分をおとしめるのではないかと心配しなくてすむようになること」を目標に掲げたとします。でも、本心で望んでいるのは、相手に罰を与えること（例えば相手がクビになることや、その人があなたに与えたようなみじめな気持ちを相手にも味わわせること、その人がいかに周囲の人を不正に操っているかを会社の人たち全員に知らしめること）かもしれないのです。心の奥底にひそむこのような思いは、態度にも表れるものです。相手に対してつい過剰に批判的な言葉を使ったり、見下すような口調になってしまうと、掲げた目標の達成がさまたげられてしまいます。重要なのは、自分がひそかに（あるいは、おおっぴらに）抱えている本当の動機を自覚することです。ほかの目標といっしょに、思っていることをいったん言葉にして言ってみたり、書き出したりしてみてください。それから、明らかに悪意があると思われるものを（たとえそれが、正当に思えても）すべて取り除いてください。

目標が定まったら、紙に書き出しましょう。目標を明確に表現したり、はっきりと思い描いたりすることで、達成できる確率が1・2〜1・4倍上昇することが研究によりわかっています。そして目標を「手書きで」書き出すと、その確率はさらに高まります。自分が向かいたい方向に集中できるように、同僚と話す前には、この書き出した目標に目を通すようにしましょう。

原則7　ゴシップを（基本的に）避ける

「これって私の気にしすぎ？　それともグレタは今週、特に機嫌が悪いのかな？」

職場でなにか問題があったとき、私たちが人に相談する理由はさまざまです。あいまいなニュアンスのメールを受けとって、自分がその意図を読み違えていないかどうか確認したいこともあるでしょう。部署をまたぐプロジェクトが停滞しているときに、誰のバックアップを得るべきか相談したいこともあるでしょう。あるいは、単に安心感を求めたい場合もあるかもしれません。同僚が、「うん、グレタは今週イライラしてるみたい。どうしたんだろう？」と言ってくれると、「そう感じてたのは、私だけじゃなかったんだ」とホッとできるのです。

やっかいな同僚についてこのような会話をするのは、手段がメールやチャットであれ、対面であれ、なかなか複雑です。はっきり言ってしまうと、このような会話は「ゴシップ」に該当するからです。

第10章で、うわさ話をする政治家タイプへの対処方法を説明した際に、ゴシップに参加する利点について触れました。職場でのうわさ話は、同僚との絆を深め、情報を共有するうえで重要な役割を果たすことがあります。例えば、同僚のマリーナも、あなたと同じように経理部のマイケルのことを付きあいづらいと感じているとわかると、彼女とのあいだに絆が生まれます。さらに、マイケルにもっと協調性を持ってほしいと（あるいは転職してほしいと）思っているのが、あなたとマリーナだけではないとわかると、その絆はもっと強まります。そうやって、ほかの人（特にマイケル）は持っていない情報を共有する内輪の集まりが形成されるのです。そして、そこでの意見が認められ、「自分は正しいのだ」と感じるとき、あなたの脳では快楽物質のアドレナリンとドーパミンが分泌されます。

ここで一つ、研究によって明らかになっているゴシップに関する秘密を教えましょう。ゴシップには利己的な行動を軽減する効果があることが、研究によって明らかになっているのです。人は、「非協力的な行動や失礼な態度をとると、仲間に悪口を言われるかもしれない」とわかっていると、そもそも不適切な行いをしなくなるのです。私としては、誰かが人を傷つけているのを見たら、直接本人に指摘したほうがいいと言いたいところですが、研究によれば、ゴシップは間接的な罰として機能するだけでなく、その人といっしょに働くとどんなリスクがあるか、まわりの人に警告する役目を果たすことがわかっているのです。

それでは積極的に同僚の陰口を言うべきなのか、というと、そういうわけではありません。そこには、危険も潜んでいます。まず、ゴシップの影響で確証バイアスにおちいりやすくなる場合があります。たしかに経理部のマイケルにはイライラさせられることもあるかもしれませんが、いったんそのことについて話しはじめると、彼の今後の行動についてもネガティブにとらえやすくなってしまいます。たまに発生する間違いを、その人が本来持っている性質の表れとしてとらえるようになり、「マイケルはイヤなやつ」というストーリーができあがり、強化されていくのです。ほかの人たちもうわさ話に夢中になっていると、その方向性を変えるのはますます難しくなります。さらに、多くの場合、うわさ話に興じる人はまわりにいい印象を与えません。その場では求めていた反応を得ることができるかもしれませんが、よくない評判が広まったり、最終的にはあなたが「イヤなやつ」というレッテルを貼られてしまうかもしれないのです。

自分の上司がいかに無能か、あるいは迫害者タイプの部門長がいかに耐えがたい人間か、といったうわさを流す前に、あなたの目標がなんなのか、もう一度考えるようにしてください。人間関係を改善したいのか、自分の気分をよくしたいのか、邪魔されても仕事をなしとげたいのか、目標がなんであれうわさを流すことが自分の助けになるのか、あるいは状況を悪化させるのか、自問自答してみましょう。

感情を整理するために、あるいは自分が状況を客観的にとらえられているかどうか確認するために人に助けを求めるのは、なにも間違ったことではありません。でも、相談する相手（と内容）を注意深く選ぶようにしてください。建設的で、あなたのためを思ってくれて、必要なときはあなたの見方に疑問を呈し、異論を唱えてくれる人に話をもちかけるようにしましょう。

原則8　試行錯誤しながら対策を選ぶ

知ったかぶりタイプの同僚に上から目線で話すのをやめさせる完璧な方法や、受動攻撃タイプの同僚にもっと率直になってもらうための確実なやり方などというものは、残念ながら存在しません。この本では、効果があるとされている戦略を紹介していますが、どの方法を試し、どう利用すべきかは、状況によって異なります。つまり、あなたや相手がどんな人で、関係の質がどんなもので、職場にどんな規範や文化があるか、といった要素によって、とるべき選択は変わってくるのです。

人間関係を改善するのは大変な仕事であり、一朝一夕にできるものではありません。でも、2つか3つ、試してみたいアイディアをあげてみるところからなら、始められる気がするのではないでしょうか。小さなアクションから大きな効果が生まれることは、よくあるものです。まずは、実験を計画してみましょう。どんな行動を試してみたいかを決めたら、実験の期間と、どんな効果が望めるかを考えましょう。例えば、受動攻撃タイプの同僚とのコミュニケーションを改善したいのであれば、2週間のあいだ、同僚の語り口については気にせずに、同僚が本当はなにを伝えようとしているのか理解することに集中する、と決めます。それで関係が完全によくなることは期待せず、あくまで実験としてとらえてください。うまくいかなかったとしても、なにか学ぶことはあるはずです。例えば、少なくとも、その方法が合わないということはわかるわけです。それが終わったら、アプローチに少しずつ工夫を加えながら、また新たな実験を計画しましょう。

そうやってどんどん新しい対策を試しながら、結果を伴わない方法は放棄してください。例えば、自分に課された仕事をまっとうしない同僚に対して、会議のあとに合意内容を記したメールを送る、という方法を試すとします。それでも同僚が会議中にした約束を守らない場合は、異なる結果を期待して同じ実験を繰り返さないようにしてください。このような状況に必要なのは、専門家であるジェニファー・ゴールドマン・ヴェッツラーのいうところの「建設的で、パターンを破るような行動」、つまり、「過去に繰り返されてきたパターンを壊す」ような行動です。一つの対策がうまくいかなければ、次は、まだ試したことがない対策に（たとえそれが相手の意表をつくようなものでも）挑戦してみてください。

原則9　好奇心を持ちつづける

同僚との関係がうまくいかずに悩んでいると、「どうせこれからもずっとこのままだろう」とか、「この関係が変わるはずはない」「もともと気が合わないんだ」と思ってしまいたくなるかもしれません。もちろん私も、難しい関係を改善する試みが楽しいとか、気分のいいものだと言うつもりはありません。でも、あきらめや悲観論は、あなたをどこにも連れていってはくれません。それよりも、好奇心を持つようにしてみてください。

職場で好奇心を保つことには、問題に対処するうえで役立つ多くの利点があることが研究により明らかになっています。例えば、好奇心を持つことで、確証バイアスにおちいったり、人をステレオタイプな型に当てはめてしまう危険性を減らすことができます。また、難しい状況に好奇心を持ってのぞむと、問題解決のために創意工夫をするようになり、自己防衛的になったり攻撃的になったりせずにすむため、第2章で説明した「扁桃体ハイジャック」におちいることが少なくなります。

好奇心旺盛な考え方は、自分自身が語るストーリーを疑ってみることにもつながります。すぐにネガティブな結論に飛びつくのではなく、心からの好奇心を持って状況を問い直すことができれば、大きな助けになります。例えば、同僚のイザベルが誰かの提案にケチをつけはじめたら、「またイザベルのダメ出しが始まった。なんでいつもこうなんだろう」と思うかわりに、「いったい彼女はどうしたんだろう？　前にも同じようなことがあった気がするけど、彼女はなぜ、こういう行動をとるんだろう？」と考えてみることができます。

自分にはまだ学ぶことがある、という姿勢を持ち、ネガティブな関係性にも改善の余地があることを信じましょう。これはどちらも、成長マインドセットをキープするうえで重要なポイントです。もちろん、イライラしているときにこのような心構えを持ち、さらにそれを持続するのは、簡単なことではありません。非生産的な思考のパターンにはまってしまったら、まずは自分でそのことに気づき、一歩下がって、違う目線で物事を見てみましょう。「イザベルは○○な人だ」という考え方をやめて、「イザベルはしょっちゅうネガティブなことを言う、という見方はたしかに可能だ。じゃあほかには、どんな見方ができるだろう？」と考えてみるのです。例えば、イザベルがいっしょに働いているほかの人たちに目を向けてみることができます。彼女と仕事をすることをそれほど苦にしていない人はいるだろうかと考えてみて、もしいるなら、その人の目線になって想像してみるのです。イザベルについて自分の印象とは相反するような事実を探したり、あるいは彼女が意外な行動（肯定的または中立的な発言をするなど）をしたときのことを思いだしてみることもできます。

成長マインドセットをキープする、もう一つの方法が、自分やほかの人が変化したり成長したりした経験を思いだすことです。前の職場やほかの場所で、最初はうまくやれなかったり問題があったりした相手と、最終的には仲よくなれた経験などを思い返してみてください。そのような過去の経験をもとに、自分の中にある「人は変わらない」という思いこみに反論してみましょう。難しい状況を自分がどのように切り抜けたのか、なにが解決の助けになったのか、振り返ってみるのです。

さらに、関係性の目標を達成できたときに自分が得られるであろうものにも目を向けてください。未来に焦点を当てるのです。ゴールを達成できたら、なにが変わるでしょうか。あなたの仕事ぶりはどのように改善するでしょうか。先ほど書き留めた目標を目につくところに貼って、試みがうまくいったらどんな世界が待っていて、自分がどんなふうに感じるのか、想像してみてください。きっと、現在の苦境を打破できているだけでなく、職場で起きるほかの人間関係の問題も、切り抜ける力を身につけられているはずです。

＊　＊　＊

対立関係の解決は、簡単な道のりではありません。あなたの実験のうちいくつかは、おそらく失敗に終わることでしょう。もしかすると、事態が悪化しているようにさえ感じるかもしれません。でも、希望を失わないでください。変化は常に可能であり、誰かとの関係は、決して固定されたものではありません。

アルゼンチンの著名なセラピスト、ミニューチン・サルバドールが、いみじくも次のように言っています。「確信は、変化の敵だ」。あなたやあなたの同僚にこれからなにが起きるかは、誰にもわかりません。ですから、確信を持つかわりに、好奇心を持ちましょう。そうすれば、これまでの固定観念から解放されて、今まで見えていなかったことに新たに気づいたり、予想外の問題解決方法を思いつくことができたりするかもしれません。

あなたが相手にしている難しい同僚がどのタイプであれ、今後あなたがどのような対策をとるのであれ、ここにあげた9つの原則を常に心に留めておけば、職場で、より強固で充実した人間関係を築いていく助けになるはずです。

❖9つの原則のまとめ

やっかいな同僚とうまくやっていくための対策を実行に移す準備ができたら、次ページの図表11－1を参照して、正しい考え方でのぞむことができているかどうか、成功に結びつく戦略を選べているかどうか、再確認してみてください。

図表 11-1 誰とでもうまくやっていくための9つの原則

[原則1] **自分がコントロールできることに集中する**	●同僚を変えようとして時間を無駄にしない。人が変わるのは、みずから変わりたいと思ったときだけ。 ●自分の行動を変えることにフォーカスする。
[原則2] **自分の視点は、1つの視点に過ぎないと知る**	●同僚と常に同じ意見であるとは限らないと認める。 ●悪いのはどちらか、という争いはやめ、協力して進むべき道を探る。 ●自分が間違っていたり、思いこみをしているかもしれないという可能性を検証する。
[原則3] **自分のバイアスに気づく**	●自分のバイアスを知り、それが人とのやりとりに影響を与えていたり、同僚の行動を不当に解釈しているときに気づけるようにする。 ●親和性バイアスによって、自分と外見や考え方、経歴が似ている人に引き寄せられている可能性に留意する。 ●確証バイアス（自分がすでに持っている考えを裏づけるような事実を探すこと）を避ける。
[原則4] **「わたし対やつら」という構図で見ない**	●状況には「自分」「相手」「2人の関係性」という、3つの要素が関わっていると知る。 ●不健全な関係を好転させるために、対立的なイメージよりも、ポジティブで協力的なイメージ（自分と相手がテーブルの同じ側についている、など）を持つようにする。
[原則5] **相手の身になって考えることで、新たな視点を手に入れる**	●相手のことを決めつけず、「この行動をできるだけ寛大に解釈すると、どうなるだろう？」と考えてみる。 ●相手のとげとげしい行動の裏には、なにかしらの理由が（たとえそれが、賛同できないものでも）あるはずだと考える。
[原則6] **自分の目標を知る**	●同僚との関係性における自分の目標を明確にする。 ●目標を書き出し、定期的に見直す。 ●うまくやっていくうえで障害になるような、自分の隠れた動機に気をつける。
[原則7] **ゴシップを（基本的に）避ける**	●同僚の陰口を言いたくなる衝動に耐える。 ●相談相手は慎重に選ぶ。建設的で、あなたのためを思ってくれて、反論・異論を唱えてくれる人に相談する。

[原則8] **試行錯誤しながら対策を選ぶ**	●試してみたいアイディアを2〜3個あげてみる。小さな行動が、大きな結果を生むこともある。 ●実際に試してみながら学んだことを活かし、いろいろなアプローチを試してみる。うまくいかない方法は、ためらわずに放棄する。 ●新たな方法を（それが相手の意表をつくような方法でも）試してみる。
[原則9] **好奇心を持ちつづける**	●成長マインドセットを身につける。自分にはまだ学べることがあり、関係は変化するものだと信じる。 ●うまくやっていくための目標を達成したら得られるであろうものにフォーカスする。

第3部

自分を守る

第12章

万策尽きた？

——でもまだあきらめないで

正直に言います。この本で紹介した対策を試しても、うまくいかないこともあります。知ったかぶりタイプの同僚にいくら傲慢なやり方を変えろと言っても、彼の自信過剰な態度を上司が評価している限り、おそらくそれは無理な話です。または、差別的な同僚にみずからの偏見に気づいてもらおうと工夫しても、自分の発言が人を傷つけていることを決して認めない、という場合もあるでしょう。あるいは、同僚が悲観主義者に該当するとわかっていても、ネガティブなものの見方に染まりすぎていて、どうやっても変化は望めそうにない、ということもあるでしょう。

同僚とうまくやっていくために粘り強く努力を続けても進歩が見られない場合でも、完全にあきらめてしまう前にできることがいくつかあります。これから紹介する対策が事態を魔法のように好転させてくれるわけではありませんが、あなたが自分のキャリアや評判を守り、平常心を保って仕事を続けるために役立つはずです。さらに次の第13章では、事態を悪化させることがないように、よくある間違いを避けるための注意点を紹介します。そして第14章では、あなたが自分の幸福を守り、たとえ職場での人間関係に問題があっても、能力を活かして活躍していくためのアドバイスを紹介します。

同僚との関係に進歩がまったく見られない場合は、次の方法を1つか2つ、試してみるときかもしれません。その1つめが、明確な境界線を引いて、同僚との接点を減らすこと。2つめが、同僚の問題行為と自分の仕事の成果を記録すること。3つめが、権限のある人に問題を報告すること。そして最後に、ほかの方法がすべて失敗した場合には、今いる場所を離れることです。まずは、距離を置くための方法について見てみましょう。

❖境界線を引く

よく耳にするジョークで、次のようなものがあります。ある男が、ヒジが痛いと言って病院に行きました。「どんなときに痛みますか?」と医者に聞かれて、男は「曲げると痛いんです」と答えました。すると医者は、こう言いました。「じゃあ、曲げないようにしてください」

これと同じように、問題のある同僚とのやりとりがストレスになるのなら、やりとりを減らしてみてください。もちろん、職場で毎日顔を合わせる相手とのあいだに明確な境界線を引くのは、特に仕事で関わることが多い場合は、簡単なことではありません。でも、不可能ではないのです。

作家でセラピストのネドラ・グローバー・タワブは、著書『心の境界線：穏やかな自己主張で自分らしく生きるトレーニング』(学研プラス)の中で、「人はあなたが設定する境界線に従って、あなたのことを扱う」とし、「境界線」とは「安全で心地よいと感じられる人間関係を築きやすくするために相手に示す、あなた自身の期待値と欲求」であると定義しています。職場での難しい人間関係において、あなたにとっての健全な境界線とはどのようなものでしょうか。

まずは、相手への依存を最小限にする方法を考えましょう。例えばクライアントとの関係に問題があり、解決できそうにないのなら、上司に状況を説明して、あなたと同等の役職や経験を持つ同僚に担当を代わってもらってもいいでしょう。あるいは、経理部の同僚との関係がうまくいっていないのなら、ほかに窓口になってくれる人を見つけてもらうこともできます。上司に問題があるなら、ほかの部署への異動を希望してみることができるかもしれません。社内で人脈を広げ、働いてみたいと思えるチームのメンバーとのあいだにコネクションを作るのです。

特定の人との接点を制限するための方法として、幸福に関する研究をしているミシェル・ギランが提唱する「2分間ドリル」があります。ギランは、次のような問いを立ててみることを推奨しています。まず、あなたが非協力的な同僚との関係から必要としているのは、具体的にどんなものでしょうか。それは特定の情報かもしれませんし、あるプロジェクトへの賛同かもしれません。その答えがわかったら、それを得るのに最短でどれくらいの時間がかかるか考えてみましょう。さらに、相手があなたのいやがること（例えば、共通の上司の悪口を言うなど）をすることが予想される場合、それに対応するための準備はできているでしょうか。どうすればやりとりをできる限り短く、ポジティブなものにできるでしょうか。

例えば、悲観主義者の同僚があなたのデスクに立ち寄ったり、リモート会議であなたを引き留めたりして延々と愚痴を聞かせてきたら、「そろそろ次の会議の準備をしないと」とか、「急ぎで返事をしなくちゃいけないメールがあるんです」といった具合に、さっと使えるフレーズを用意しておくことができます。

ハイテク企業でエンジニアとして働くセバスチャンは、同僚のガブリエルに悩まされていました。ガブリエルはランチルームでセバスチャンと2人きりになると、ほかのエンジニアたちの悪口を言いはじめるのです。セバスチャンによれば、ガブリエルは共通の同僚たちについて「95パーセントは『完全に無能なやつ』で、残り5パーセントは『最高のやつ』だと言う」のでした。ときには、「今回のプロジェクトは絶対にうまくいかない。馬鹿ばっかりだからな」などと言うこともありました。さらに、会議中も否定的なことばかり言って、チーム全体の士気を下げることがよくあったといいます。

セバスチャンはガブリエルが前向きになれるように、「今回はうまくいくかもよ」とか、「(共通の同僚の)ローリーだって、条件が整えばちゃんと貢献できるはずだよ」などと言ってみましたが、ガブリエルの返事はいつも同じで、「君は本当におめでたいやつだな。まあ、そのうちわかるさ。僕が先に警告したってことを忘れるなよ」というものでした。次第にセバスチャンは、ガブリエルと過ごす時間を減らすようになりました。彼といっしょに仕事をするのを、できるだけ避けるようになったのです。「ガブリエルの仕事上の意見は参考になるものが多かったし、彼が疎外感を感じてこちらに敵意をいだくようになるのは避けたかったので、ときどき彼のアドバイスを求めるようにはしました。でも彼に声をかけるときには、ほかの人との共同作業をする必要がないように段取りをしました」とセバスチャンは言います。

この戦略は、「ジョブ・クラフティング」と呼ばれるもので、自分の役割を積極的に組み立て直すことで、仕事をより有意義で疲れないものにするプロセスを指します。このやり方によって、仕事への満足度を上げ、幸福度を改善できることが研究により明らかになっています。この戦略は、いくつか違う形で実践できます。例えば「タスク・クラフティング」というやり方では、引き受けるタスクの種類や範囲、数を調整します。あるいは、仕事の内容に対する自分の解釈や考え方を変える「認知クラフティング」という方法もあります。さらに、「関係クラフティング」は、仕事で関わる相手を意図的に変えることを意味します。やっかいな同僚との関係という意味では、関係クラフティングが最も関連性が深いかもしれません。いずれにしても、この3つのアプローチはどれも、問題のある同僚から仕事や思考の方向性をそらすうえで役に立つはずです。まずは、どうすればやっかいな同僚と過ごす時間をできるだけ減らせるか、そして、いっしょにいると元気が出て前向きになれるような協力的な仲間と仕事をする時間を増やせるか、考えてみてください。

さらに、あなたをいらだたせる相手とコミュニケーションをとるうえで、どの手段が最も効果的か、考えてみましょう。同僚は、メールのほうがやりとりがしやすいタイプですか？　あるいは、電話で軽くすませたほうがシンプルにことを運べそうですか？　あなたにとって一番ストレスの少ない方法を探り当てて、はっきりとした境界線を引き、それを守るようにしましょう。ときには、単に「この件は電話で話しましょう」と伝えるだけで、うまくいくこともあるものです。

やっかいな同僚との接点を減らすことがどうしてもできない場合は、やりとりするときにできるだけ気持ちを軽く保つように努めましょう。同僚との会話を、一種のゲームのようなものとしてとらえるのです。例えば、ガブリエルのような徹底した悲観主義者から、ポジティブな言葉や笑顔を一日に何回引き出せるか、挑戦してみてもいいでしょう。試みが成功したら、ちょっとした勝利だと思ってください。このようなやり方を通して、事態をある程度コントロールできているという感覚を取り戻しつつ、相手との精神的な距離を保つのです。

❖相手の問題行為と自分の仕事の成果を記録する

相手の問題行為を記録しておくと、特に上層部に対して被害を証明するのに役立ちます。ちょっとした出来事でも、時間、場所、言動、相手、その場にいた人物をすべて記録しておきましょう。さらに、そのときあなたがどう行動し、なにを言ったかも忘れずに記録してください。問題行動が突発的な出来事ではなく繰り返し起きていること、さらに、あなたやほかの人たちがすでに手段を講じていることがわかったほうが、上層部は積極的に介入しやすくなります。面倒かもしれませんが、このような記録を長期にわたって残すことで、不当な扱いが一貫して起きており、それが有害で、継続的なものであると示すことができるのです。

また、あなた自身の仕事の成果も記録しておいてください。これによって、同僚の行動やピリピリした関係のせいであなたの成功が損なわれるのを防ぐことができます。いま取り組んでいる仕事の内容や、持ちこんだアイディアや提案などを、常にリストアップしておいてください。また、仕事でうまくいったことを毎週メールで報告するなどして、上司とも共有するようにしましょう。これは、自分の仕事ぶりの自慢ではありません。会社で自分の価値を正当に認めてもらうための行動です。特に同僚が知ったかぶりタイプで、あなたの手柄を盗もうとしている場合には、この戦略は重要です。

組織内のほかの人たちにも、自分の仕事の成果を知らせるようにしましょう。複数部門にまたがるプロジェクトに志願したり、影響力の強い幹部が進めるプロジェクトに参加して、ほかの部署や上層部の人たちと顔見知りになる機会を作るなどの方法もあります。新しいコネクションを作ってあなたの能力を広くアピールすれば、同僚が意図的にまいたあなたに関する悪いうわさを払拭できる場合もあるでしょう。

私の友人の中に、賢明にも、いま取り組んでいる仕事の内容と業績を日記に書きこむことを習慣にしている人がいます。もともとこの習慣を始めたのは、悲観主義的な同僚のネガティブ発言に対抗するためでしたが、人事考課のための自己評価を行うときや、上層部とのミーティング前にアピールできる業績を確認しておきたいときにも役に立っているそうです。

❖権限のある人に問題を報告する

問題のある同僚の行動について、上司やほかのチームのリーダーなど、組織の上の人に報告して、アドバイスをもらったり、本人に意見を伝えてもらったり、あるいはその行動が限度を超えている場合には、叱責してもらうという方法もあります。

このやり方は、どんな場合であれ一筋縄ではいきません。特に、やっかいな同僚が上司である場合にはなおさらです。ですから、実行する前にリスクを慎重に検証するようにしてください。問題を上層部に上げることで、あなた自身の印象を悪くさせる可能性はありませんか？　あなたが上司に報告し、上層部を味方につけたことが相手に知られたら、関係がさらにこじれる可能性はありますか？　訴える相手は、あなたのことを信じて味方になってくれますか？

同僚の行動を誰かに訴える場合は、ただ苦情を言っているだけ、という印象を与えないように注意してください。嫉妬心や復讐心で動いているわけではないことを、明確に伝えるのです。相手をおとしめようとしているのではなく、あくまでも関係改善のためという目的を念頭に置いて話をもちかけましょう。相手が根回しのうまい社内政治家タイプの場合、強力な味方がいる可能性があるため、この点が特に重要になります。さらに、あなたがそれまでに講じた対策も説明できるように準備しておいてください。

同僚の問題行動を、ビジネスに関する具体的な損失に結びつけて説明できると、より効果的です。彼らの行動による業績へのダメージが、リーダー層が懸念すべきレベルのものであることを、できるだけたくさんの証拠とともに主張するのです（先ほどの記録は、このようなときに役に立ちます）。あなたの主張を裏づけてくれる人がいるといっそう強力なので、まわりの人も問題となる行動を目撃したこと、必要であれば証言してくれることを事前に確認しておきましょう。

さらに、誰に報告するか、報告の相手はどんな権限を持っていて、行動する気があるかどうかをしっかりと考慮しておくことも重要です。誰、もしくはどの部署が、報告するのに最も適していますか？　その相手は、あなたを助けるために立ち上がってくれますか？　その人は公に動ける立場の人ですか？　彼らに、同僚を指導するだけの権限やスキルはありますか？　あるいは、対策を講じるに十分な動機はあるでしょうか？　まわりに助けを求めても、同僚の問題行動に対処するだけの用意が（あるいは意図が）相手になければ、うまくいきません。ただし、もし彼らがあなたのために「秘密裏に」問題を解決してくれた場合、あなた自身は同様の問題に対処するスキルを身につける機会を逃したことにもなります。

人事部に報告する、という手段についてはどうでしょうか。『あなたの職場のイヤな奴』（講談社）の著者であるロバート・サットンは、人事部あるいは法務部が即座に介入して助けてくれるはず、と考えるのは、見当違いな期待だと指摘しています。実際、誰かが同僚との人間関係の問題を人事部に報告して、有意義な手助けを得られた、などという話は（皆無ではないにせよ）、めったに聞かないのが現実です。サットンは、次のように語っています。「ほとんどの企業について言えることですが、人事部の仕事は、あなたの友だちになることではなく、組織を守ることです」。あなたの会社の人事部が過去に同様のケースをどのように扱ったか、事前に調査してください。人事部がサポートを提供したという前例がないのなら、あなたと同僚の両者をよく知っているほかの誰かに相談したほうが得策です。

直属の上司や、上司の上司、人事担当者など、味方になってくれそうな人に声をかける前に、過去に同じような状況で彼らがどのように対応したか、振り返ってみるようにしてください。彼らはよいアドバイスをくれましたか？　最後までやり通してくれましたか？　彼らの行動によって事態は改善しましたか、つはずです。

それとも悪化しましたか？　これらの問いに対する答えが、問題を報告すべきか否かを考えるうえで役立

❖仕事を辞めるべき？

人間関係を理由として仕事を辞めるのは究極の選択であり、軽々しくおすすめできるものではありません。でも場合によっては、それが正しい判断ということもあります。

ある調査では、職場で不当な扱いを受けたと申告した人のおよそ8人に1人が、それを理由に仕事を辞めていることがわかっています。仕事を辞めることについて、私は2つの相反する思いを持っています。一方では、誰もがその選択をできるわけではないと理解しています。金銭的理由、あるいはそのほかの現実的な理由で、同僚との関係がどんなにひどいものであっても、仕事を辞められない場合もあります。ローンを払い終えていなかったり、家族があなたの給料や福利厚生を必要としていたり、あるいは、その職の求人がほとんどないという状況もありえます。

職場でみじめな思いをしているけど今はまだ仕事が辞められない、という場合、あとどれくらい仕事を続けるべきか、基準を設定してみてください。トンネルの向こうに光が見えていると、辞めるまでの時間が少し耐えやすくなるものです。例えば「あと4か月頑張ってもこの3つの問題が改善しないようなら、転職活動を始めよう」と自分に言い聞かせることができます。鍵となるのは、どこにも逃げ場がないような気持ちになるのを避けることです。そんな気分になっても、みじめさが増すだけだからです。

一方で、すべての選択肢を試し尽くしたうえに、上層部の助けを求めたり、社内での異動の機会を探ったりもした結果、改善が見られなかったのであれば、これ以上その場で我慢する価値があるかどうか、しっ

かりと自問自答してみてください。私が本書の執筆のために話を聞いた人の一人は、「職場で受けていた精神的な苦痛と健康への被害を考えると、辞めるしかありませんでした」と言っていました。誰であれ、職場でそのようなダメージを受けつづけていい理由など、どこにもありません。

前出のロバート・サットンに話を聞いた際、難しい人間関係の重圧に押しつぶされそうなときに仕事を辞めることについて意見を聞いてみたところ、彼は「過小評価されている選択肢だと思う」と答えてくれました。「私は、辞めるのはいいことだと強く信じています」とサットンは言います。「有害な人といっしょに働くということに関していえば、根性を重視するのは誤りです。『辞めよう』と思うのが遅すぎるために、決意するころにはすでに甚大な被害をこうむっているということが多いのです」

さらにサットンは、仕事を辞める利点として、新たなことに挑戦できるという点をあげています。特に自分がみじめな思いをしているときには、「実際に『隣の芝生は青く見える』ものだ」とサットンは言います。彼自身、何年か前にスタンフォード大学を辞めて、カリフォルニア大学バークレー校に移りました。仕事の機会が広がり、不健全な人間関係からも逃れられると期待してのことでした。ところがわずか1年後、彼はスタンフォード大に戻って、以前の仕事より給料が3割も低い工学部での役職を受け入れたのです。サットンは次のように語っています。「今ではすっかり、『隣の芝生は茶色く見える』派になりました。私も多くの人と同じように、別の経験をしてみたことで、もともといた職場がそれほど悪いものではなかったということが理解できるようになったのです」。このように、本当に自分に合うかどうか、新しい環境を試してみるのも一案です（サットンにならって、可能であれば、今の雇用主との関係を絶たないようにしておくことをおすすめします。選択肢は、多いに越したことはありません）。

仕事を辞めるという選択がありえるのなら、飛び出す前に、ほかにどんなことがしたいか考えてみてください。可能であれば、今いる場所からただ逃げ出すのではなく、今とは違うなにか（今よりもポジティブな職場環境など）のために辞めるほうがいいでしょう。ハーバード・ビジネス・スクールのボリス・グロイスバーグとロビン・エイブラハムスの研究では、急いで仕事を辞めるのは、転職で人が最もよくやってしまう間違いの一つであることがわかっています。グロイスバーグとエイブラハムスは、次のように説明しています。「転職希望者は、現職での不満があまりに大きいために、なんとかして今の状況を抜け出したいと必死になりがちだ。その結果、キャリアの転換をしっかりと計画するかわりに、次から次へと目標を変えて、適切な転職先に採用が決まるのをじっくり待つことができず、焦燥感に駆り立てられて転職活動をすることになる」

思いきって退職を行動に移す前に、いくつかの問いを考えてみてください。

仕事を辞めることで、現実的にどんなメリットがありますか？（できるだけ具体的に答えてください）

辞めたあと、自由になった時間とエネルギーを使って、どんなことをしたいですか？（転職先が決まっていない場合は、この質問が特に重要です）

新たな環境での人間関係からは、どんなものを得たいですか？

ほとんどの場合、仕事を辞めることで今ある問題を目の前から消し去ろうとするのは、得策ではありません。辞職は決して衝動的に実行すべき選択肢ではないということを、心に留めておいてください。時間をしっかりとって、履歴書を見直し、人脈を広げ、転職のサポートをしてくれそうな人に相談してみるのもいいでしょう。一方で、人間関係のトラブルが深刻で、速やかに関係を断ち切るのが最善の策である場合もあります。あなたの心や体の健康を危険にさらしたり、正当な評価を失ったりするようなことはあってはなりません。これ以上は無理だ、と判断できるのは、あなた自身だけなのです。

この章で紹介した戦略はすべて、あくまで最後の手段であり、関係を改善しようとする善意の努力が実を結ばなかった場合にだけ採用すべきものであることを、念頭に置いておいてください。次の章では、事態を悪化させないために、絶対に避けるべき戦略をいくつか紹介します。

第13章

避けるべき戦略

——これは事態を悪化させるだけ

私は同僚との関係に悩んでいる人に、次の質問をすることにしています。「もしどんなことでもできるとしたら、この状況を変えるために、なにをしますか？」

この質問に答える際には、経済的な事情や、社会的規範、報復の可能性などの条件をすべて度外視して考えてもらいます。出てくる答えは、現実的なものからワクワクするようなもの、さらにはちょっと怖いものまで、さまざまです（ムカつく同僚の顔面をパンチしてやりたいと思っている人は、案外多いのです）。劇的なやり方で仕事を辞めることを夢見る人も、たくさんいます。あるいは、言葉を濁すことなく、ただ自分の気持ちをストレートに同僚に伝えたいという人もいます。私自身も、犬の散歩をしながら、同僚に投げつけてやりたいセリフをいくつも思い描きました。

私がこの質問をするのには、2つ理由があります。1つめは、自分がどう対応したいか、できるだけ幅広く考えてほしいからです。実際、制約をなくして考えた結果、効果的な方法を思いつく場合もよくあります（顔面パンチは含めません）。

2つめに、この質問について考えることで、溜まった不満を吐き出すことができるからです。何年か前、母といっしょにドライブしているときに、母が自分の手をじっと見つめながら妙な具合に動かしているのに気づきました。どこか痛いのかと思い、私は「どうかした？」と声をかけました。母は当時、コネチカット州議会のロビイストとして30以上の非営利団体を代表して活動していました。当然、日々の仕事は緊張感あふれるやりとりの連続で、本書で紹介した8つのタイプにいくつも当てはまりそうなロビイスト仲間やクライアント、議員たちとの逸話だらけでした。私に声をかけられた母は、笑いながら手をかざしてみせ、こう言いました。「これは、ある議員さんなの」。彼女は自分の手を議員に見立てて、現実には実行できない怒鳴りあいのケンカを頭の中ですることで、うっぷんを晴らしていたのです。

このような前向きな対処法については、次の第14章で詳しく話します。でもまずは、うまくいかないどころか逆効果だとさえわかっていても、つい引き寄せられてしまいがちな非生産的な方法について考えてみたいと思います。ここであげるいくつかの戦略を「避ける」ことで、事態が悪化するのを防ぐことができるはずです。こうした方法は一時的な痛み止めにはなっても、最終的にはあなたやまわりの人、さらには組織全体にとって、よくない結果をもたらすのです。

❖自分の感情を押し殺す

やっかいな同僚との関係に途方に暮れて、考えうる対策もすべて試し尽くした、というようなとき、あなたを思う友人や職場の人たちは、「もうあんなやつは無視しなよ」とか、「我慢するしかないね」と、あきらめるよう促すかもしれません。実際、気にせずにいることが可能なのであれば、それはいいアドバイスといえるでしょう。でもだいたいは、もうなにもせずにいようと決めたとしても、結局はその人のことをいつまでもぐるぐる考えてしまったり、家に帰って夫や妻にうんざりされるまで彼らの話をしたり、同僚に対して受動攻撃に走ったりしてしまうものです。自分の感情を抑えつけようとしても、うまくいくことはめったにないのです。

『EA　ハーバード流こころのマネジメント：予測不能の人生を思い通りに生きる方法』（ダイヤモンド社）の著者であるスーザン・デイビッドは、「自分の感情を抑えこもう、頭にきても口にせずにいようと決めてしまうと、よくない結果につながることがあります」と書いています。感情を表現せずに溜めこむと、思いがけないところでそれが噴出するというのです。

これは、心理学の分野で「感情の漏出（emotional leakage）」と呼ばれる現象です。「職場でイライラさせられる一日を過ごしたあと、関係ないはずの配偶者や子どもに怒鳴ってしまったことはありませんか？　感情を押し殺そうとすると、つい誰かに皮肉を言ってしまったり、意図しないやり方で溜めこんだ感情を表現したりしてしまうことがあります。感情の抑圧は、記憶力の低下、人間関係の摩擦、身体的な悪影響（心臓血管系の問題など）にも結びつくことがわかっています」とデイビッドは説明しています。つまり、我慢をしてもストレスレベルが下がるわけではなく、むしろ上がってしまうのです。

感情を抑圧すると、ネガティブな感情を関係のない人にぶつけてしまうリスクがあるだけではありません。『最高の自分を引き出す　脳が喜ぶ仕事術』（草思社）の著者、キャロライン・ウェッブは、あなたが同僚との関係を壊すまいとして怒りを隠したとしても、相手はいずれにせよあなたのいらだちを察知する可能性が高い、としています。「感情は伝染するものですから、相手はあなたのネガティブな感情に意識的に気づくわけではないにせよ、なにかしらの影響を受けるのです。あなたの受動攻撃的な態度は、たとえ職場がリモートであっても相手に伝わります」とウェッブは言います。さらに研究によれば、感情の抑圧によって健康被害を受けるのは本人だけではありません。誰かが怒りやいらだちを隠そうとすると、周

図表13－1　基本的な価値

価値	内容
自律	独立した思考と行動（選択、創造、探究）
刺激	高揚感、新しさ、人生における挑戦
快楽	自分自身の喜び、満足
達成	社会の基準に合わせて自分の能力を示すことによる、個人的な成功
権勢	社会的な地位や名声、他者や資源を支配すること
秩序	社会や人間関係、自己の安全、調和、安定
伝統	伝統文化や宗教が示す習慣や考え方に対する尊重、従属、受容
善行	自分と直接関係のある人間の幸福を維持し、強化すること
博愛	すべての人間の幸福と自然への理解、感謝、寛容、保護

出典：Shalom H. Schwartz, "An Overview of the Schwartz Theory of Basic Values," *Online Readings in Psychology and Culture* 2, no. 1, December 2012, https://doi.org/10.9707/2307-0919.1116

囲にいる人の血圧が上がりやすくなることがわかっているのです。あなたが具体的になにを感じ、考えているかは相手にわからなくても、根底にあるイライラは伝わってしまうものなのです。

❖仕返し

もう一つ、不当な扱いを受けるとついやりたくなるのが、相手と同じ行為をして仕返しをたくらむことです。受動攻撃タイプの同僚が会議中に約束したことを守らなかったりすると、同じことをやり返してやりたくなるかもしれません。あるいは、悲観主義者の同僚があなたのアイディアを攻撃して蜂の巣のようにボロボロにしようとするなら、彼らがなにかを提案したときにも同じく総攻撃してやろうと思うかもしれません。でも残念ながら、相手と同じ土俵に上がっても、うまくいくことはあまりありません。お互い敵どうしだという気持ちを強めてしまい、関係性が改善される可能性を高めることにはつながらないのです。また、復讐に走ることで、あなたの評価が下がってしまいます。

やり返したいという（誰もが感じうる）欲求に屈するのを避けるために、自分の価値観に沿わない行動はしないと決めてください。言葉にして書き出してみるのも効果的です。あなたが大切にしているものはなんですか？　あなたが人生において優先したいことはなんですか？　よくわからない場合は、社会学者のシャローム・シュワルツが同僚とともに作成した基本的な価値のまとめ（図表13-1）などを参考にしてもいいかもしれません。普遍的な価値とされるものの中から共感できるものを探し、自分にとって重要な順にリストを作ってみるのです。そうすれば、不安を抱えた上司や差別的な同僚への対処法を計画する際にリストを見直し、計画が自分の価値観に沿うものかどうか、確認できます。

❖恥をかかせる

私はよく、8つのタイプに当てはまるような人を相手にしていると、共通の知りあい全員にメールを送って、その人がどんなにイヤなやつかを知らしめることができたらどんなにいいかと妄想することがあります。私を不当に扱う人に恥をかかせることができれば、彼らもやり方を変えざるをえなくなるはずだ、という誤ったロジックを信じてしまいそうになるのです。

このやり方がうまくいかない理由について、『あなたの職場のイヤな奴』の著者であるロバート・サットンは、次のように説明しています。「誰かをイヤなやつ呼ばわりすれば、ほぼ確実に、相手は本当にイヤなやつになる。そして同じくほぼ確実に、あなたはその相手に嫌われることになる」。つまり人は、恥や罪悪感を感じたことをきっかけとして自分の行いを正そうと思うことはほとんどなく、むしろもっと極端な行いに走ることが多いのです。

恥と罪悪感の違い、それぞれの有用性についての説明として私が気に入っているのが、ブレネー・ブラウンによる次の文章です。「罪悪感とは、自分のしたことやできなかったことをみずからの価値観に照らしあわせて、心理的な不快感を感じることであり、私はこれを、適応的な価値のある、有用なものだと考えています。一方で恥とは、自分には欠陥があり、それゆえ愛や所属に値しない存在であると信じこむことによる、強烈な痛みを伴う感情や体験です。つまり、自分の経験や行い、あるいはできなかったことを理由として、自分は人とつながる価値がない人間だと感じてしまうのです。私の考えでは、恥は、有用でも生産的でもありません。恥は解決策や癒しにはつながらず、むしろ破壊的で有害な行動を生み出しやすいと思っています。つまり、『人とのつながりを失うのではないか』という恐れが、私たちを危険な存在にする場合がある、ということです」

同僚に対して「人種差別主義者」「イヤなやつ」あるいは「被害妄想」などのレッテルを貼り、相手に「自分は悪い人間だ」と感じさせることによって関係性を改善しようとしても、成功する可能性は低いのです。同じように、やっかいな同僚を悪者扱いすることは、なんの助けにもなりません。自分に害を与えてくる人間を悪者とみなすのは簡単ですが、彼らを憎んだところで、単に対立が深まるだけです。大切なのは、相手はロボットでも悪党でもない、同じ人間なのだということを、常に覚えておくことです。これについて、ウェッブは次のように話しています。「相手もまた、自分と同じように欠点のある人間なのだと思うことが、敵対意識をゆるめるうえで強力な最初の一歩となりえるのです」

◈相手がいなくなることを期待する

困った同僚が自分より先に職場を去るかもしれない、という希望にすべてを託し、相手がクビになるか転職するまでのあいだ、なんとか生きながらえよう、と考える人は大勢います。でも、「いずれはいなくなるだろう」という期待にすべてを賭けるのは危険です。サットンは、特に同僚の問題行動が組織文化において正当化されているような場合、「腐ったリンゴを取り除く」ことは根本的な問題解決にならない場合が多い、と警告しています。人を不当に扱うような行動を防ぐためには、「評価制度、昇格や昇給の選抜方法、会議の運営方法、社員にかけられるプレッシャー」などの要素を変える必要があるのです。

数年前、ある医療保険会社の人事部長から、難易度の高い話しあいをするためのトレーニングを社員に施してほしいという依頼を受けました。人事部長によれば、会社には強力な上下関係に根ざす文化が存在し、現状を否定するような考えを社員が提起するのがきわめて困難になっている、ということでした。9年前に行われた社内調査では、社員は職場の環境について、強い「命令と統制」に基づく文化であると感じていることがわかったそうです。経営陣はこのような企業文化を変えるためにいくつかの取り組みを実施し、協力的で民主的なスタイルで知られるリーダーを何人も新たに採用しました。さらに、リーダー層が刷新された結果、その後の9年間で8割近い社員が入れ替わりました。にもかかわらず、企業文化に関する調査を再度行った結果、結果は9年前とほぼ同じだったのです。人事部長は「まるでこの会社に来た人は、もとからある文化に自動的に染まってしまうみたいです」と憤慨していました。

このような場合に問題なのは、個人ではなく、問題を放置したり、協力関係よりも敵対関係を奨励するようなシステムそのものです。そしてシステムというものは、なかなか変わりません。やっかいな同僚が会社を辞める、というあなたの夢がかなう日は来るかもしれませんが、だからといって職場の文化が変わるという保証はなく、かわりにやってくる新たな同僚と気が合うかどうかもわかりません。相手が去れば物事はよくなると期待するより、今、同僚とうまくやっていける状況を作ろうとするほうが得策です。

＊　＊　＊

ここであげたような行動を、常に避けることができるかというと、そうではありません。誰しも、完璧ではないからです。でも、もし自分が、問題のある同僚を倒そうと勇ましく奮い立っていたり、誰かがその人を排除してくれないだろうかと期待していることに気づいたら、深呼吸を1つして、タイプ別の戦略をもう一度見直すなり、第11章の9つの原則に立ち戻るなりして、態勢を立て直してください。

非生産的なやり方は、ときに魅力的に見えるものです。でももし、乗っている車のタイヤがパンクしたとして、ほかの3つのタイヤもパンクさせて乗りきろうとはしないでしょう。最初に選んだ対策（あるいは複数の対策）が空振りに終わったら、ほかの方法を試してみるか、誰かに助けを求めてください。もしかすると、あなたの上司や友人、共通の同僚が、新たな解決策を提案してくれるかもしれません。大切なのは、根気よく続けることです。小さな改善でも、ときには大きな違いを生み出せることを、忘れないでください。

第14章 自分を大切にする——あなたの幸せが最優先

私は、「マントラ」が大好きです。付箋にいくつかマントラを書いてデスクの上に貼っておき、難しいプロジェクトに取りかかる前や、一筋縄ではいかないメールを書かなくてはならないときなどに、おまじないのように声に出して唱えるのです。ぴったりくるものがないときは、友だちにメールして、「あなたのお気に入りのマントラを教えてくれない？」と頼むこともよくあります。

本来マントラとは、瞑想中に集中と気づきを得るために繰り返し唱える言葉やフレーズを指します。でも私の使い方は、それとは少し違います。「これもまた、過ぎていくこと」「始まりのあることは、すべて終わりもある」「私にコントロールできることだけ、コントロールすればいい」といったフレーズを繰り返し唱えることが、ピリピリしたやりとりをしているさなかでも冷静さを保ち、広い視野を保つための助けになるのです。受動攻撃タイプの同僚や、自分をおとしめようとする上司に対処するときに、なにが大切かを思いだし、扁桃体ハイジャックから逃れるために、私たちにはこのような「ひと押し」が、もっと必要なのではないでしょうか。

職場での対立に対処するための道のりは、決して平坦なものではありません。あなたが和解に向けて誠意を持って努力をしても、同僚が応えてくれないこともあるでしょう。あるいは、なぜいつも自分ばかりが「大人」の役割を引き受けなければならないのかと思うこともあるでしょう。ときには前進のきざしが見え、同僚とせっかくうまくやっていけそうになったのに、組織の再編成や負荷の多い新規プロジェクトが影響して、以前の状態に逆戻りすることもあるはずです。

だからこそ、その道のりの途上で自分のケアをしっかりとすることが不可欠です。問題に対処しはじめたばかりであれ、もう何年も事態を変えるべく頑張っているのであれ、あなたの健康と幸福は、常に最優先されるべきなのです。

この章では、あなたの精神的な健康を守るために、マントラを含むいくつかの戦略を紹介します。これらのアドバイスが、不健全な関係によるダメージからあなたを守ってくれることを願っています。

❖コントロールできることだけをコントロールする

このひどい状況から二度と抜け出せないのではないか、と感じるのは、誰にとってもつらいものです。すべてを変えることはできないとしても、自分が事態をある程度コントロールできているという感覚を高められるように、手段を講じましょう。どんなに小さくても、あなたが影響を与えうることに集中するのです。

私たちにコントロールできるのは、ごく小さなことかもしれません。例えば、同僚のあなたへの接し方を思い通りに変えることはできなかったとしても、自分が毎晩ぐっすり眠り、健康的な食事をして、体を動かし、屋外で時間を過ごすようにすることで、防御力を高めることはできるはずです。ときにはこうした基本的なことが、とても実行できないように感じられることは私も承知しています。一日の時間は、限られているからです。でも、睡眠の質を上げるとか、運動の習慣をつけるなど、まずは小さなことから始めて、できることを増やしていってみてください。

自分の時間やエネルギーを自由に使えていると、行き詰まりを感じることも少なくなります。医療系の非営利団体に勤めていた私の友人は、彼女の仕事を事細かに管理しようとする「不安を抱えた上司」のもとで働いていました。友人が上司の行動になんとか耐えられたのは、仕事がリモートで、いつどのように上司とやりとりをするか、ある程度自分で選ぶことができたからだと言います。上司が突然、デスクにやってくるようなことはなかったわけです。

さらに彼女は、この仕事には上司の欠点に耐えるだけの価値があるとも感じていました。仕事は楽しかったし、2人の息子が幼いうちはフレキシブルに働けることが重要だったからです。でも、子どもたちが大きくなってくると、上司の態度に耐えるのはいよいよ難しくなっていきました。彼女は一家の大黒柱だったので、仕事を辞めるわけにもいきません。福利厚生が充実していて、フレキシブルな働き方ができる仕事を探しはじめましたが、最初のうちはなかなか転職先は見つかりませんでした。

友人はそこであきらめることはせず、小さなことから始めることにしました。彼女が「コーヒーデート作戦」と名づけたその試みとは、友だちや知りあいをコーヒーに誘い、オンラインや対面で会って話をすることでした。彼らとの会話がどんな機会につながるかはわからなかったし、特定の仕事や企業を思い描いていたわけではありませんでしたが、行動を起こすことで、事態をある程度コントロールできている、という感覚を取り戻すことができたといいます。会話の最後に、彼女は毎回同じ質問をしました。「私がほかに会っておくべき人はいる?」

彼女は、すべてのやりとりをパソコンに記録し、会話のまとめと、紹介してもらった人の名前を書きこんでいきました。この実験を始めて1年が経ち、37回の（！）コーヒーデートを重ねたとき、最初のころに会った人から連絡があり、彼の会社でポジションに空きが出たことを教えてくれたのです。こうして、友人は転職に成功しました。不安を抱えた上司のもとから去ることができて、彼女は心からホッとしたと言います。でも、焦って仕事を辞めなくて本当によかったと感じている、とも教えてくれました。

私は、「自分で物事を決められる」という感覚を取り戻すために、あるマントラを付箋に書いてデスクに貼ってあります。友人であるキャサリンの娘さんが通う学校で教えてもらったものです。その学校では毎日、一日の始まりに、全員でこの言葉を唱えるそうです。

私の体は、とっても静か。
私のハートは、やさしい心。
それらのボスは、この私。

私は、悪意あるメールが気になってしかたなかったり、困難な話しあいに向けて気合いを入れなければいけないような日には、これを声に出して読みあげます。混沌の嵐に飲みこまれたような気分のときでも、自分にコントロールできることもあるのだと思いださせてくれるからです。

❖生産的に発散する

第11章で、やっかいな同僚についてうわさを広めることが得策ではない理由を説明しました。とはいえこれは、人間関係の問題について誰かと話しあうべきではない、という意味ではありません。発散は、ストレスを解消するための健康な方法になりえます。自分の感情を（信頼できる人と）内密に共有することで、同僚とのやりとりや生活のほかの部分でネガティブな感情が漏れ出すのを防ぐことができます。

あるいは、文章にして書き出すという発散方法も検討してみてください。私の友人で、リーダーシップの専門家であるエイミー・ジェン・スーは、記録をつけることが自分の考えを整理するうえで何年にもわたって役に立っていると話してくれました。私も今では、この習慣を取り入れています。ノートを開いて、あるいはパソコンやスマートフォンで新規文書を立ちあげて、4～5分かけて、自分が置かれた難しい状況について気持ちを綴ります。なにを書くべきか考えすぎずに、いいことも、悪いことも、人には言えないことも、心をよぎることをすべて書き留めてください。こうして書いたものをあとで見直すのも、助けになるかもしれません。誰かとの関係について自分の感情がどのように変化したかを記録しておくと、自分の進歩が感じられるようになります。逆に、こうしたメモを削除したり処分したりして、その状況を過去のものにして前進するという象徴的な行為を行えば、気分を上げることができるかもしれません。

❖マイクロカルチャーの構築

たった1人の人とのネガティブな人間関係が、あなたの仕事全体に影を落としてしまうことがあります。でも、あなたと同様にポジティブな人間関係を築きたいと思っている人たちとも、探せば出会えるものです。感情的知性の専門家であるアニー・マッキーは、これを「マイクロカルチャーの構築」と呼んでいます。有害な人間関係に仕事を支配されるよりも、能力を発揮して幸せに仕事をするために自分に必要なものはなにかを見きわめ、同じような目標と価値観を持つ人たちと仲間になるのです。

マッキーは次のように書いています。「あなた1人の力で組織全体のカルチャーを変えることは、おそらくできないでしょう。でも、問題に自分で対処するために、あなたが最も成功しやすい場所であるチームの中で、共鳴しあえるマイクロカルチャーを作ることはできます。これは、あなたがチームのリーダーであったほうが容易に実行できますが、権力のある立場でなくてはいけないというわけではありません」。あなたをおとしめず、サポートしてくれる人たちがいてくれれば、やっかいな同僚から受ける影響を打ち消すことができるかもしれません。

私のインタビューに答えてくれたある女性は、「不安を抱えた上司」との関係が今後も変わりそうもないことに気づき、自分が直接関わる人たちのために、もっと生産的で協力的な職場環境を作ろうと決心したといいます。「私は自分の部下を守ろうと誓い、どうすれば部下が安心して生産的に働ける環境を作ることができるだろうかと自問自答しました」と彼女は話してくれました。彼女のこの決意が、すべてを変えました。「みんなが仕事に来るのが楽しみになるような環境を作ろうとしたら、私自身にも同じ効果がありました。上司とのやりとりのことを考えてうんざりする気持ちより、職場でチームのみんなに会うことを楽しみに思う気持ちのほうが強くなったんです」

❖仕事以外の生活を充実させる

どんな理由であれ仕事で悩みを抱えているときには、なにかほかのことに意識を集中し、充実感を得るようにしてください。ジョージタウン大学のクリスティーン・ポラス教授の研究では、仕事以外での成功と仕事での成功とのあいだには、強い相関関係があることがわかっています。「積極的に自分の私生活を主導してください。趣味を見つけ、コミュニティを築き、友人や家族との人間関係を大切にすることで、仕事においても、より強く回復力のある自分になることができます。ネガティブな人たちや、彼らとのやりとりに振り回されることも少なくなるでしょう」とポラスは言います。職場で不当な扱いを受けた人を対象としたポラスの調査では、仕事以外の活動でうまくいっていると答えた人は、そうでない人と比べて、健康状態は80パーセント、仕事での成功は89パーセント、同僚からの不当な扱いに対する自分の対処への満足度は38パーセント向上することがわかっています。

同様に、エイミー・ジェン・スーも次のように言っています。「自分のまわりを、よい人たちで囲むようにすることです。健全で協力的な人間関係は、セルフケアに欠かせない要素です。(中略)仕事のせいで、人生において最も大切な人たちのことをおろそかにしないようにしましょう。休憩時間や通勤時間には友だちや愛する人たちに連絡をし、仕事以外の時間をたっぷり使って人間関係を大切にしましょう」。やっかいな同僚の影響で落ちこんでしまいそうなとき、こうしたつながりがあなたを元気づけてくれます。

❖対人関係における回復力を高める

職場で人とうまくやっていくまでの道のりは険《けわ》しいものです。そのため、障害にぶつかっても心が折れない「強さ」が必要になります。悲観的な同僚が会議で愚痴を垂れ流したり、知ったかぶりの同僚が上司の前であなたをおとしめたりしたときには、心の余裕を取り戻すことが大切です。

そのための方法の一つが、自分の過去を振り返ってみることです。あなたのこれまでの人生の中で、失敗したり、挫折したり、自分には成功に必要な才能がないのではないかと悲観したりしたことが、おそらくあるはずです。そのとき、あなたはなにをしましたか?　どんな手順を踏みましたか?　誰があなたを支えてくれましたか?　自分がこれまでにも、たとえ不利に思える状況でも困難を乗りこえてきたことを、思いだしてください。

やっかいな同僚の影響で「自分は仕事ができないのではないか」という気分になってしまったときは、自分が評価されていると感じた瞬間を思い起こしましょう。ポジティブな業績評価を探したり、「ほめ言葉フォルダ」(第3章参照)を開いてみてください。努力次第では、不健全な人間関係の中にも、自分のためになるなにかを見出すことができるかもしれません。かつての経験からなにか有用なことを学んだかもしれませんし、やっかいな人間関係をうまく切り抜けるためのスキルを身につけたかもしれません。起きてしまったことの中に恩恵を見つけるこのようなプロセスは、「ベネフィット・ファインディング」と呼ばれます。ネガティブな出来事の中にポジティブな意味を見つけ出せると、困難への対応力が高まり、幸福感や健康、挫折に対処する能力が向上することが、研究により明らかになっています。

私の場合、視野を広く保つこと(もちろん、マントラの助けを借りて)が、気持ちの余裕を取り戻させてくれます。私のお気に入りのマントラを、もう少し紹介しましょう。

- 私の世界の見え方は、まわりの人とまったく同じわけではないし、それでいい。
- みんなそれぞれ事情があるし、不安や悲しみ、ストレスとの付きあい方は人によって違う。
- 人は誰でもプレッシャーに耐えているけど、それは外からはわからないし、完全に理解することもできない(そもそも、私にはたぶんあまり関係ない)。
- それぞれが直面する問題や苦しみの大きさを比べても、誰の役にも立たない。
- 誰もが、今この瞬間にできるベストを尽くしている。それでも、きっと、もっとできることがある。

このマントラのうちいくつかは、私が何年もセラピーに通う中で学んだものです。職場での人間関係がうまくいかないとき、セラピーに通うことは最後の手段であるように思われがちですが、職場におけるメンタルヘルスの専門家であるケリー・グリーンウッドは、実際は「もっと早い段階で実行すべきこと」だと言います。特に、やっかいな同僚との人間関係が原因で、集中力が落ち、だるさや怒り、イライラを感じる場合や、よく眠れない、あるいは眠りすぎる場合、自分を慰めるためにアルコールや食べ物に頼ってしまう場合、友だちとの関わりや趣味の活動から遠ざかってしまうような場合は、注意が必要です。職場の環境が引き金となって、うつや不安症などの精神疾患が引き起こされる場合があり、こうした状態は、その兆候かもしれないのです。同時に、グリーンウッドは次のように説明しています。「セラピーを受けるのに、診断された病名が必要なわけではありません。基準となるのは、あなた自身が自分のメンタルヘルスに満足しているかどうか、ということだけです」。訓練を受けた心理療法士であれば、あなたが人間関係の問題に対処するための戦略を立てる手助けをし、心の安定を維持するための対処法もいっしょに考えてくれるはずです。

❖自分を大切にする

この本で私は、やっかいな同僚に共感することの大切さを何度も説いてきました。でも、自分以外の誰かに焦点を当てようとしすぎると、自分のニーズに応えることがおろそかになりがちです。自分の内側にも共感の目を向けることを、どうか忘れないでください。例えば自分に向かって、「私が傷つくのは、当然のこと」とか、「この人の考え方は、私という人間の在り方にまったく影響を与えない」などと語りかけてみましょう。こうした瞬間に自己肯定感、そして自分への思いやりを持つことは、ブレない自分でいるための助けになります。

相手との関係を改善できなかったからといって自分のことをいつまでも責めたり、傷ついてしまう自分の繊細さを悔いたりするのではなく、自分にやさしくしてあげてください。自分を愛する気持ちを持つと、成長する意欲や向上心が改善し、感情的知性や心の回復力が高まるなど、さまざまな効果が望めるほか、ほかの人への思いやりも深まることが研究により明らかになっています。

自己肯定感に関する研究の第一人者であるテキサス大学のクリスティン・ネフ教授は、自分を肯定し、愛する気持ちは3つの要素によって成り立つと定義しています。1つめの要素は、「自分のネガティブな感情に気づいていること」です。自分の中にネガティブな気持ちがあることを受け入れるために、まずは自分に「今は大変なときなんだ」「私は気持ちが張りつめている」と語りかけてみてください。2つめの要素は、「自分も同じ人間であるという感覚」、あるいは、ほかの人も自分と同じように問題に直面するものだという認識です。「困難な人間関係に苦労しているのは、私だけではない。私は、1人ではない」と自分に言い聞かせてください。3つめの要素は、「自分にやさしくあること」です。そのための方法は、たくさんあります。例えば、「私には今、なにが必要?」とか、「自分を大切にするために、今とるべき行動とは、なんだろう?」と自分に問いかけてみましょう。

自分にやさしくする、という考え方を今までしてこなかった人は、少し練習が必要かもしれません。仕事の前や休憩時間に、5分間でいいので短い瞑想をしてみましょう。深呼吸を3回して、先ほどの3つの要素について、1つずつ振り返ってみるのです。あるいは、自分宛に手紙を書いてもいいでしょう。人は、自分よりも、他者に対して親切になりがちです。ですから、同じような問題に直面している友だちや家族を慰めるつもりで書いてみましょう。書き終わったら読み直して、数日後、あるいは自己肯定感が必要だと感じたときに読み返してみましょう。

❖問題を感情的に切り離す

第13章で、感情を抑えることは賢い対処法ではない、ということをお話ししました。感情は、結局なにかの形であふれ出すものだからです。でも、生産的な形で感情を切り離す方法はあります。それは、「あまり気にしないでおく」ことです。問題の内容が根深いものである場合は、これは簡単なことではないかもしれません。でも、そんなときはマントラが助けになります。職場での難しい人間関係について、これ以上考えすぎないほうがいい、と思いださせてくれるフレーズを見つけてください。例えば、「これは私の問題じゃない」「これもいつかは過ぎ去る」「大切なことに集中しよう。この問題は私にとって大切なことじゃない」などの言葉が使えるかもしれません。

また、自分の置かれた状況を一歩引いて見てみることも有効です。難しい人間関係に飲みこまれている最中は、それが一大事であるように感じるかもしれません。でも、1週間、1年後、5年後に自分がどう感じているだろうと想像してみてください。今と同じように差し迫った問題として感じるでしょうか。それとも、すでに遠い記憶になっているでしょうか。

問題から感情的に距離を置くことが難しく、苦しいやりとりを頭の中で何度も再生してしまうような場合には、制限時間を設けましょう。タイマーを10分から15分に設定して、アラームが鳴るまでのあいだ、その状況について思う存分、考えるのです。そしてそのあとは頭を切りかえ、なにか別のことに意識を向けてください。やっかいな同僚に、心の中を占拠させてはいけません。あなたの心のスペースは、価値のある財産なのですから。

やりとりが避けられないときは、その前後の自分の行動に意識を配るようにしましょう。例えば、迫害者タイプの上司と長時間いっしょに過ごさなければいけないことがわかっているような場合は、その日の朝に、なにか気分がよくなるようなことをしましょう。『悪い知らせをうまく伝えるには？：幸せ拡散7つのルール』（草思社）の著者であるミシェル・ギランは、私が第3章で紹介したような「ほめ言葉フォルダ」を作って、素敵な言葉や子どもたちの写真などを入れておき、文句しか言わない相手と会わなくてはならないようなときに見返して、「まともな精神状態」を保つそうです。

同様に、困難な状況を脱したあとには、友だちにメールをする、短い散歩に行く、音楽を聴くなど、なにか気分転換になることをしましょう。自分の気分をよくしてくれること、やっかいな同僚と接したことによるネガティブな影響をやわらげてくれることを選んでください。このような活動があなたの回復を助け、次回に向けて、ギランが呼ぶところの「戦闘態勢」を再び整えることができるのです。

最後にもう一つ、私が感情的に距離を置くために使っている方法をご紹介します。正直いうと、ちょっと意地悪なやり方なのですが、特にストレスの多いケースでは役に立ちます。毎朝起きるときに、「あの人は今日もまた、あんなにも不快で、みじめで、誰かをイヤな気分にさせる人物として目覚め、一日を送らなくてはならないんだ。でも私は、今日も私として生きていける！」と宣言するのです。

❖状況を受け入れる

私たちは常に望み通りの人間関係を保てるわけではなく、誰とでも気が合うわけでもない、と受け入れることも、人間関係における対応力を高めるためには重要です。共感と思いやりをもって自分の思いを正直に伝えても、相手がそれを気に入るとは限りません。それに、あなたが誰かのことを理解しようとしても、相手がそれに応えてくれないこともあります。どんなにベストを尽くしても、どうしても同僚とのいざこざが解消しないときに私が使うマントラを、もう一つだけ紹介したいと思います。

このマントラは、ギエノという私の古い友人が教えてくれたものです。何年か前の夏、私は家族とともに、毎年恒例のイベントを開催しました。この会は、子どもたち（と何人かの大人）が、ウクレレ演奏や手品、詩の朗読、本物そっくりのチーターのモノマネなどの得意技を披露するというもので、ギエノはパートナーとともに歌を歌ってくれました。その歌はギエノたちが、「ラディカル・フェアリーズ」（型破りであることをたたえ、現状を打破することに力を注ぐ社会活動家たちのグループ）で知りあった古い友人に習ったとのことでした。

それは、歌というより、むしろマントラに近いものでした。シンプルで、歌詞は数行しかありません。ギエノと彼のパートナーは、一度歌ってから、観客にもいっしょに歌うように呼びかけました。私たちは、曲の最後の部分を、何度も声に出していっしょに歌いました。

あなたに怒る人もいるでしょう、でも、それでいい
あなたに怒る人もいるでしょう、でも、それでいい
あなたに怒る人もいるでしょう、でも、それでいい

知ったかぶりの同僚に、発言をさえぎるのをやめてほしいと頼むときであれ、誰かの発言について、なぜそれが冗談ではすまない差別発言なのか説明するときであれ、あなたの言動に対して相手が腹を立てたり、怒りをあらわにする可能性は十分にあります。でも、それでいいのです。意見の相違は、他人と関わる以上、避けることのできない、自然で健全なものです。目標とすべきなのは、すべての段階を心地よく

こなすことではなく、関係性を強化し、その過程で自分自身をちゃんと大切にすることなのです。私は、ギエノが教えてくれたこの歌の歌詞を、毎日のように繰り返しています。そうやって、深く理解しているはずでも、つい忘れがちなことを、毎日の暮らしの中で思いださせてくれるのが、私にとってのマントラなのです。

❖結局、すべては人間関係

私はずっと、幸運に恵まれてきました。これまでたくさんの人と楽しく仕事をして、有意義な関係を築いてきました。一方で、困難な関係におちいった相手の数は、ありがたいことに、それほど多くありません。もちろん後者に属する人たちの存在は、特に対立の渦中にあるときには、私の心に重くのしかかってきます。でも、こじれた人間関係は職場環境のごく一部に過ぎないことを思うと、気分がましになり、仕事の調子も取り戻して、私生活でも元気に頑張ることができます。

本書で紹介したアドバイスを実践した結果、これまで頭痛の種だった同僚を協力的な仲間に（もっといえば友人に）変身させることができるのならば、そんなにいいことはありません。でも現実的な目標は、ただ彼らとの関係性をシフトさせ、今よりも関係を改善して争いを減らし、仕事で全力を尽くすためのエネルギーを取り戻すことなのです。そのために、まず職場での人間関係の重要性を認識し、やっかいな人間関係がなぜあなたの心にこれほど重くのしかかるのかを理解し、さらに自分自身をしっかりと見つめ直して、「通りのこちら側を掃除」してほしいのです。そして、同僚の行動の裏にある動機を探り、状況を打開するための作戦を実際に試していけば、あなたにぴったりくるアプローチを見つけられるはずです。もちろんそのためには、強い決意と創造性を持つこと、そして、もし思い通りにいかなかったときには、現実を受け入れることも必要です。

この試みを行う中で、自分と自分の健康、自分のキャリアを優先させることを決して忘れないでください。同僚との対立に振り回されていると、その問題ばかりに注意を向けてしまいがちです。でも、どんなときも、あなたの幸福がなによりも大切なのです。

他者との衝突を、自信を持って、冷静に切り抜ける能力は、仕事上のスキルというだけではなく、生きていくために必要なスキルです。生きていれば、人と意見が合わないのはよくあることですし、それでいいのです。相手を尊重し、思いやりとやさしさを持って接する限り、異なる意見を持つことが新たなアイディアや強い絆を生み、今まで体験したことのなかったような、正直で誠実な関係を築くことができます。そしてそれこそが、私たちの望んでいるものではないでしょうか。

簡単な道のりではありませんが、職場でもそれ以外でも、よりよい人間関係を築いていくことは可能であり、私たちはそれに値するのです。

付録

あの人のタイプは？

――やっかいな同僚のタイプを判断する

やっかいな同僚が８つのタイプのどれに当てはまるか、簡単に判断できる場合もあります。例えば、いつもどんより暗いムードの同僚は、おそらく「悲観主義者」でしょう。あるいは、自分にはリーダーを務める力がないのではないかと感じている上司が、不安のあまりあなたの手柄を横取りする場合も、相手が「不安を抱えた上司」であることは明白です。

一方で、相手の行動があいまいに思えることもあります。あなたの同僚は、あるときは受動攻撃を仕掛けてきたかと思えば、次の日には被害者を演じてみせるかもしれません。１人の人が、８つのカテゴリーのうち複数に当てはまることは、よくあることなのです。あなたの同僚は、複数のタイプの複合型（あるいは、あえていってしまえば混乱型）かもしれません。

次ページの表に示した「よくある行動」に目を通して、当てはまる行動に印をつけて、あなたの今の状況に一番ぴったりくるアドバイスを見つけましょう。それから、該当する章に戻って、それぞれの状況に対処するための対策を確認してみてください。

タイプ	章	よくある行動
不安を抱えた上司	3	●人にどう思われているかを過度に気にする ●ちょっとしたことであっても決断ができない（あるいは決めたことを維持できない） ●上の立場の人から提案があった場合などに、プロジェクトや会議の方向性をしょっちゅう変える ●特にその必要がないときに、自分の専門知識や資格をひけらかしたがる。より重度な場合、ほかの人をけなすことで、自分をよく見せようとする ●チームやプロジェクトに関する詳細を、時間や場所、方法にいたるまで、すべてコントロールしようとする ●すべての決定事項や詳細について、自分の承認をとることを求める ●情報などの流れをコントロールするために、自分の部下がほかの部署の社員や管理職と話すのを禁止する
悲観主義者	4	●会社や上層部、同僚など、ありとあらゆることに関して文句を言う ●新しい取り組みやプロジェクトが、必ず失敗に終わると言いきる ●革新的なやり方や新しい手法に話がおよぶと、「それは前にも試して、うまくいかなかった」という立場をとる ●対策や戦略について、すぐにリスクを指摘する ●よい知らせやうまくいった会議について、なにかしらネガティブな点を見つけだす
被害者	5	●自分を哀れみ、ほかの人にも哀れんでもらおうとする（みんなで哀れみあうのが好き） ●うまくいかないことがあると責任を逃れ、他人や外的要因のせいにしようとする ●批判的な意見を受けとると、自分には非がないかのような言いわけをして逃げようとする ●愚痴をこぼし、「なんて不幸な私！」という態度をとって、周囲の人の気分を重くする ●ネガティブな感情にひたる ●（特に自分の）失敗を予測する
受動攻撃タイプの同僚	6	●守ることに同意したはずの期限を、わざと無視する ●送ると約束したメールを送らない ●相手に対して失礼な態度をとっておきながら（会議で無視する、話に割って入る、など）、相手に問いただされると「気のせいだ」あるいは「なんのことか、さっぱりわからないな」などと言って、なにも問題がないかのように振る舞う ●怒りや不機嫌さを表すジェスチャーをしながら、なにも不満はないと言い張る ●相手の仕事に満足していないことをほのめかしつつ、はっきりと言葉にしたり、直接伝えたりすることを拒否する ●ほめているふりをしながら相手を侮辱する。例えば、「あなたは怠けてばかりでちっとも仕事をしていない」と言いたいときに、「〇〇さんて、すごくのんびりしてるね」と言ったりする ●意見が対立したときに相手の言葉をねじ曲げて、間違っているのは相手であるように見せかける

知ったかぶり	7	●「私のやり方がいやなら出て行け」と言いたげな態度をとる ●会話を独占し、誰かが割って入ろうとしてもさえぎる ●自分の考えが一番優れている、という態度をとる ●批判や意見を拒絶する、またはちゃんと聞かない ●人を見下した話し方をする ●ほかの人がすでに理解していることを、くどくど説明する ●質問をしたり、人の意見に興味を示したりすることがほとんどない ●チーム全体の成功を自分の手柄にしたり、独占したりする ●会話に強引に割りこんでくる
迫害者	8	●直接的あるいは間接的に、仕事への熱意が足りないといって人を責める ●不可能に近い基準を設定する ●不必要で不適切なレベルの忙しさを課す ●自分がキャリアのために犠牲を払ったことを自慢げに話し、ほかの人もそうするべきだと信じている ●特に自分と比較して、相手の功績を過小評価する ●仕事以外の用事のために休暇をとったり、勤務形態を変えることを否定する ●特定の世代に問題があると決めつける（「ミレニアル世代は怠け者で、権利ばかり主張する」「Z世代は心が折れやすい。ちょっといやなことがあるとすぐにくじける」など） ●ジェンダーによる差別や制度的な人種差別などの、構造的な障壁があることを認めようとしない（「私にできたんだから、あなたにだってできるはず」） ●人に対する不当な扱いを、人格形成のための訓練であるかのように言い張る
差別的な同僚	9	●誰かの長所について、驚いたかのようにコメントする（「言葉遣いがちゃんとしてて、驚いたよ」） ●マジョリティのグループにおいては受け入れられている行動を、ネガティブなもの、またはプロらしくないものとしてレッテルを貼る（「君はもう少し感情を抑えたほうがいい」） ●相手のアイデンティティを根拠に、能力や興味がないと決めつける（「彼女はそのプロジェクトに参加したくないんじゃないかな。子どもの世話があるからね」） ●相手をさげすむような言葉や、実際には存在しない親しさや仲のよさをほのめかす言葉を使う（「スイートハート」「兄弟」など） ●差別や偏見が存在しないかのように振る舞う（「私は肌の色なんて気にしない」）
社内政治家	10	●自分の成功を自慢する ●人の手柄を横取りする ●権力者や、自分の出世に有利な人の機嫌をとろうとする ●自分が責任者ではないにもかかわらず、責任者であるかのように振る舞う ●特に自分が邪魔だと思う同僚について、うわさ話を広めたりする ●全体の目標をあと回しにして、自分の課題を押しつけることが多い ●情報をかき集めて、自分を大きく見せようとする ●特定の人を会議に呼ばなかったり、重要な情報を隠したりして、意図的に誰かを妨害しようとする

謝辞

実をいうと、私は本の謝辞を読むのが大好きです。新しい本を手にとると、まず謝辞から読みはじめることさえあります。このちょっとしたこだわりには、理由があります。本の書き手が部屋に一人で座って黙々と執筆している、という一般的なイメージが、現実ではないことをよく知っているからです。もちろん、一人きりで何時間もパソコンの画面とにらめっこすることはありますが、それだけではなく、数えきれないほどの会話や確認、校正、メールのやりとりなどがあり、そのすべてが本を作りあげるのです。最終的な作品に影響を与える人たちは、名前をあげればきりがないほど多く、関わったことすら忘れてしまう人もいるほどです。

というわけで、私の大好きな謝辞を始めましょう！

まず、やっかいな同僚とのつらい経験について、手紙をくれたり、電話で話してくれたり、アンケートに答えてくれたりした人たちに感謝します。こうした体験談と、それを共有してくれた皆さんの正直さが、本を書きはじめた当初は思いもつかなかった方向に私の考えをあと押ししてくれました。

そして、編集者である私にも、編集者が必要です！　何人かの編集者仲間たちが、執筆の大きな助けになってくれました。ケイト・アダムズは、その鋭い編集者としての目線と言葉遣いのたくみさで、ページに命を吹きこんでくれました。本を書くということは、どの情報を入れてどこを削るか、どのように構成するかなど、難しい決断の連続ですが、ケイトはそのすべてのステップに寄り添ってくれました。ニコール・トーレスは８つのタイプの研究をサポートしてくれ、執筆を始めてすぐ、私が自信を失くしかけていたころに、まさに必要としていた応援の言葉をかけてくれました。アマンダ・カーシーは、８つのタイプの骨子をまとめていた、ごく初期の段階で、賢明で洞察に満ちた質問をしてくれました。ホリー・フォーサイスは、カオスだった部分をきれいにまとめてくれました。

ジェフ・キーオは、本書のコンセプトを説明した瞬間から、この本と私を信じてくれました。彼の落ち着きと、着実なアドバイスのおかげで、物書きの多くが経験するさまざまな「絶望の谷」を切り抜けることができました。

エージェントのジャイルズ・アンダーソンは、本を完成させるまでの（長い）プロセスを通して、私を支えてくれました。締め切りを遅らせてほしいと電話で伝えたとき、彼は、「締め切りが延びているのは君だけじゃないから大丈夫。実は今週は、ほかにも何人かの担当作家からそう言われているんだ」と教えてくれました。ジャイルズは忍耐強く、親切で、重要な瞬間に実に的確な助言を与えてくれました。彼が味方でいてくれたことを、幸運に思っています。

エリカ・トラクスラー、アリソン・ビアード、ホリー・フォーサイス、モーリーン・ホック、サラ・モーティー、ダグニー・デュカチにも、心から感謝したいと思います。彼らは、執筆が正念場に差しかかったときに手を差し伸べ、私に必要なスペースを与えてくれました。エイミー・バーンスタインは、私が最も必要としているときに、簡潔で核心をついた賛辞を贈ってくれました。そして、『ハーバード・ビジネス・レビュー』オンライン・チームは、私が本書の執筆にあたっていた2年間にわたって、私のスケジュールに関して理解を示し、柔軟でいてくれました。私にとって、考えうる限り最高の同僚たちであり、本書で紹介した8つのタイプはどれも、彼らがもとになっているわけではないことを、ここに明言しておきます。

幸運なことに、『ハーバード・ビジネス・レビュー』のプレス・チームの皆さん（アディ、アレックス、アリシン、アリソン、アン、ブライアン、コートニー、デイブ、エマ、エリカ、フェリシア、ジェン、ジョン、ジョーダン、ジュリー、ケビン、リンジー、ミランダ、リック、サル、スコット、ステファニー、スーザン、ビクトリア）のことは以前から知っていましたが、本書の執筆を通して、彼らのプロ意識や熱意、献身的な姿勢にさらなる感銘を受けました。

パニック状態の私からの電話に出てくれて、いっしょに原稿を見直し、すばらしいアドバイスをくれて、私を応援しつづけてくれた友人たちにも感謝します。エイミー・ゲンサー、エイミー・ジェン・スー、エリー・ファイングラス、グレッチェン・アンダーソン、（何度も崖っぷちから私を救ってくれた）キャサリン・ベル、（各タイプの説明を書いてくれた）リサ・フライターク、マーク・モスコビッツ、メーガン・ポー、ミュリエル・ウィルキンス、（本の執筆過程で私より数か月先にいて、経験から得た知恵を惜しむことなく私に授けてくれた）ルチカ・タルシャン、ありがとう。

長年の友人であり、最高の旅の友であり、かつすばらしい同僚であるケリー・ボイド（またの名を「パンツ」）は、チーム「エイミー・ギャロ」の（私を除く）唯一のメンバーでいてくれました。私のため、仕事のため、そしてこの本のために、小さいことから大きなことまで、彼女がこれまでしてくれたことすべてに感謝します。

最後になりましたが、私にとって家族と呼べる人たち（遺伝子を共有している人も、あるいはそう感じるほど親しい人も）に感謝します。私たちは人間関係のあり方を自分で選ぶことができると、彼らが何度も証明してくれました。母のベティ・ギャロは、兄弟のクリスと私のために、すばらしい家族を築いてくれました。仕事を大切にすることは重要だけど、人を大切にするほうがもっと重要だと私たちに教えてくれたのは、母でした。

ダミオンは、私がこの本の執筆をやりとげることを（私自身が疑ってしまったときでさえ）、一度たりとも疑わずにいてくれました。ハーパーは、思慮深く、やさしい人間であるということがどういうことなのか、毎日私に教えてくれます。

そしてダンテ、あなたがここにいないことを、さみしく思います。

著者略歴

エイミー・ギャロは職場環境の問題に関する専門家で、ジェンダー、対人関係、効果的なコミュニケーションなどのトピックを中心に扱っている。国内外で、個人や企業、組織などを対象に、協働やコミュニケーションの改善、反論や議論を奨励する組織文化の醸成などについての支援も行っている。

著作に、人間関係における諸問題にプロフェッショナルかつ生産的に対処する方法を説いた『HBR Guide to Dealing with Conflict（『ハーバード・ビジネス・レビュー』流、コンフリクトへの対処法）』がある。また、寄稿編集者として『ハーバード・ビジネス・レビュー』誌に多数の記事を寄稿しており、その内容はフィードバック手法から感情的知性、人事マネジメントまで、多くの書籍などに引用されている。

過去3年にわたって、職場における女性の苦労と成功について語る『ハーバード・ビジネス・レビュー』の人気ポッドキャスト、「Women at Work」で共同司会を務めている。

これまで、SXSW、カンファレンス・フォー・ウィメン（Conferences for Women）、世界経済フォーラム、ビル&メリンダ・ゲイツ財団、グーグル、ドイツ銀行、メットライフ、アドビ、在フィンランドおよび在スウェーデン米国商工会議所など、さまざまな企業や会議にて基調講演やワークショップを行っており、2019年にはTEDxブロードウェイで講演した。

職場での対人関係などのトピックに関連して、メディアにも頻繁に登場しており、『ニューヨーク・タイムズ』紙、『ワシントン・ポスト』紙、『ファスト・カンパニー』誌、ラジオ番組『マーケットプレイス』、『オースティン・アメリカン・ステーツマン』紙などで、彼女のアドバイスが紹介されている。英国BBC、豪州ABCなど、さまざまな番組にもゲスト出演している。

『ハーバード・ビジネス・レビュー』寄稿編集者として勤務する以前は、ニューヨークを拠点とする企業カッツェンバック・パートナーズにて経営コンサルタントを務め、「インフォーマルな組織」（働き方を左右する非公式なネットワークやコミュニティ）に関する研究を担当していた。

世界的ベストセラー『EQ　こころの知能指数』の著者、ダニエル・ゴールマンが創設した感情的知性コーチング認定プログラム（Emotional Intelligence Coaching Certification program）で講師を務めるほか、ブラウン大学とペンシルバニア大学で教鞭をとった経験がある。イェール大学を卒業後、ブラウン大学にて修士号を取得。

現在は、米国ロードアイランド州プロビデンスにて、夫と娘、犬のエメットとともに暮らす。